Claudia

PETER RICHTER
AUGUST

Roman

Carl Hanser Verlag

1. Auflage 2021

ISBN 978-3-446-26763-3
© 2021 Carl Hanser Verlag GmbH & Co. KG, München
Umschlag: Peter Hassiepen, München
Motiv: The Swimming Pool, 2016, T. S. Harris/Private Collection/
© T. S. Harris/Bridgeman Images
Satz: Satz für Satz, Wangen im Allgäu
Druck und Bindung: CPI books GmbH, Leck
Printed in Germany

MIX
Papier aus verantwortungs-
vollen Quellen
FSC® C083411

AUGUST

POOL

Wenn Alec Kline seine Augenlider der Vormittagssonne über Long Island zuwandte, dann schwammen dahinter Vierecke und Kreise und Formloses durch ein Dunkel, das man nicht einmal wirklich dunkel nennen konnte. Vielmehr war es überraschend warm und licht. Ausgefranste Zeichen aus fremden Alphabeten schwebten darin umher, und wenn er sie zu fassen bekommen wollte, verloschen sie, nachglimmend wie defekte Neonröhren. Es war also gescheiter, sie gar nicht erst zu fassen bekommen zu wollen, sondern einfach anzuschauen, interesselos, aus reiner Freude … Und irgendwo hinter seinem Kopf pochte dazu jetzt frohgemut ein kleines Schlagzeug, das dem Tanz der Schemen einen Rhythmus gab: Bumm-dammdadamm.

Hinter Alecs Liege musste Richard ein paar Lautsprecherboxen in den Büschen installiert haben. Er wollte fragen, ob Vera und Stefanie das auch hören konnten auf ihren Luftmatratzen im Pool, ließ es dann aber. Zu anstrengend. Wozu auch?

Bumm-dammdadamm.

BummPLAPENGdadamm.

Schon wurde ein anderer Rhythmus hineingerührt. Dann schnitt ein Saxofon mit einer grellen Melodie durch das Bild.

Denn sie würden erstaunlich viel Jazz hören in diesem Sommer gemessen daran, dass keiner von ihnen sich damit auskannte. Das hatte Richard angekündigt. Und dann hatte er hinzugefügt, dass sie sich auch gar nicht auskennen wollten damit.

Sie wollten lediglich zu den Saxofonläufen von Wayne Shorter und Dexter Gordon auf den Luftmatratzen liegen, »bäuchlings«, hatte Richard verkündet, »und mit schlaffen Armen das Wasser zerpflügen«. Oder auf den Liegestühlen, rücklings, und mit geschlossenen Augen in die Sonne starren. Oder in der Küche stehen, *Pancakes* stapeln »und Niagarafälle aus Sirup darüberlaufen lassen«. Sie würden daher auch vor der Art von Sirup nicht zurückschrecken, den Elvis und Sinatra in ihre Songs gegossen hatten, *in the wee small hours of the morning* oder auch am frühen Abend, wenn es Zeit würde für die ersten Drinks. Das war jedenfalls Richards Plan, sein Vorhaben und daher schließlich die Beschlusslage, einstimmig verabschiedet oder doch zumindest ohne vernehmbaren Protest von den anderen abgenickt. Alec staunte, wie stimmig dieser Plan schon jetzt aufzugehen schien.

Bumm-dammdadamm.

Er vermutete, dass es auf jemanden, der zufällig am Grundstück vorbeikam und das hörte, so wirken müsse, als hätten sie die Plattensammlungen ihrer Eltern hergeschleppt oder der Großeltern. Aber Richard hatte befunden, Jazz passe zur Architektur, der Bungalow sei aus derselben Ära, flach, horizontal, gläsern. Jazz passe auch ganz generell zum Sommer, zum Geruch von Hitze auf Holz, zu dem Duft von Rosen, Farnen, Gartensträuchern, von frisch gewässertem Rasen und von frisch aufgetragenem Nagellack, Farbton Koralle. Es fiel Alec schwer, ihm da zu widersprechen.

Kurz ging ihm nur die Frage durch den Kopf, warum sich gerade Deutsche aus vollkommen soliden Verhältnissen manchmal so rührend viel Mühe gaben, Amerikanern zu gleichen, einer bestimmten Vorstellung von Amerikanern jedenfalls, die ihm mehr mit Filmen zu tun zu haben schien als mit der Wirklichkeit. Aber da er als Einziger an diesem Pool selbst einer war, befürchtete er, dass ihm am Ende kein Urteil zustand, warum die drei anderen so taten, als wären sie ebenfalls welche, und zwar bis hin zur Imitation der Mundarten und Slang-Ausdrücke.

Damit, dass sie nun einmal in New York lebten jetzt, ließ sich vieles, aber nicht alles erklären. Denn das war Alec schon aufgefallen, als er einst als Student für ein Semester nach Berlin gegangen und dann einfach für zwei Jahrzehnte nicht mehr heimgeflogen war – offiziell wegen Hegel, Feuerbach und Marx, aber wesentlich auch deswegen, weil ihm selbst das Nachtleben in den oft illegal improvisierten Clubs und Bars dort als *politische Praxis* vorgekommen war, als *egalitäre Utopie*, als ein Garten Eden, in dem alle Kreaturen noch einmal friedlich und ohne irgendeine Frage nach Statusunterschieden nebeneinander grasen durften. Er erinnerte sich, dass Richard Mauler, eine seiner ersten Bekanntschaften aus endlosen Raves und Afterhours, selbst damals schon im Tonfall eines amerikanischen Predigers auf ihn eingeredet hatte: Er komme aus dem *Deep South* von Westberlin, aus Zehlendorf-City, »so weit im Süden vom Westen, dass es fast schon wieder Osten ist«. Und als Sohn eines Hausmeisters verschiedener evangelischer Kirchengemeinden dort wisse er leider, dass selbst Paradiesgärten in erster Linie Liegenschaften waren mit Grundbucheinträgen und Besitzverhältnissen, mit denen man sich befassen sollte, bevor andere das taten und Renditeobjekte für Kapitalanleger aus Westdeutschland darüber würfelten, mit Balkons aus Blech auf Säulchen aus Beton und Ähnlichem, wie Richard als rückhaltloser Modernist sich ausdrückte, »trash«. Er erinnerte sich auch, dass Richard bereits unbeirrbar von »real estate« gesprochen hatte, als er gerade erst begann, aus der Rolle des Räume-Beschaffers für kurzlebige Technoclubs in die eines Immobilienmaklers hineinzuwachsen, an den diejenigen unter Berlins DJs und Künstlern sich wandten, die über die Jahre zu Geld gekommen waren. Alec meinte, sich außerdem daran zu erinnern, dass Richard, nachdem er darüber selbst zu Geld gekommen war, die damals als Musikfernsehmoderatorin noch landesweit bekannte Stefanie Schultheis nicht einfach nur umworben, sondern »gedated« hatte, obwohl dieser Amerikanismus damals im Deutschen noch kaum vorkam. Er erinnerte sich weiter, mit welcher Zielstrebigkeit diese Stefanie Schultheis damals den Plan verfolgte, an einer der renommierten New Yorker Schauspielschulen Unterricht zu nehmen, als sie spürte, dass die Zeit des Musikfernsehruhms sich dem Ende zuneigte, für sie ganz persönlich, aber auch generell. Und das wiederum erinnerte Alec Kline am Ende auch daran, mit welcher Entschlossenheit er selbst wenig später von Vera »gedated« wurde – nicht nur, aber ausdrücklich auch weil er Amerikaner war und weil Vera aus der Enge ihrer sächsischen Berge eine Sehnsucht nach Weite und Westen mitbrachte, die selbst ein Umzug nach Amerika, eine Mietwohnung in Brooklyn, eine Klinikstelle in Manhattan und Abonnements sowohl der »New York Times« als auch des »New Yorker« noch nicht hatten stillen können.

Bumm-dammdadamm.

Saxofon.

Piano.

Bass.

Für einen Moment ging Alec Kline noch der Gedanke durch

den Kopf, dass das alles etwas mit einem uralten teutonischen Hang zur Perfektion zu tun haben könnte, auch wenn der sich in Schichten aus Selbstironie, Persiflage und Theater hüllte. Aber dann ließ er diesen Gedanken wieder ziehen: Die Sonne war selbst für ihn einfach zu stark, zu hell, zu warm. Alec staunte, wie sehr er das hier tatsächlich genoss: das Nichtstun und das Nichtdenken, ausgerechnet er, auf einem Liegestuhl an einem Pool auf Long Island, in einem Aquarell von einem Hochsommertag. Er hatte geglaubt, dass er es seiner Frau zuliebe auf sich nehmen müsste, hier draußen zu »sommern«, wie Richard das genannt hatte, und dabei herauszufinden, was die Jahre und die Einkommensunterschiede von ihrer früheren Freundschaft überhaupt übrig gelassen hatten, und nun ließ schon diese erste Morgensonne seine Vorbehalte tauen.

Alec versuchte, sich von ihr noch einmal abstrakte Gemälde auf die Rückseite seiner Augendeckel malen zu lassen. Aber ein Insekt, das vor seinem Gesicht umherflog, riss ihm schließlich doch die Lider auseinander.

Im ersten Moment klebte ihm noch der Leim der Trägheit in den Wimpern und sorgte dafür, dass das Bild aussah wie unscharf aufgenommen: zwei Frauen auf Luftmatratzen, bäuchlings und die Hände im quecksilbrigen Wasser des Pools.

»Ausgeschlafen?«, frage Vera.

Es klang zärtlich, aber der kleine Vorwurf, der darin lag, ließ sich für Alec trotzdem nicht überhören.

»Nicht geschlafen, gearbeitet«, murmelte er, während er sich abermals zurückfallen ließ, den rechten Arm angewinkelt unterm Kopf, das rechte Bein aufgestellt und das linke seitlich vom Liegestuhl hängend.

Diese Körperhaltung ihres Mannes ließ Vera an die Pose eines ruhenden Fauns denken, den sie einmal in der Antikenabteilung eines Museums sehr beeindruckend gefunden hatte. Es ließ sie allerdings auch daran denken, dass sie früher tatsächlich einmal die Zeit gehabt haben musste, sich in den Antikenabteilungen von Museen zu verlieren. Alecs hinter dem Kopf verschränkter Arm und das sanfte Spiel des Luftzugs mit den Haaren in seiner Achselhöhle ließen Vera außerdem daran denken, dass diese Geste für Jahrtausende der Kniff gewesen war, mit dem die Bildhauer deutlich machten, dass der Dargestellte nur schlief und nicht etwa tot war. Das hatte sie entweder einmal gehört, als sie neben den Vorlesungen für die Medizinstudenten manchmal noch die der Kunsthistoriker besucht hatte. Oder sie hatte es einmal gelesen – als sie noch die Zeit gehabt hatte, Sachen zu lesen, in denen man auf solche Informationen stieß. Und das wiederum rief Dr. med. Vera Kline, geborene Krahl, schmerzlich den Stapel ungelesener »New Yorker«-Ausgaben in Erinnerung, der sich neben ihrem Bett in Brooklyn erhob: ein einsturzgefährdeter Turm, der bedrohlich auf sie herabschaute, wenn sie, mit schlechtem Gewissen, aber zu erschöpft zum Lesen, darunter in den Schlaf kroch. Sie hatte ein paar Ausgaben mit hier rausgenommen, zum Nacharbeiten am Pool, darunter eine vom Dezember, aber sie ahnte schon, dass diese Heftchen, wie Alec sie ein wenig abfällig nannte, chancenlos bleiben würden gegen das größere Gewicht der Romane, deren Lektüre ihr am Ende noch wichtiger war. Wenigstens einen Roman pro Monat war Vera sich schuldig, schon um zu wissen, was der Stand der Dinge war. Jedoch auch da: Lesestau, der in diesem Urlaub abgebaut werden wollte. Und deshalb lag jetzt »The Errors« (aus der Bestsellerliste vom

März) mit auf der Luftmatratze im Pool – ein Buch, das die »New York Times« einerseits als »voller Wucht und Wahrheit« gelobt hatte, andererseits sei es »nicht wirklich ein Roman«, und am Ende war es dieser Zusatz, der Vera besonders vielversprechend vorgekommen war. Allerdings lag dieses Buch jetzt nicht nur mit Vera auf ihrer Matratze. Sondern auf dem Buch lag, wie auf einem Kissen, Veras Kopf und war dankbar, dass Stefanie sie mit ein paar wenigen, wie Akupunkturnadeln genau an die richtigen Stellen gesetzten Worten für eine Weile von der Last ihres Lesedrucks erlöst hatte.

Von »kulturellen Schuldgefühlen« hatte Stefanie verständnisvoll gesprochen. Ob sie sich mit News von Kriegen und Skandalen, an denen sie ohnehin nichts ändern konnte, tatsächlich *vergiften* wolle, hatte sie Vera gefragt und ihr dann vorgeschlagen, all die Zeitungen und Zeitschriften, die sie mitgeschleppt hatte, beiseitezulegen, am besten auch ihr Buch zuzuklappen und einfach nur da zu sein, sie selbst zu sein, »ganz bei sich zu sein« und auf einer Matratze im Pool zu liegen, unter sich das kühlende Wasser, über sich die wärmende Sonne, dem eigenen Herzschlag zu lauschen, das Wunder des Seins zu bestaunen.

Vera versuchte das. Es war tatsächlich erleichternd, fast beglückend – für eine Weile. Aber je tiefer sie in sich hineinhorchte, desto deutlicher glaubte sie, dort im Wesentlichen das Ächzen alternder Zellen zu vernehmen, und sehnte sich danach, zur Ablenkung wieder in anderer Leute Leben und Leiden schauen zu dürfen. Deswegen studierte man schließlich Medizin oder las Bücher. »Ganz bei sich zu sein« kam ihr nach einer Weile auf der treibenden Matratze eventuell doch nicht wie der Inbegriff von Urlaub vor. Was Vera deshalb am Ende wesentlich mehr bestaunte als das eigenen Da- und Hiersein, das war Stefanies offensichtlich so viel größere Fähigkeit zur Entspannung. Und dann fühlte sie sich auch davon wieder unter Druck gesetzt und ein klein wenig beschämt.

Dieses wirklich nur ganz kleine Gefühl der Beschämung hatte ihr schon an dem Juni-Abend auf der Upper West Side zu schaffen gemacht, an dem Richard ihnen mit dem Vorschlag gekommen war, dieses Jahr gemeinsam auf Long Island zu sommern, in seinem kleinen Bungalow in den Hamptons. Denn Vera hatte bis dahin weder das Wort noch die Sache gekannt: *to summer*. Allein die Idee, den kompletten Sommer da draußen zu verbringen, kam ihr so verlockend wie obszön vor – auch noch in den mythischen Hamptons, wo nach allem, was sie darüber wusste, siebzigjährige Bienenköniginnen inmitten unvorstellbarer Reichtümer auf den Dünen hockten. Aber dann hatte Richard Rotwein nachgegossen und gesagt, dass sein Bungalow in den deutlich bescheideneren Gefilden nördlich des Montauk Highway liege, die Bienenköniginnen hingegen *south of highway* hausten. Und dass sie ohnehin nicht den ganzen Sommer über dort würden sommern können, sondern nur im August, vielleicht bis Labor Day im September, weil sein Bungalow im Juli schon vermietet war, über Airbnb an ein paar *rich kids* aus Argentinien…

Das hatte Vera erst beruhigt. Aber dann, als sie anstoßen mussten auf den Beschluss, hatte es ihr einen Stich gegeben, mit welcher Überlegenheit Stefanie nur kurz ihre Teetasse in die Höhe gehoben hatte, während ihre eigenen Lippen bereits violett wurden vom Cabernet aus Kalifornien. Auf dem Heimweg hatte Vera sich – und Alec – gefragt, wie, zur Hölle, sie eigentlich einen ganzen Monat sommern sollte, wenn sie in der

Klinik nur zehn Tage freibekam pro Jahr. Aber kurz bevor ihr müder Kopf in der Subway an Alecs Schulter gesackt und bis Brooklyn da liegen geblieben war, hatte sie eingesehen, dass sie genau so einen endlosen Urlaub im Grunde nicht nur ersehnte, sondern dass ihr Körper und ihr Geist ihn mit Dringlichkeit auch brauchten. Nur jetzt, da sie bäuchlings auf der Luftmatratze im Pool von Richards Bungalow zur Ruhe kommen wollte, hatte Vera auf einmal Sorge, dass ihr inzwischen die Fähigkeit dazu abhandengekommen sein könnte, das Talent zum Ausruhen überhaupt. Erschrocken verscheuchte sie eine Wespe.

Veras abrupte Bewegung löste im Pool eine kleine, schwappende Welle aus, die auch die Luftmatratze erreichte, auf der Stefanie gerade in das eierförmige Gehen und Kommen ihres Atems vertieft war.

Vera sagte: »Sorry!«

Und Stefanie bemühte sich um Nachsicht und Gleichmut. »It's okay«, sagte sie freundlich und versuchte wieder zurückzufinden in ihre kleine Meditation.

»So'o'o'o'o'rry'y'y'y«, sagte Vera noch einmal, und diesmal klang es, als würde sie beim Vorbeigehen ein Stöckchen in einen Gartenzaun halten.

»Bitte?«, sagte Stefanie auf Deutsch.

Das Wasser gluckste in den Ablauflöchern des Pools, als müsse es kurz lachen. Und Vera hatte Sorge, dass es wie eine Parodie auf Stefanie geklungen haben könnte – wie eine Parodie auf Stefanies »okaaay«, das weniger gesprochen als vielmehr gehaucht gewesen war, so als käme es aus irgendwie weniger gegenständlichen Sphären des Daseins herübergeweht.

Dabei hatte sich Vera nur um Leichtigkeit bemüht. Sie hatte kurz klingen wollen wie die Art von Amerikanerinnen, die sie manchmal im Trash-TV auf Luftmatratzen durch Pools treiben sehen hatte, wenn sie nach der Arbeit für ein paar fasziniert Minuten hängen blieb bei Sendungen, die dann zum Beispiel »The Real Housewives of Beverly Hills« hießen, bevor sie schließlich weiterzappte zu den niveauvolleren Programmen, zu den Nachrichten oder jedenfalls zu den *Late Shows* mit diesem oder jenem scharfzüngigen Moderator, dessen Scherze über die Weltlage in diesem Land die klassischen Nachrichtensendungen weitgehend ersetzten. Aber als Stefanie »Wie bitte?« sagte, in der strengen Sprache Deutsch, fühlte Vera sich nach einem grundsätzlichen Räuspern veranlasst, von der Radiosendung zu erzählen, die sie auf der Fahrt hier raus gehört hatte, auf NPR, National Public Radio, dem Deutschlandfunk Amerikas, als sowohl ihre Tochter als auch ihr Mann tief und friedlich geschlafen hätten, hinter und neben ihr, und sie selbst sich wachhalten musste, um auf dem Long Island Expressway nicht die richtige Abfahrt zu verpassen. Um Stimmlagen sei es gegangen und darum, was sie sozial zu bedeuten hätten, um das extralaute Gebrumme niedrig gewachsener Männer und um das puppenhafte Gepiepe von Frauenstimmen in der Werbung. Schließlich habe eine Linguistikprofessorin vom »vocal fry« gesprochen, von der sonderbaren Mode, beim Sprechen die Stimmbänder so flattern zu lassen, dass es an das Braten von Spiegeleiern in einer gut gebutterten Pfanne erinnerte. Dieser leicht nörgelige Sound habe sich zuerst unter den Mittelstandstöchtern kalifornischer Vorstädte entwickelt und sei dann zur landesweiten, durch Kino und Fernsehen schließlich sogar weltweiten *Seuche* geworden, habe diese Professorin geklagt – dabei allerdings selbst tiefer und lauter ins Mikrofon gebrummt als jeder niedrig gewachsene Mann. »Vielleicht weil sie Angst hatte, dass sie sonst nicht ernst genug genommen wird«, schloss Vera ihren Bericht.

Stefanie lächelte verständnisvoll und sagte leise: »Dies ist die Ostküste. Da sind die Leute alle sehr in ihrem Kopf.«

»Wie bitte?«, sagte nun ihrerseits Vera.

»Sehr in ihrem Kopf«, wiederholte Stefanie und betrachtete das Insekt, das, nachdem es von Vera verscheucht worden war, sich stattdessen nun neugierig auf Stefanies Arm niedergelassen hatte, so als ob es in ihren blonden, lässig um den Kopf gewirbelten Haaren einen besonders appetitlichen Blütenkelch vermuten würde. Denn es handelte sich zweifelsfrei um eine Biene. Vera musste sie mit einer Wespe verwechselt haben. Es waren jetzt die Wochen, in denen die Wespen lästig, manchmal sogar aggressiv werden konnten. Aber hier saß eine Biene, und Bienen waren lieb, und in Gefahr waren sie auch. Stefanie betrachtete daher das Tier beinahe ein wenig gerührt und pustete es dann vorsichtig an, damit es Wind unter die Flügel bekam.

Mit dem Rest desselben Atemstoßes seufzte sie tief und grundsätzlich. Stefanie hatte einem August entgegengesehen, der ganz vom Klang der Stille, vom Duft der Pflanzen, vom Gesumme der Bienen und von den Freuden der inneren Einkehr bestimmt sein sollte, jedenfalls solange Richard nicht auf dem Grundstück war, sondern in der Gegend herumfuhr in seinen Geschäften. Sie hatte Pläne für diesen August, sehr spezifische Pläne, und sie war sich noch nicht ganz im Klaren darüber, wie Richards Gäste zu diesen Plänen passen würden. Sie war noch nicht so weit, diese Leute, die Richard eingeladen hatte, ohne sich mit ihr darüber abzustimmen, auch als ihre Gäste zu betrachten. Aber immerhin bemühte sie sich darum. Sie hatte damit gerungen, ob sie das Gefühl der Verärgerung zulassen sollte, und sich dann dafür entschieden, offen zu sein. Noch vor wenigen Monaten hätte sich eine frühere, kleinherzigere Version ihrer selbst vielleicht den Urlaub verderben lassen. Die Stefanie, die sie jetzt war oder zumindest zu sein sich bemühte, umarmte mit Zuversicht auch diese Situation. Sie war neugierig auf diese Menschen, die Richard ihr als »alte Freunde« angekündigt hatte, also aus einer Zeit, die selbst vor der der alten Stefanie lag; sie hatte diese Leute damals in Berlin jedenfalls kaum wahrgenommen. Diese Vera, das konnte Stefanie jetzt schon ahnen, würde ihr Arbeit abverlangen. Das konnte sie buchstäblich spüren. Die negativen Schwingungen dieser Frau übertrugen sich auf das Wasser und über die unruhig hüpfende Luftmatratze in ihren, Stefanies eigenen Bauch hinein. Aber das wäre lohnende Arbeit. Im Grunde freute sie sich darauf. Rätselhafter war ihr Veras Mann. Sie wandte im Liegen ihren Kopf und fasste Alec in den Blick: seine gepflegten Füße, die weißen Beine, den Bauch, den immer noch erstaunlich flachen, aber vor allem die Lektüre, die er darauf liegen hatte: Gleich zwei Bücher lagen übereinander auf seinem Bauch und kamen Stefanie vor wie Briefbeschwerer, damit dieser dünne, durchgeistigte Körper nicht weggeweht werden konnte von einer plötzlichen Brise.

Es war ein Moment, in dem niemand etwas sagte. Allein das Saxofon hüpfte auf der Tonleiter hinunter wie ein Kind auf einer breiten Treppe.

»Was liest du da, Alec«, wollte Stefanie wissen, und weil Alec sie nicht zu hören schien, stellte sie dieselbe Frage mit einem Lächeln noch einmal an Vera.

»Wahrscheinlich geht es um Kommunen«, sagte die. Eigentlich gehe es bei den Lektüren ihres Mannes verlässlich um Kommunen, in letzter Zeit auch manchmal um Hellseher, meistens aber um Kommunen. Da es zwei Bücher sind, die er hier zu lesen vorgebe, würde sie sagen, dass das eine Buch vermutlich von Kommunen handelt, das andere von Leuten, die Gespenster sehen.

»Geister«, korrigierte mit geschlossenen Augen Alec.

»Die also Geister sehen und keine Gespenster«, sagte Vera.

»Alec, warum liest du denn solche Sachen, *poolside*?«, fragte Stefanie mit fürsorglichem Lächeln. Und wieder antwortete Vera an seiner Stelle: für das Buch, das große, das sie eines Tages, wer weiß, alle mal zu Gesicht bekommen würden, *perhaps* und *maybe*. Dann befürchtete sie, dass sie womöglich spitzer geklungen hatte, als sie wollte, und bemühte sich stattdessen, ihre rückhaltlose Unterstützung für das Projekt zum Ausdruck zu bringen, von dem sie wusste, das Alecs Karrierehoffnungen daran hingen. Sie berichtete daher nun Stefanie davon, dass der Vater ihres Kindes an ferne Universitäten geladen werde. Es fielen die Namen Ann Arbor, Berkeley und sogar Stanford, und dass er dort mit Koryphäen debattiere, Materialien sammle, verdichte, ein Werk anhäufe, mit dessen adäquater Gestalt ihr Gatte zurzeit noch rang.

»*Beautiful*«, nickte Stefanie lächelnd.

Es hingen daraufhin alle wieder ihren ganz eigenen Gedanken nach und ließen dabei die Sonne über ihre Körper lecken.

Stefanie war es dann, die Vera ein geknattertes »So'o'o'o'rry« zufliegen ließ, und bei ihr klang die Parodie gleich viel überzeugender. Aber es ging ihr um etwas anderes, um etwas Ernsteres. Die Freundin, die sie so gut nun auch wiederum noch nicht kannte, mache ihr Sorgen. Sie spüre eine tief sitzende Unruhe, ein Hadern, etwas Unerlöstes, das nicht an ihren Pool passe. »Du musst deinen Schmerzkörper bitte hinter dir lassen«, bat sie. Ob sie Vera helfen dürfe, dieser Spannung, diesem Groll, dieser Negativität auf den Grund zu gehen. Nun sagte Vera noch einmal: »Sorry?« Ihr gelang aber kein Knattern.

Und Stefanie erwiderte, dass sie doch sehe, wenn jemand etwas hatte. »Hab ich immer gehabt, diese Fähigkeit, so etwas zu sehen.«

Vera drehte sich auf den Rücken, was auf der Matratze nicht einfach war, fast kenterte sie, und dann sagte sie etwas, das sich in den letzten Jahren im Deutschen eingenistet hatte, als Beschwörungsformel, vielleicht zuerst bei Politikern, dann bei Fußballer-Interviews und schließlich im allgemeinen Sprachgebrauch, sie sagte »alles gut«, aber sie sagte es auf Englisch: »*All good.*« Da sie selber das Gefühl hatte, dass das etwas schief klang, schämte sie sich ein wenig dafür und versuchte umso trotziger, die Seelenruhe wiederzufinden, die einer Luftmatratze auf einem Pool in den sommerlichen Hamptons angemessen war. Eben hatte sie sie schließlich noch gehabt, diese Entspanntheit, oder jedenfalls so gut wie.

Für eine Weile hörte man nur noch Bass und Piano und Schlagzeug und immer wieder das Saxofon umeinander herumkreisen, als hätte jemand einen elementaren Stöpsel aus der Welt gezogen, als trudelte nun alles gemeinsam einem Abfluss zu. Wenig später bügelte ein flacher Windstoß über Rasen und Pool, so als wolle er bei dieser Gelegenheit auch die kleine Aufwallung von eben wieder glätten. Das Bumm-dammda-damm hörte auf. Dafür spielte das Saxofon nun die Melodie von »Mackie Messer«.

Alecs Blick kroch den Rasen hoch bis zum Bungalow, der auf einer kleinen Anhöhe thronte. Tatsächlich war Richard da und hantierte hinter dem offenen Schiebefenster in der Küche. Alec sah, dass er die Melodie mitpfiff, und schaute wieder weg. Bei dieser Gelegenheit streifte sein Blick weiter hinten im Garten auch das Trampolin, auf dem die Kinder tobten, immer noch, wie Wildtiere in einem Käfig. Das heißt, seine Tochter Sarah war das wilde Tier, der kleine Scott Francis Mauler glich eher der Beute.

Alles deutete darauf hin, dass die gleißende Ruhe dieses Morgens nur noch wenige Augenblicke anhalten würde. Daraufhin zog er sich abermals hinter seine Augendeckel zurück, entschlossen diese Frist so effektiv wie möglich auszukosten. Aber bevor Alec Kline dazu wirklich Gelegenheit hatte, lief schon das Beben durch den Boden, das den Auftritt des Hausherrn ankündigte.

POOL

Er kam den Rasen runtermarschiert wie eine Armee aus nur einem Mann. Vor dem Bauch trug er ein Tablett, und als er am Beckenrand angelangt war, sagte er zufrieden: »So.«

»Richard!«, rief Vera auf Englisch, wobei sie vor allem das »Rich« betonte.

»Richard!«, sagte Stefanie, wobei sie wiederum den Akzent auf die zweite Silbe setzte und das d wegließ, so dass es französisch klang und ihre Mundwinkel sanft nach oben zog.

Alec sagte, ohne die Augen aufzumachen: »Dick!«

Richard Mauler nickte und sprach mit priesterlichem Tonfall: »*Welcome to paradise!*«

Anschließend sagte er: »*Breakfast!*«, und zeigte mit dem breiten Kinn auf das Tablett vor seinem Bauch, auf die Stapel von Pancakes, French Toasts, Waffeln, Blaubeer-Muffins, Eiern, sowohl pochiert als auch *sunny side up*. Währenddessen hielt er das Tablett auf der Höhe des Nabels und beugte den Oberkörper dabei noch ein wenig mehr ins Hohlkreuz. Er trug Seersucker-Shorts, und unten stachen seine Unterschenkel wie Krummdolche in hellblaue Segelschuhe hinein.

Alec fand, so wie er hier stand, glich sein Freund einem schwungvoll gemalten Dollarzeichen.

Dann setzte Richard das Tablett am Beckenrand ab und pries speziell den mit braunem Zucker marinierten Speck: »Hauchfeiner, nahezu schwarz gebackener Bacon«, sagte er. »Bacon in der Konsistenz von Kartoffelchips.«

Aber als Stefanie lächelnd Neindanke sagte, hielt sich auch Vera zurück. Selbst Alec reichte eine Tasse von dem Kaffee, *two sugars, thank you.*

Richard reagierte darauf nicht beleidigt, er schien es erwartet zu haben. Er rief die Kinder, setzte sich auf die Vorderkante eines Liegestuhls und aß selbst mit gutem Appetit. Stefanie fand, dass ihm die vornübergebeugte Haltung dabei etwas Animalisches gab: ein Bär, der Honig in sich hineinschlingt. Währenddessen erzählte er vom Verkehr auf dem Highway, von einem Stau bis Bridgehampton, dass er am Morgen in Watermill zu tun gehabt habe und der Termin dort zufriedenstellend verlaufen sei.

Keiner der anderen wusste, worum es dabei ging, und keiner wollte es genauer wissen.

Zwischendurch nahm Richard die Bücher von Alecs Bauch. Er las auf den Buchrücken laut die Namen Blavatsky und Musil vor und pfiff anerkennend über so viel Ehrgeiz am Pool. Aus dem hinteren Teil des Musil fiel ihm dabei ein Zettel mit Exzerpten aus einem Buch über »Landkommunen in Amerika« entgegen, der offensichtlich als Lesezeichen gedient hatte. Er dulde keine Kommunisten auf seinem Grundstück, erklärte Richard. Dann ließ er die Bücher auf Alecs Bauch zurückfallen.

Alec hatte kurz die Luft angehalten, um seinen Bauch hart zu machen vor dem Aufprall, und fragte, um das Thema zu wechseln, was es mit dem Grundstück überhaupt auf sich habe.

Richards Angaben zufolge war der breite, weitgehend gläserne Bungalow ein unbekanntes Nebenwerk aus dem Büro desselben Philip Johnson, der zusammen mit Ludwig Mies van der Rohe das Seagram Building an der Park Avenue entworfen hatte. »Nur das Haupthaus allerdings. Das Gästehäuschen, in dem ihr seid, ist jünger«, ergänzte Richard, als er merkte, dass sein Publikum mit Schweigen reagierte. Dann schwärmte er eine Weile von dem Architekten Philip Johnson, den er für das vielleicht noch genialere Genie als den Architekten Mies van der Rohe hielt. Er schwärmte namentlich von einem Restaurant, das es im Seagram Building gab oder einmal gegeben hatte. Er rief: *Midcentury Modern!* In diesem Ort kulminierte offenbar alles, was er mit New York verband, Modernität, Macht, Martinis. Richard sprach von »*ladies who lunch*« und von *Power Brokern*, die dort Millionendeals machten über ihren Siebzig-Dollar-Steaks zum Mittag. Einmal habe er am Nebentisch zwei Kunsthändlern zugehört, die sich über einen dritten unterhielten, der dafür berüchtigt war, seinen Sammlern Bilder anzubieten, die überhaupt nicht zum Verkauf standen, die er nur bei anderen Sammlern an der Wohnzimmerwand gesehen hatte. Aber wenn das Begehren erst einmal geweckt war, stimmte am Ende auch der Preis, und es kam zum Geschäft ... »Das war der Moment, in dem die Entscheidung fiel: Das kann ein Richard Mauler auch.« Er machte eine Kunstpause und schaute mit erhobenem Finger in die Runde: »Allerdings bietet ein Richard Mauler nicht die Bilder an fremden Wohnzimmerwänden an ...«

»Sondern die Wohnzimmerwände«, nahm ihm Stefanie seine Pointe aus dem Mund.

Dem Brummen, das sich anschloss, war für Vera und Alec nicht vollständig zu entnehmen, wie genau Richard später auch an diesen Bungalow hier gekommen war, aber der war nun jedenfalls seiner, und das war es, was zählte.

Er wurde von Vera gefragt, ob er seinen Namen eigentlich durchgängig in Großbuchstaben schreibe auf seiner Geschäftspost und auf den Visitenkarten.

Richard nickte kauend.

Und ob er seinen Mittelnamen, auf den Richard recht stolz war, weil er Viktor lautete, nach amerikanischer Sitte zum Initial abkürze.

Er hob den Daumen. Sicher tat er das.

Und wie oft kam es vor, dass Leute ihn wegen dieses Vau-Punkts zwischen Richard und Mauler für einen Adeligen aus Europa hielten?

Da schob Richard nur die Zunge in seine Wange, bis sich auf der anderen Seite eine Beule bildete, und zielte ein paarmal anerkennend mit der Zeigefingerpistole auf Vera.

Stefanie bat währenddessen Scott lieb, aber doch mit Nachdruck, er solle die Hände aus dem Essen nehmen, das der Papa da hingestellt habe, und erschrocken fuhren die kleinen Hände zurück.

»Warum denn?«, fragte daraufhin der Papa.

»Weil es ungesund ist?«, gab ihm Stefanie lächelnd eine mögliche Antwort vor. »Und fett macht?«

Das veranlasste Vera, mit betretenem Blick ihrer Tochter Sarah zuzuschauen, wie sie die letzten Reste der Pancakes in den Mund schob. Bereits im nächsten Moment wollten die Kinder dringend baden. Das heißt, Sarah wollte, wie sie mit immer noch vollem Mund ankündigte, jetzt sofort in den Pool, und Scott stand ängstlich daneben. Die Frauen untersagten es. Sie argumentierten mit dem Problem der vollen Mägen.

»Dann eben Verstecken spielen«, sagte Sarah, und Scott wackelte unsicher neben ihr von einem Bein auf das andere.

»Aber nicht in die Büsche am Zaun«, mahnte Stefanie lächelnd.

»What?«

»Das heißt: *pardon*«, sagte Vera.

»Nicht in die Büsche am Za-haun«, wiederholte Stefanie, immer noch lächelnd, aber eine Spur deutlicher.

»Was?«

»Das heißt: wie bitte!«

»Warum nicht in die Büsche am Zaun?«, wollte Sarah wissen.

»Weil diese Pflanzen empfindliche Geschöpfe sind, so wie du selber, weißt du?«

In Stefanies warme Zugewandtheit hatte sich etwas Erzieherisches gemischt, das Vera an gewisse Krankenschwestern denken ließ, damit an die Klinik, die Arbeit; sie versuchte den

Gedanken zu verscheuchen. Die trügen immerhin auch alle Namen, fuhr Stefanie fort, die Katzenminze zum Beispiel und die Engelstrompeten, die Galgenmännchen und die Löwenmäulchen. Und wenn zu grob mit denen umgegangen werde, dann hätten die Schmerzen: »So wie du.«

Dass ihrer Tochter von Stefanie Grobheit unterstellt wurde, verstimmte Vera. Andererseits war es, gerade im Vergleich zu dem stillen Scott, nicht ganz von der Hand zu weisen. Aber vor allem wusste sie, dass diese freundliche Bitte bei ihrem Kind nicht viel Aussicht auf Erfolg haben würde. Sie fing deshalb an, in düsteren Tönen von Gefahren zu orakeln, die sich manchmal, schwer zu erkennen, unter den Schönheiten der Natur verbergen könnten. Von *poison ivy* war die Rede, von üblen, mit allem Wasser der Welt nicht zu lindernden Verbrennungen, aber auch von den Bissen der hier als besonders tückisch geltenden Zecken, von *lime disease*, von Verkrüppelung, Lähmung, Tod und all den anderen Schrecknissen, von denen Vera andere Mütter immer so eindringlich hatte predigen hören auf den Spielplätzen von Park Slope, bis sie ihr schließlich vorgekommen waren wie unverzichtbare Bestandteile eines Sommers auf Long Island, sofern der seinen Namen auch verdiente. Aber Richard behauptete, so etwas gebe es bei ihm gar nicht, so etwas komme ihm nicht in den Garten, *poison ivy* wachse hier nicht, das kenne er nur als Namen einer Punkrock-Gitarristin aus den Achtzigern. Die könne er mal auflegen. Das sei das Gefährlichste, was er hier anzubieten habe.

Alec wünschte sich, dass Richard Musik der Punkrock-Gitarristin Poison Ivy auflegen würde, weil ihm die vielen Saxofone und Trompeten etwas anstrengend wurden. Und Sarah erklärte, die Kinder würden Verstecken zweifellos im Gebüsch spielen müssen, wo denn sonst, alles andere mache »keinen Sinn«.

»*No way!*«, rief Vera.

»*Yes way!*«, rief ihre Tochter und rannte los. Den kleinen Scott zog sie wie einen Handwagen hinterdrein.

»*Red light!*« Vera rief jetzt so gellend, wie sie es von den anderen Müttern in Brooklyn in solchen Momenten immer gehört hatte, aber die rote Ampel wurde von Sarah ignoriert.

»Das nenn ich Autorität«, sagte Richard, der breitbeinig am Beckenrand stand und erst den Kindern nachsah, dann erwartungsvoll Vera anschaute.

Sie hätte von der Luftmatratze heruntergemusst, um ihr Verbot durchzusetzen, sie hätte sich nass machen müssen, zum Beckenrand schwimmen und ihrer Tochter tropfend hinterherrennen müssen, um dann sogenannte Maßnahmen zu ergreifen. Sie übertrug diese Aufgabe mit vorwurfsvollen Blicken an Alec, der allerdings wieder so tat, als ob er döse. Stefanie schaute den Kindern traurig hinterher, unternahm aber keine weiteren Anstalten mehr, ihren Sohn oder ihre Pflanzen voreinander zu retten. Sie seufzte nur sehr lange und sehr grundsätzlich. Da legte auch Vera den Kopf wieder auf der Luftmatratze ab und erklärte, dass das Konzept »Grenzen setzen« ihr ohnehin zu autoritär sei, sie jetzt außerdem Urlaub habe.

Alle schienen eine Weile zu horchen, ob die Kinder schon auf die Blätter von *poison ivy* gestoßen waren, aber sie waren nicht mehr zu hören. Zu hören war vielmehr »Witch Hunt« von Wayne Shorter. Abgesehen von den Aufschwüngen des Saxofons herrschte für einen Moment Ruhe.

Irgendwann war das zu viel Ruhe für Richard, der immer noch mit durchgedrückten Knien am Beckenrand verharrte.

In den Bällen seiner Waden zuckte es. Er schlug nach einem Insekt, das ihn umbrummte. Der Badeanzug von Stefanie beschäftigte ihn. »Was ist das eigentlich mit diesem Badeanzug«, wollte er wissen. Der lang über die Hüften gezogene Schnitt machte ihm zu schaffen. Es habe niemand gesagt, dass auch die Badeanzüge aus derselben Zeit stammen müssten wie der Bungalow.

Stefanie erklärte geduldig, dass ihr Badeanzug im Gegenteil ganz neu sei. Sie war extra zu Barneys gegangen vor dem Urlaub. Bei dem Stichwort erinnerte sich Richard. Er hatte Stefanies Badeanzug schließlich bezahlt. »Das Ding hat uns 560 Dollar zurückgesetzt«, rief er mit erhobenen Armen über den Pool hinweg in den Himmel über den Hamptons hinein, so als wolle er vor den Göttern dieses Landes sein tiefes Einverständnis bekunden mit der Idee, dass Menschen einen »*net worth*« haben und dass sie mit jedem Mal Geldausgeben halt wieder ein paar Positionen zurückgesetzt werden in dem großen Gesellschaftsspiel, bei dem es darum geht, immer und immer und immer mehr zusammenzuhäufen.

»*Plus Tax!*«, rief er der Zahl noch hinterher.

»Ganz schön viel Geld für ganz schön viel Stoff.« Er hätte lieber noch mehr bezahlt und dafür weniger gesehen.

Stefanie bat ihn freundlich, keinen Unfug zu reden. Die Sonne scheine zu schön. Aber während sie das tat, streifte Richard mit einem Mal seine Schuhe von den Füßen, zog das Polohemd über den Kopf, ließ die Shorts runter und betonte feierlich das alte deutsche Wort »Freikörperkultur«.

Nun war es Stefanie, die die Augen verschloss. Gleichzeitig hoben sich Alecs Brauen. Sieh mal an, dachte er, jetzt war also auch Richard da, wo viele Footballspieler in dem Alter landen:

an dem Punkt, wo die Breite trainierter Brustkörbe auf die Körpermitte übergreift, nicht wirklich als Fett, eher als eine festfleischige Massivität des Gesamtrumpfes, der bei amerikanischen Männern seines Alters allerdings grundsätzlich in Hosen eingepfropft wäre, wenigstens in Badeshorts.

»Wir sind hier nicht an der Ostsee«, erklärte er. »In Amerika herrschen andere Sitten.«

»Auf dem Planeten Mauler herrscht Mauler«, erwiderte Richard.

»Die sogenannte Freikörperkultur fällt, fürchte ich, sogar unter die unamerikanischen Umtriebe«, sagte Alec.

»Wirklich?«

Richard tat erschrocken. Er drehte sich zu ihm um.

»Gar kein FKK in USA?«

Alec gab zu, dass es immerhin einmal Versuche gegeben hatte, das hier einzuführen. Ein Mann mit dem Namen Barthel habe das propagiert, in den Zwanzigerjahren, ein Immigrant aus Deutschland, »ein Nudist im Kielwasser von Leuten wie Heinrich Scham«.

»Im Ernst: Scham?«

Richard war entzückt. Guter Name in diesem Zusammenhang. Dann drehte er sich wieder zu den Frauen und sagte: »Na bitte.«

Alec fügte murmelnd an, dass der Mann eigentlich Pudor geheißen, seinen auf Latein schon sprechenden Namen aus nationalistischem Eifer allerdings eingedeutscht habe und wie im Übrigen viele dieser Propheten natürlicher Nacktheit und nackter Natürlichkeit ein solcher Antisemit gewesen sei, dass er später sogar mit den Nazis aneinandergeriet, weil die ihm nicht genug ... Aber das hörte keiner mehr, das wollte vielleicht auch keiner hören. Denn währenddessen hatte Richard Mauler allmählich die Arme gehoben, bis sie links und rechts neben seinem Kopf in den Himmel ragten, und beugte nun langsam die Knie. Alec hielt inne, als er sah, wie Richard schlagartig die Knie wieder streckte, seinen schweren Körper über die Luftmatratzen der entsetzt aufschreienden Frauen hinweg ins Wasser wuchtete – und schon als er eintauchte, zu hören war, dass etwas schiefgegangen sein musste ...

Da war ein Fiepen, als hätten sich Kenny Dorham, Wayne Shorter und Sonny Rollins gemeinsam darauf verständigt, jeweils so hoch und so intensiv in ihre Instrumente zu blasen wie möglich. Oberhalb der Wasseroberfläche musste man sich die Ohren zuhalten, was nicht so einfach war, wenn man gleichzeitig versuchte, an den Beckenrand zu schwimmen, und wenn einem die Luftmatratzen der Frauen um den Kopf flogen, weil die ebenfalls begonnen hatten, aus dem Wasser zu flüchten. Veras Buch, »The Errors«, versank dabei in der Tiefe.

Der Alarm war so eingestellt, dass man es noch oben im Bungalow im Schlaf hören würde, wenn der kleine Scott mal in den Pool fallen sollte. Der kleine Scott aber stand jetzt auf der Wiese, presste seine Fäuste auf die Ohren und heulte. Sarah versuchte mit zugehaltenen Ohren die Alarmanlage durch den eigenen Diskant zu übertönen. Stefanie flehte, jemand solle den verdammten Alarm abschalten, sie werde *taub*. Richard schrie Stefanie an, wieso der verdammte Alarm überhaupt scharf gestellt war. Stefanie atmete tief ein und tief aus, bevor sie wieder lächelte und etwas antwortete, das Richard aber in dem Lärm nicht verstand. Richard fummelte an der Anlage herum, die im hinteren Bereich vom Beckenrand in den Pool ragte, seine Lippen formten erst einen Fluch. Dann noch einmal. Und dann rief er: »Ramón!«

Ramón habe das Ding installiert. Ramón müsse das machen.

Ramón sei aber nicht da, rief Stefanie.

»Wie bitte?«, schrie Richard.

Ramón sei *nicht ... da*, schrie Stefanie und war für diesen kurzen Moment wieder die Frau, die in den lautesten Clubs ihre Bestellung an den Barmann bringen konnte, ohne dass der nachfragen musste. Richard starrte sie mit Nostalgie in den Augen an. Dann rief er: »Rramón. Es heißt Rrrrrrrrramón. So wie du das R aussprichst, klingt es wie Jamón, und Jamón heißt aber Schinken.«

Stefanie war fassungslos. »Rrrrrrrrichard!«, rief sie. Und: »Verdammt noch mal!« Richard aber rannte, immer noch nackt, in den Bungalow und holte sein Telefon. »Ramón!«, rief er in das Telefon: »*¿Me estás oyendo?*« Zornig ließ er das Telefon sinken, zerrte an der Anlage, richtete sich wieder auf und erklärte noch einmal, Ramón habe das verbockt, Ramón müsse das reparieren. »Wir gehen so lange an den Strand.«

Vera nutzte die Gelegenheit, um im Chaos dieses Aufbruchs einen Streifen von Richards wirklich außergewöhnlich knusprig gebackenem Bacon zu naschen. Und weil man die Augen vor vielem zumachen kann, die Ohren aber leider nicht, erhob sich schließlich auch Alec langsam aus seinem Liegestuhl und sagte, jetzt sei er wenigstens wach.

STRAND

»*Down Fifth Avenue they come*«, rief Richard, als sie hintereinanderweg die Düne runter trabten, beladen mit Klappstühlen, Sonnenschirmen, Badetüchern und dem ganzen Gewicht der Vorfreude auf einen Tag am Strand. Vorsichtig wurden die nackten Füße in den heißen Sand gesetzt, und kein Kommentar wurde ausgelassen über den Haufen Schuhe, der da lag, wo der Asphalt aufhörte und der Sandweg begann. Stefanie fand, dass es hier aussah wie vor einer Moschee und dass man achtsam über den tatsächlich nahezu marmorweißen Sand gehen solle, *mindfully*. Und Richard erklärte, dass *mindfulness* ein Wort sei, das seine Frau häufig benutze in letzter Zeit, daher noch häufiger zu hören sein werde, *mindfulness* sei ihr wichtig neuerdings, im Umgang mit den Dingen und sich selbst, »vor allem mit sich selbst«.

Alec bemerkte zur Seite hin, dass Kurse in *mindfulness* sogar bei der U.S. Army schon gang und gäbe seien, und Stefanie nickte bei seinen Worten dankbar und heftig. Dass Alec direkt im Anschluss noch etwas von Scharfschützen murmelte, denen auf diese Weise Störfaktoren wie zum Beispiel moralische Bedenken aus dem Gewissen gereinigt werden sollten, das bekam schon keiner mehr mit, denn Richard war es in diesem Zusammenhang wichtiger, auf seine Parkgenehmigung hinzuweisen, das *Beach Parking Permit*, das – »und das ist kein Witz«, sagte er – der mit Abstand wertvollste Teil an seinem ganzen Auto sei, mehr wert als das Bodenblech, die Türen, die Sitze und der Motor von dem allerdings auch schon etwas bejahrten Mercedes-Kombi, dessen Stoßstange er auf dem letzten freien Parkplatz vor dem Strand in einen Haufen Sand gerammt hatte.

Vielleicht, sagte Richard, nachdem er die Strandtasche von der einen Schulter auf die andere umgeladen hatte, vielleicht sei das *Beach Parking Permit* für Southampton auch der wertvollste Teil von dem ganzen Bungalow, ohne den er das *Permit* im Übrigen gar nicht hätte.

Vera war so höflich, wissen zu wollen, warum die Parkgenehmigung so teuer war.

Sie erhielt die Antwort: »*To keep out the riff-raff.*«

Vera wollte wissen, was der »*riff-raff*« sei.

»Leute wie ihr«, sagte Richard, und dass sie das nicht persönlich nehmen sollten. Die Strände hier, erklärte er, seien im Prinzip nun einmal öffentlich, da müsse die Gemeinde mit Parkverordnungen dafür sorgen, dass Leute, die sich hier kein Haus leisten können, nicht im Ernst auf die Idee kämen, von ihrem freien Zutritt auch Gebrauch zu machen.

Alec reckte den Daumen und sagte »*awesome*«. Und Richard erklärte, da müsse Alec gar nicht so ironisch tun, im wirklichen Leben würden auch Kommunisten Ruhe und Sauberkeit hiesiger Strände am Ende wertzuschätzen wissen.

»Im wirklichen Leben«, wiederholte Alec.

Sarah war währenddessen schon so weit nach vorne gestürmt, als wollte sie mit ihrem Spielzeug-Eimerchen direkt in die Wellen hineinrennen. Scott wackelte hinter ihr her und blieb irgendwann misstrauisch stehen. Ihm waren das Gedonner und die Gischt da vorne offenbar ein bisschen unheimlich, und da, wo er stehen geblieben war, stellten schließlich auch die Erwachsenen ihre Sachen in den Sand.

Die Handtücher, die die Frauen ausbreiten wollten, wurden vom Wind wieder und wieder zusammengefaltet. Der Sonnenschirm, den Richard in den Sand rammte und dann drehend noch tiefer hineinbohrte, wurde von einer Bö sofort wieder herausgerissen und über den Strand geweht. Die Kinder lachten über den Mann, der nun mit schweren Schritten dem Schirm hinterherjagte mit seinen Seersucker-Shorts und einem rosafarbenen Polohemd. Sarah und Scott bekamen sich gar nicht wieder ein vor Begeisterung, sie lachten, als würden sie zum ersten Mal einen Film mit Charlie Chaplin schauen, und Vera war das unangenehm vor den Freunden. Sarah möge bitte zusehen, dass kein Sand in die Strandtasche komme, mahnte sie, das gelte auch für Alec, immer sei am Ende der halbe Strand in der Tasche. Dann winkte sie mit der Sonnencreme. Sie hatte Lichtschutzfaktor 50 gekauft, das war das Mindeste. Sarah rief, sie brauche das nicht, sie wollte los, zum Meer hin. Vera sagte: »Du bekommst Hautkrebs, wenn du nicht eingecremt bist.«

»Oder wenn du eingecremt bist«, warf von hinten her fröhlich Stefanie ein.

Sie nahm Vera die Tube aus der Hand, schaute kurz drauf und nickte: »Retinylpalmitat.« Ein Stoff sei das, der sogar von den Arzneimittel-Überwachungsbehörden als krebserregend und hautschädigend eingestuft werde. Und Oxybenzon! Ein Stoff, der die Hormone beeinträchtigen könne. Insgesamt seien in einer durchschnittlichen Sonnencreme wie dieser da etwa 150 krebserregende Stoffe enthalten. Sie lächelte, als ob diese Nachricht eine tröstliche wäre. »Ich habe mir alle Industriecremes angeschaut, du kannst exakt gar keine nehmen.«

Vera schaute verunsichert auf die Tube, immerhin doch Lichtschutzfaktor 50, während Stefanie sich mit einer selbst gemachten Paste einrieb. Aus Zinkoxid, erklärte sie. Und Kokosöl. Vor allem Kokosöl. Das war in dem Moment auch zu riechen.

Im nächsten Moment wurde der Kokosgeruch jedoch bereits von einer Wolke süßlicher Parfümaromen überrollt, die von Richard herüberwehte. Er hatte eine Sonnencreme zum Aufsprühen und ging großzügig damit um. Den olfaktorischen Kampf gegen das Naturprodukt gewann für heute noch einmal die Chemie.

Es mag sein, dass das den Ausschlag dafür gab, dass Vera nach einem Augenblick der Verwirrung und der Ratlosigkeit ihr Kind doch wieder heranzitierte und beinahe zornig ihre Tube über Sarahs Rücken ausdrückte: »Mit dem Risiko, irgendwann irgendeinen Krebs zu erwischen, muss man leben, mit Gejammer über Sonnenbrand in diesem Urlaub nicht.«

Stefanie zuckte mit den Schultern und fragte, ob sie sich währenddessen für das Gleiche Veras Mann ausleihen dürfe, für das Einreiben des Rückens. »Mal deinen Mann ausleihen«, exakt diese Formulierung wählte sie. Vera, mit ihrer widerspenstigen Tochter beschäftigt, zuckte lediglich mit den Schultern. Und so konnte es kommen, dass Alec mit einer selbst gemachten Pampe aus Kokosöl und Zinkoxid an den Händen hinter Stefanie Aufstellung zu nehmen hatte und seine Finger in kreisenden Bewegungen auf ihr Geheiß hin von den Schultern abwärts über ihren Rücken wandern ließ.

Später würde er an sein Erstaunen darüber zurückdenken müssen, wie sich ihr Körper unter seinen Händen wand und streckte. Und er würde erst recht den Moment nicht mehr vergessen, in dem Stefanie den Kopf zur Seite drehte und ihm mit einem behaglichen Lächeln zuhauchte, das könne er gern häufiger machen, »auch ohne Sonnencreme«.

Diese Worte hingen für eine Weile in der Luft zwischen ihnen, bereit, gepflückt, auf die Konsequenzen hin verkostet, schließlich verdaut zu werden.

Sie hingen.

Und hingen.

Und blieben da auch hängen.

Denn Alec cremte, ohne das zu kommentieren, bis er zum Glück von seiner Tochter bei der Hand genommen und weggezerrt wurde, die nämlich jetzt endlich los wollte, und zwar mit ihrem Papa, runter zum Meer, rein in die Wellen, den klebrigen Film auf ihrer Haut gleich wieder runterwaschen.

Richard kam ihnen hinterher gerannt, zerrte den kleinen Scott mit sich. Der aber weinte, schrie und wollte nicht ins Wasser, da ließ er ihn zornig am Strand sitzen und sah zu, dass er Alec und Sarah auf den letzten Metern noch überholte, um knapp vor ihnen in die Wellen zu hechten.

»Champagner«, rief Richard, als sie alle wieder aufgetaucht waren. »Ein Bad in Champagner, oder etwa nicht?« Nicht nur der Sand sei weißer, auch die Gischt moussiere feiner hier draußen. »Alles westlich von hier ist bestenfalls Prosecco dagegen: Jones Beach, sogar Fire Island.« Und was Coney Island oder Rockaway Beach waren, wo Alec und die Seinen normalerweise schwimmen gingen, was also diejenigen Strände dagegen waren, die man mit der Subway erreichen konnte, das wollte Richard lieber gar nicht erst in den Mund nehmen.

»Ganz schön salziger Champagner«, sagte Alec. Aber er musste zugeben, dass Richard recht hatte: So fein stäubend, so glitzernd und so geradezu schmerzhaft hell für die Augen war diese Brandung, so fein, so strahlend, so brutal hell dieser Sand. Sie mussten blinzeln, als sie sich das betrachteten, das Wunder von Meer und Strand im Sommer. Kinder warfen sich in den auslaufenden Wellen auf bunte Schaumstoffbrettchen, um kreischend durch die Gischt zu schlittern, Kinder schrien, Kinder buddelten, Kinder ließen ihre Schaufeln liegen, Kinder vermissten ihre Schaufeln, Kinder packten mit den wiedergefundenen Schaufeln Sand in Plastikeimer, die wie ein Burgturm geformt waren, stülpten den Eimer um, zogen ihn hoch und weinten, weil der Sand entweder zu trocken war und die Zinnen zerbröselten oder zu nass und die Zinnen zerflossen. Väter mussten Bücher sinken lassen und zu ihnen hinrennen, trösten, retten, überzeugendere Burgen bauen, während sie nur halb bei der Sache waren.

Denn beim Hochsitz der Lifeguards standen ein paar Mädchen beieinander. Sie standen, redeten, lachten, wechselten Standbein und Spielbein und zupften immerzu und immer wieder ihre Oberteile zurecht oder zogen sich verstohlen mit dem Zeigefinger am Po die Ränder des Beinausschnitts herunter. Der Rettungsschwimmer stieg von seinem Sitz und machte Liegestütze. Die Mädchen schauten eine Weile hin und dann wieder weg.

Eine Welle, die größer und wuchtiger war als alle zuvor, hatte sich hinter ihnen herangeschlichen, während Alec dies alles in sich aufnahm, und brach jetzt mit Getöse über ihm, Sarah und Richard zusammen, haute sie von den Füßen, versuchte, Arme und Beine aus dem Rumpf zu reißen, und wirbelte sie herum wie Lappen in einer Waschmaschine. Alec wusste nicht mehr, wo oben und unten war, während er so gedreht wurde; er riss die Augen auf und staunte, wie klar er sehen konnte.

Immer noch unter der Welle kreiselnd, sah er auf einmal das

Gesicht seiner Tochter vor sich, auch sie mit weit aufgerissenen Augen, dann kam der Sand, der Boden, sie stießen auf, kugelten aus der austrudelnden Welle heraus und hatten es überstanden. Alec wollte seine Tochter aus dem Wasser heben, fragen, ob sie okay sei, Trost spenden nach dem Schreck. Aber Sarah brauchte gar keinen Trost, sie rief: »Noch mal!«, und rannte umgehend wieder ins Meer zurück, während Richard schimpfend aus dem Wasser stieg, Sand aus seinen Haaren kratzend.

»Papa, wann kommt der Schnee?«, wollte Sarah mit einem Mal wissen. Alec schaute, wie schon oft, erstaunt seine Tochter an.

»Im Winter. Das ist aber noch bisschen hin, zum Glück.«

Das Kind wünschte sich nun auf der Stelle Schnee. Es wollte *snowmen* bauen und *snowfights* machen.

»Das heißt Schneemann und Schneeballschlacht«, sagte Alec.

»Ja«, sagte seine Tochter. »Ich gewinne.«

»*No way*«, sagte Alec.

»*Yes way*«, sagte Sarah.

Alec schaute seine Tochter an und war ganz gerührt von dem Spaß, den er an ihr hatte. Gleichzeitig wurde er jetzt schon melancholisch bei dem Gedanken, dass sie in sechs bis acht Jahren erste sogenannte Freunde vorstellen würde und mit denen, pickligen Burschen mit brüchigen Stimmen, in ihrem Zimmer verschwinden, vor der Tür die dampfenden Turnschuhe der Knaben, ausgetreten und in deprimierend großen Größen …

Sarah schaute hoch in den Himmel, der so blau war und

inzwischen auch so leicht von Schönwetterwölkchen marmoriert, wie es ein Himmel an einem Hochsommertag nur sein konnte, und sagte: »Ich glaube, ich habe schon eine Schneeflocke gesehen.«

Alec richtete den Blick nach ihrem Finger und tat so, als würde auch er einer Schneeflocke beim Landen zuschauen.

»Das reicht noch nicht für einen Schneemann, fürchte ich.«

Das Mädchen zog einen Mund, als es an Alecs Hand zurück zu den anderen trottete.

»Warum weint die Kleine denn?«

»Weil kein Winter ist. Sarah will *snowmen* bauen und *snowballfights*.«

Die Erwachsenen standen um das schmollende Kind herum wie ratlose Ärzte.

»Alles hat seine Zeit«, sagte Stefanie schließlich, indem sie vor Sarah in die Knie ging, als gelte es jetzt etwas Grundsätzliches für das Leben zu lernen: »Die Zeit von Schnee ist im Januar. Erst wappnen sich die Leute mit Hamsterkäufen gegen die Schneestürme, dann freuen sie sich über die Tulpen auf dem Mittelstreifen der Park Avenue, dann weichen sie den Tropfen aus den Klimaanlagen in den Fenstern aus, dann erkennen sie die Melodie von Mr. Softee's Ice Cream Truck, dann essen sie *lobster rolls*, bis die ihnen aus den Ohren rauskommen, sie bringen die Kinder in neue Kindergartengruppen, müssen mit neuen Eltern neue WhatsApp-Gruppen aufmachen, schneiden Gesichter in Kürbisse, zerteilen Truthähne, hören ›Jingle Bells‹, wünschen sich ein *happy new year*, und dann geht alles von vorne los.«

»So gehen die Jahre dahin«, nahm hinter ihr Vera diesen Faden auf: »So werden die Leute älter, und dann kommen sie mit gebrochenem Oberschenkelhals ins Krankenhaus, fangen sich einen Keim ein und sind nach ein paar Wochen tot.«

Als sie fertig war, sprach niemand, alle schauten sie nur stumm an. Dieser Anflug von Bitterkeit schon wieder, dachte Stefanie, gerade an einem so strahlenden Tag. Aber Vera war auf dem Weg hierher ein Farmer nicht entgangen, der jetzt schon Kürbisse anbot, Anfang August, und der ockerfarbene Eindruck von Endlichkeit, der sich für sie damit verband, hatte sie erst erschreckt und dann begreifen lassen, warum die Menschen hier so gern vor dem Terror der irgendwie immer schneller aufeinanderfolgenden Jahreszeiten in den Dauersommer von Florida flohen. Sie verstand dieses Land immer besser.

Sarah hatte von alldem einzig eine Sache aufgeschnappt, die ihr relevant erschien, und das war Mr. Softee's Ice Cream Truck.

Sarah wollte auf der Stelle ein Eis. Scott wollte auf der Stelle Eis. Richard wollte Lobster Rolls.

Er habe eben erst zum zweiten Mal gefrühstückt, sagte Stefanie.

»Ewigkeiten her«, rief Richard. Er könne sich kaum dran erinnern.

Vera hatte auf einmal ebenfalls Lust auf Lobster Rolls. Sie googelte, wo es die beste Lobster-Roll-Bude in der Umgebung gab. Sie fand: »The Crab«.

»Das ist aber ein Stück weg, in Sag Harbor.«

»In Sag Harbor gibt es auch Eis«, wusste Richard.

Vera fragte, wie Stefanie es mit dem Eis halte, und die machte ein freundliches Gesicht, hatte aber Bedenken.

»Gegen das Eis von Mr. Softee oder generell?«

Stefanie hob und senkte ihre Schultern: generell, wegen des Industriezuckers, aber Mr. Softee sei besonders …

Vera nickte heftig, fiel ihr ins Wort und beklagte, dass die Wagen immer genau um neun Uhr abends um die Ecke bogen mit ihrem Gebimmel, wenn Alec gerade seit einer Stunde dabei war, das Kind in den Schlaf zu kriegen mit Gutenachtgeschichten, bei denen der Einzige, der einschlief, in der Regel er selber war. »Er hast es fast geschafft, die Augen sind beinahe zu, und dann: diddeldi-diddeldi-ding-da-ding-…«

»Ich erzähl Scott immer, dass das die Melodie ist, die Mr. Softee spielt, wenn die Eiscreme alle ist«, sagte Richard. Und Alec wusste, dass dieser Gag aus dem »New Yorker« geklaut war, er konnte nur nicht sagen, ob aus einem Text oder einem Cartoon. Das eigentlich Schlimme sei aber das Eis selbst, sagte Stefanie. Sie wollte diesen Punkt jetzt noch zu Ende führen: Nie fühle sie sich zerrissener, nie machtloser als angesichts der sehnsüchtigen Blicke ihres Sohnes auf die Reklametafeln dieser Ice Cream Trucks, während sie gleichzeitig nicht aus dem Kopf kriegen könne, was für eine »chemische Scheiße« das sei, was die armen Kinder da in ihre Waffeln gedrückt bekommen.

In Sag Harbor gebe es auch Eis, sagte Richard, und zwar *organic*. Er hauchte das Wort und schaute dazu mit den aufgerissenen Augen eines Magiers beim Abrakadabra-Sagen. Er gab bekannt, jetzt, auf der Stelle, Lobster Rolls für alle holen zu wollen und den Kindern ein kerngesundes Bio-Eis. »Mr. Softee hat in Southampton kein Parking Permit«, sagte er, bevor jemand Widerspruch einlegen konnte, und an Alec gewandt: »Du kommst mit, ich brauch dich zum Tragen.«

AUTO

»Was machen die Forschungen?«, fragte Richard, das rote Gesicht nach hinten gedreht und zu dem Geräusch einer Stoßstange, die über den Sandhaufen knirschte. Ob endlich eine Professur für Marxismus winke, wollte er wissen, während er die Automatik auf D stellte und Gas gab. Und ob das Buch noch mal fertig werde, das große, lang angekündigte. Und wovon es noch einmal handeln sollte: Politik, Techno, Internet? Er hatte es vergessen. Jedes Mal sei es um etwas anderes gegangen.

Alec musste leise lachen. Er nahm diesen Ton nicht übel, er fand ihn immer schon amüsant. Denn diesen Ton hatte Richard bereits in Berlin angeschlagen, wann immer er Alec zu verstehen geben wollte, dass der seinen Kopf in den Wolken und zum sogenannten wirklichen Leben keinen praktischen Zugang habe. Das gute alte Gefälle zwischen Geld und Geist ging Alec durch den Kopf.

Im Autoradio fiel der Name des Präsidenten. Alec schaltete es aus. Er betrachtete eine Weile das Dünengras am Rand der Straße und sagte schließlich: »Faschismus.«

»Wie bitte?«

»Faschismus«, wiederholte Alec.

Er habe überlegt, wie er das auf einen Begriff bringen könne, worüber er im Augenblick forscht, ohne dass Richard darüber die Geduld verliert, und der bündigste Begriff dafür sei der Faschismus.

»Sicher«, sagte Richard und bog, heftig das Kinn auf die Brust drückend, in die Straßen mit den hohen Hecken ein. Dafür sei er hier auch in der absolut richtigen Gegend. Das sei wichtig, dass gerade hier mal ein entschiedener Nazijäger unterwegs sei.

Alec ließ den Spott abprallen und sagte, vom Faschismus dürfe nicht schweigen, wer vom Kapitalismus reden wolle.

»Du hast zu viel Zeit in Ostberlin zugebracht«, befand Richard. »Oder hat dir Vera das mitgegeben, aus ihrer Schulzeit in Karl-Marx-Stadt?«

Alec erklärte ihm, dass Karl-Marx-Stadt in Veras Familie immer schon Chemnitz genannt worden sei. Er fügte hinzu, dass er selbst das übrigens schade fand.

»*American guilt*«, sagte Richard im Tonfall eines Arztes. Aber dass Alec ihm deshalb jetzt Bücher über Landkommunen auf sein schönes Grundstück schleppe, »Bücher über Landkommunisten ...«. Er schüttelte indigniert seinen Kopf.

»Du erinnerst dich an das besetzte Haus in Friedrichshain, in dem ich eine Zeit lang gewohnt habe?«

»In dem Keller hab ich Partys veranstaltet«, erinnerte ihn Richard.

»Bevor ich da raus musste und bei Vera eingezogen bin, gab es kurz den Plan, im Umland von Berlin ein Haus zu suchen, als Landkommune neben der Stadtkommune, von mir aus auch als Sommerkommune. Jedenfalls hatten wir irgendwann was gefunden, ganz im Osten, direkt am Wald. Aber die von dem Gemeindeamt dort haben einen Trick nach dem anderen angewandt, damit wir das nicht kriegten.«

»Warum?«

»Weil es dort schon einmal eine Kommune gegeben hatte, vor hundert Jahren, und die hatten jetzt Angst, dass wir völkische Hippies sein könnten, die eine Wallfahrtsstätte daraus machen wollen.«

»Völkische Hippies?«, lachte Richard. »Rechte Kommunarden?«

»Es gibt Fotos von denen, die haben mich umgehauen. Die Typen sahen exakt aus wie im Summer of Love, San Francisco, 1967: die gleichen langen Haare, die gleichen Bärte, sogar die gleichen Sandalen. Manche hatten auch nur die Sandalen an und nix weiter. Aber alles wie gesagt vor hundert Jahren schon. Und dazwischen steht einer und wird von den Frauen angehimmelt und guckt exakt wie Charles Manson. Aber exakt.«

»Das war der Kollege mit dem Hakenkreuz auf der Stirn? Der die Frau von dem Schauspieler ermordet hat?«

»Das war der Kollege, der die Frauen, die *ihn* angehimmelt haben, losgeschickt hat, um die Frau von diesem Schauspieler zu ermorden.« Der Jahrhundertwende-Hippie habe kein Hakenkreuz auf der Stirn getragen, aber dafür pausenlos welche gemalt, erklärte Alec, der sei Künstler gewesen: »Der hat erst immer Nackte gemalt, dann Hakenkreuze, zum Schluss dann Stalin.«

Richard machte ratlos: »Hmm.« Dann stampfte er so jäh auf die Bremse, dass Alec sich mit den Händen am Armaturenbrett abstützen musste. Richard hatte zuvor im Laufe dieser Ausführungen immer energischer aufs Gaspedal getreten, so als wirkten Alecs Worte wie das Hämmerchen beim Arzt auf sein Knie. Aber jetzt waren sie gezwungen zu warten, bis sich vor ihnen ein Cadillac Escalade in die weiße Toreinfahrt rangiert hatte, die in diesem Moment einen Blick auf ein Haus erlaubte, das ansonsten hinter fünf Meter hohen Hecken verborgen lag.

Die beiden Männer kamen sich vor wie Voyeure, als sie da so durch das geöffnete Gartentor auf das Anwesen starrten.

»Dachschindeln an der Fassade«, sagte Richard.

»Zehn in verschiedene Richtungen zeigende Dächer«, sagte Alec.

»So was gibt es sonst nur im Thüringer Wald«, sagte Richard und schüttelte den Kopf. »Schindeln an der Fassade.« Er nannte den Namen eines Architekten, der diese altertümlich aussehenden Burgen hier draußen am Fließband entwerfe und obszön reich geworden sei damit. Er fand, man solle sie allesamt abreißen und durch modernistische Bungalows im Stile von seinem ersetzen; damit würde er, Richard Mauler, gern obszön reich werden.

Alec fand, man solle sie allesamt abreißen und durch Sozialwohnungen für kinderreiche Familien ersetzen, bei der schönen Nähe zum Strand.

»Aber Vera gefällt so was«, sagte Richard. Er habe Alecs Frau im Rückspiegel feuchte Augen bekommen sehen auf der Hinfahrt. »Und zwar ziemlich exakt bei dem Schild *Drive like your kids live here*.« Alec sagte, an dem Schild sei Richard zu schnell vorbeigefahren, um es lesen zu können. Er bezweifelte, dass Vera in so einer verschindelten Burg würde wohnen wollen. Aber auch ihm war nicht entgangen, dass seine Frau alles das hier bei der Herfahrt als »dermaßen schön« bezeichnet hatte, »dass es wehtut«. Sie hatte sogar ein bisschen geweint deswegen, und er hatte deswegen alle Kommentare zu den zweifelhaften Quellen des Reichtums hier ungesagt heruntergeschluckt.

»Es ist doch völlig offensichtlich, dass Vera lieber auf der Upper East Side aufgewachsen wäre als in Karl-Marx-Stadt«, erklärte Richard. »Nicht unbedingt *super rich*, eher Mittelklasse, *liberal Jewish*, würde ich sagen, und heute würde sie lieber beim ›New Yorker‹ sagen wir mal die Literaturseite betreuen, als in ihrer Klinik Platzwunden zu nähen, und für die Wochenenden hätte sie halt gern ein Häuschen hier draußen. Kann man doch nachvollziehen.«

Alec schwieg eine Weile und betrachtete die Häuser, die immer nur für Momente in Ausschnitten hinter den Hecken sichtbar wurden. Dann erinnerte er Richard an die *WASPs* hier draußen, die *White Anglo-Saxon Protestants* und ihren bemerkenswerten Rassismus. Er hatte von Golfclubs gehört, in denen sie bis vor Kurzem oder möglicherweise sogar bis heute hartnäckig unter sich bleiben wollten, von Tennisclubs, die so weiß seien, dass man sie praktisch gar nicht richtig sehen könne vor dem Hintergrund der weißen Strände und der weißen Brandung: Mitglieder weiß, Kleidung weiß, sogar die Bälle noch weiß, so wie ganz früher, vor der Erfindung des Farbfernsehens.

Richard fragte, ob Alec es unter solchen Umständen mit seinem Gewissen überhaupt vereinbaren könne, den ganzen Monat hier draußen zu sommern. Alec versicherte, er könne. Er erzählte Richard etwas von der Weltsicht des sogenannten Akzelerationismus, der er neuerdings anhänge: Die weitere Zuspitzung der gesellschaftlichen Widersprüche war als etwas Wunderbares und Wünschenswertes zu betrachten, sie gelte es zu beschleunigen. Das Sommern in den Hamptons war insofern nicht nur okay, sondern der erste Schritt zur Überwindung der Hamptons. Auf jeden Fall könne es nur hilfreich sein, über Landkommunen an einem Ort nachzudenken, der das Gegenteil verkörpere.

Sie rollten immer noch an meterhohen Hecken entlang, als Richard nach einer Weile des Nachdenkens erwiderte, dass er sich gar nicht sicher sei, ob das hier wirklich das Gegenteil war. Im Prinzip, erklärte er, seien die Hamptons ebenfalls eine Art Landkommune. Immerhin sei es wenigstens konsequent, dass ausgerechnet diese Hedgefonds-Typen hier wirklich so viel Wert auf das legten, was ihnen den Namen gab, nämlich eben Hecken. Auch hier gehe es letztlich um *back to the land*, sagte Richard: »Zurück zur Natur.«

»Na ja«, sagte Alec. Er sah in alldem eher das Ergebnis einer Parallelverschiebung der Ellenbogenwelt von Manhattan ein paar Hundert Meilen nach Osten ins Grüne. Richard beharrte auf den Unterschieden.

»Die Autos zum Beispiel«, erklärte er, als er darauf wartete, in den Verkehr auf dem Montauk Highway einbiegen zu können: Mit den Autos verhalte es sich so, dass man nie wissen könne, ob in einem heruntergekommenen Pick-up-Truck der Gärtner sitze oder die, für die er gärtnert. Je älter und heruntergekommener, desto wahrscheinlicher sei es, dass nicht der Gärtner drinsitzt. »Und die auf den Fahrrädern«, fügte Richard hinzu, indem er in die Schlange der Toyotas und Chevrolets auf dem Montauk Highway einbog. »Die auf den Fahrrädern sind im Zweifel die wirklichen Wölfe der Wall Street. Da heißt es Abstand halten. Die Anwaltskosten kannst du nicht aufbringen, wenn da was passiert.«

Danach sprach er über sein eigenes Auto. Hier draußen fahre er mit der alten Karre vor allem deshalb herum, damit er in seinem anderen Auto, einem brutal neuen Dodge Challenger Hellcat in der Farbe Rot, nicht für einen größenwahnsinnigen Gärtner gehalten wird. Das schließlich ließ ihn den Plan entwickeln, kurz zu Hause vorbeizufahren und, *just for the heck of it*, in den Dodge zu wechseln, dessen technische Daten sich

Alec schläfrig anzuhören bemühte, während er durch das offene Fenster in die Landschaft starrte und so unglaubliche Kennziffern wie die 707 PS mal mit einem erhobenen Daumen quittierte, mal mit einem »*awesome*« und dabei offensichtlich an ganz andere Dinge dachte.

Aber als sie vor dem Haus schon von der Straße aus immer noch die Alarmanlage des Pools heulen hörten, beschleunigte Richard lieber wieder, bevor ihn die Nachbarn zu greifen bekamen, und hatte den Plan schon hinter der nächsten Kurve wieder beerdigt und vergessen.

STRAND

Währenddessen ging es auch bei den beiden Frauen am Strand um Autos. Sie hatten sich nebeneinander auf die Badetücher gesetzt und riefen gelegentlich die Namen ihrer Kinder in den Wind. Die Kinder antworteten allerdings nicht, hörten vermutlich auch gar nichts, sondern bauten, wie Sarah erklärt hatte, ein Loch. Und Stefanie erzählte heiter von einer Frau, die hier ganz in der Nähe immer nur mit dem Porsche über knirschenden Kies die Auffahrt zu ihrem Haus hoch sei, nie zu Fuß, immer im Auto. Ihr Mann war Stefanies Erinnerung nach ein *hedgy,* und das Haus war eines von denen mit den vielen Dächern. »Ein Haufen Dächer mit einem Rondell zum Vorfahren«, sagte Stefanie, »und auf dem Rondell ein Kies, so weiß wie hier der Sand am Strand, nur natürlich nicht so fein, sondern scharfkantig und spitz.«

Vera fragte, was ein *hedgy* sei, und Stefanie erklärte ihr:

Hedgefonds-Manager, sie nenne die immer *hedgies*, um sie sich ein bisschen weniger furchteinflößend zu machen.

Aber anders als in den Darstellungen ihres Mannes war es den *hedgies* bei ihr durchaus gestattet, auch mit luxuriöseren Autos hier über den Kies in der Auffahrt zu knirschen, und erst recht ihren Frauen. Dafür seien die nach Stefanies Einschätzung hier draußen angezogen »wie in der City ihre Nannies«. Sie nannte es »*downdressing*«.

Vera sagte: »So was.«

Stefanie zuckte mit den Schultern.

Vera wurde deutlicher und erklärte, dass das so gar nicht ihre Welt und ihre Liga sei, dass ihr die Geschichte jetzt schon vorkomme wie aus den Illustrierten beim Friseur oder ein Gesellschaftsroman aus dem 18. Jahrhundert.

»Absolut«, nickte Stefanie und wies unbestimmt auf die Häuser hinter den Dünen: »18. Jahrhundert mit bisschen mehr PS vor den Kutschen.«

Die Frau, von der eine Zeit lang *alle* hier gesprochen hätten, nämlich sei mit so einem *hedgy* verheiratet gewesen oder, Stefanie wusste es nicht mehr so genau, vielleicht auch mit einem Anwalt, von der Sorte, die »*aggressively pursuing your rights*« auf haushohe Werbebanner drucken, von denen sie dann mit gefletschten Zähnen auf die armen Autofahrer in New York herunterblickten. Diese Frau nun sei eines Tages nach einem Streit empört aus dem Haus gerannt und habe auf dem Rondell erst ein Bewusstsein dafür entwickelt, was es heißt, eine Kiesauffahrt zu haben. Denn mit den weichsohligen Ballerinas einer der preisgünstigen Kindermädchen-Marken darüber zu rennen fühle sich anders an, »als wenn vier bumsfest aufgepumpte Reifen eines 911er die Kiesel in Richtung der Gärtner schnipsen. In dem Moment erweist sich der schöne Kies als Stacheldraht für die Füße.«

Mehr als über den Inhalt staunte Vera über Stefanies Ausdrucksweise. Für einen Moment schien sich in das durchsonnte Lächeln noch einmal die belustigte Handfestigkeit zu mischen, mit der sie sich als »Fanny« jahrelang durch das Musikfernsehen moderiert hatte.

»Die also auf wackligen Füßen zurück, zeigt dem *hedgy*, der schon ›na also‹ sagt, einen Finger, fährt kurzerhand in dessen handgedengelte Ledersohlen-Loafers, und weg war sie, wie der Kleine Muck.«

»Und dann?«

»Keine Ahnung. Nie wieder aufgetaucht.«

»Vielleicht überfahren worden.«

»Oder mitgenommen. Von einer Gruppe Surfer zum Beispiel. Die Liebe des Lebens gefunden und so weiter.«

Vera blieb skeptisch.

»Hat man bei dem Hedgefonds-Typen mal den Garten umgegraben?«

»Vielleicht hat die inzwischen selber einen Hedgefonds. *How about that?* Am Ende ist es gescheiter, die Geschäfte selber in die Hand zu nehmen.«

Stefanie lächelte nun wieder vielsagend und aufmunternd.

Dann rief sie: »Scott?«

Und Vera rief: »Sarah!«

Aus dem Loch, das die beiden schaufelten, kam kein Laut, nur Sand.

Als das geklärt war, schaute Vera, abermals, zu dem Lifeguard auf seinem Hochsitz und fragte Stefanie, ob die auch den Eindruck habe, dass der die ganze Zeit zu ihnen rüberblicke.

Aber Stefanie schaute, mit der Hand Schatten spendend, schon wieder versunken in ihr Telefon. Da suchte Vera in der Tasche kurz nach ihrem eigenen Telefon, ließ es dann aber bleiben. Wozu auch? Um zwanzig neue Nachrichten von den Müttern der künftigen Kindergartenklasse von Sarah durchzulesen? Oder dreißig von ihrer eigenen Mutter? Oder um Alec anzurufen, wo sie blieben, der sein Telefon aber wie immer stumm geschaltet haben würde, um ungestörter seinen Betrachtungen nachhängen zu können ...

AUTO

Hinter Southampton änderte sich die Szenerie. Die Hecken hörten auf, dann die hübsch restaurierten Häuschen, denen man von außen schon ansah, wie liebevoll und historisch im Inneren die Treppen knarrten. Dann kam verwildertes Gebüsch, und schließlich tauchten linker Hand ein paar Holzhütten auf, die über und über mit Zigarettenreklame bepflastert waren. Hier bog Richard ab und hielt. Er verschwand in einer der Hütten, und als er wieder herauskam, hatte er eine Stange »Marlboro light« in der Hand, die er Alec beim Einsteigen auf den Schoß warf. Die Indianermarken seien zwar billiger, aber die könne man nicht im Ernst rauchen, er jedenfalls nicht, und als er Alecs fragenden Blick bemerkte, sagte er: Das hier sei ein Reservat, zweitausend Leute, eine kleine Halbinsel und die paar Meter an der Landstraße, wo sie die steuervergünstigten Zigaretten verkaufen, von denen sie leben.

»Man sagt nicht Indianer.«

»Wir waren immer auf *deren* Seite. Seit Karl May.«

Alec nahm sich eine Marlboro. »Kein Wort zu Vera«, sagte Alec.

»Kein Wort zu Stefanie«, sagte Richard.

»Man spricht Leute heute so an, wie sie angesprochen werden wollen«, sagte Alec.

Er blies den Rauch aus dem Fenster. Stefanie würde es natürlich trotzdem riechen, Vera erst recht, und wenn Sarah den Zigarettenrauch roch, konnten sie sich auf was gefasst machen.

»Dann sprich Vera als Mitarbeiterin des ›New Yorker‹ an und verbring deine Ferien in dem Haus, das sie sich mit ihren Kolumnen hier zusammengeschrieben hat, und nicht in meinem.«

»Du lässt dich als R*ischaaaar* ansprechen, wenn du vor deinen *wealthy clients* den Europäer gibst.«

»Weil Amerikaner, speziell in New York, nur ein einziges Ausland kennen, das sie ernst nehmen, und das heißt Paris.«

»Gleichzeitig läufst du rum wie ein Harvard-Student um 1965.«

»Vielleicht auch 1966.«

»Wie so ein *WASP* mit Segelboot im Hafen von Boston.«

»Ja, aber *with a splash of European*«, sagte Richard, dem die Beschreibung gefiel. »Der Mercedes zum Beispiel. Außerdem rauch ich. Amerikaner rauchen ja alle nicht mehr. Die haben alle aufgehört.«

Das fand Alec, an dem diese Entwicklung während seiner Jahre in Berlin ein wenig vorbeigegangen war, in der Tat auch bemerkenswert an seinem Land: erst die Welt mit Tabak aus Virginia fluten, dann rumhüsteln, wenn jemand den tatsächlich raucht. Und erst die Indianer so dezimieren, dass sie in lächerliche Reservate passen, wo sie vom Zigarettenverkauf leben müssen, dann Ätsch sagen und mit dem Rauchen aufhören.

Richard verbat sich antiamerikanische Propaganda in seinem Wagen.

Außerdem habe Alec soeben selber »Indianer« gesagt.

Sie fuhren über eine Brücke und sahen tief unter sich in einem schimmernden Flussdelta Motorboote und kleine Yachten liegen. Eine Bude tauchte auf, in der Fisch und Hummer und dergleichen verkauft wurde, jedenfalls stand das groß oben dran. Aber Richard fuhr daran vorbei und erklärte, dass sie in diesem Augenblick die richtigen Hamptons verlassen hätten, dies hier seien die »wrong Hamptons«, die Orte hießen Hampton Bays und Westhampton und seien Arbeiterstädte. Hier wohnten die Gärtner und Hausangestellten, die morgens wie abends für den Stau in den echten Hamptons verantwortlich seien.

»Wohnt hier Ramón?«

»Hier wohnt Rramónn.«

Richard hielt vor einem kleinen Haus an der Hauptstraße, klopfte, bekam keine Antwort, rief noch mal, erreichte niemanden, trat zaghaft gegen die Wand, nannte Ramón einen »cabronßito« und stieg wieder ein.

Alec bat Richard, nicht immer so eine Show daraus zu machen, dass er die meisten Sommer der Nullerjahre in den Clubs von Ibiza verbracht hatte, »auf Ibiißa«, und sich dort ein entsprechendes Spanisch angeeignet hatte. »*Spanish speaking people* in Amerika lispeln nicht.« Richard ging darauf nicht ein. Er mutmaßte, dass sein mexikanischer Gärtner von den argentinischen *rich kids* in die Flucht getrieben worden war, die über Airbnb gekommen waren. »Reiche Südamerikaner benehmen sich generell wie Sklavenhalter«, erklärte er Alec.

Danach fuhren sie auf den Parkplatz eines Einkaufszentrums. Das Meer, der feine Sand, die Welt der Hecken und der Häuser mit den vielen Dächern schien sonderbar weit weg auf einmal. Der Wind wehte Plastiktüten über den Asphalt. Vereinzelte Einkaufswagen standen herum.

»Hier gibt es keine Lobster, und hier gibt es kein Eis«, sagte Alec.

»Fein beobachtet«, erwiderte Richard, während er sich aus dem Sitz schälte: »Aber hier gibt es einen Liquor Store, in dem der Moët Chandon durchgängig im Sonderangebot ist, zwei Flaschen zum Preis von einer.«

Und in dem verschwand Richard.

Als er diesmal wiederkam, trug er außer zwei Flaschen Champagner auch eine Kühltasche mit Eiswürfeln, die er auf den Rücksitz bettete, dann verkündete er, dass sie jetzt für den Rest der Besorgungen nach Sag Harbor fahren würden.

Eine Gruppe von Straßenbauarbeitern blickte ihnen nach. Die Männer hatten mexikanische Ringkämpfermasken mit Totenkopfgesichtern übergezogen gegen den Staub und standen stumm in der Wolke, die Richards Auto hinterließ. Aber das bemerkten die beiden nicht. Denn die Rückspiegel waren nun einmal nicht auf den Beifahrersitz von Alec eingestellt, und Richard war nicht der Typ, der ohne Not nach hinten schaute.

STRAND

Die Frauen am Strand fanden, dass die Besorgungsfahrt der Männer sich ganz schön in die Länge zog, aber sie hatten auch Abwechslung. Der Junge auf dem Hochsitz der Lifeguards fesselte ihre Aufmerksamkeit. Der Begriff Bademeister kam ihnen unangemessen vor; dafür war der Bursche zu jung und auch zu eitel. Er machte Klimmzüge an seinem Hochsitz. Dann wieder hing er nur und hob seine gestreckten Beine vorne bis zur Höhe seines Kinns. Dreißig Mal. Dann wieder Klimmzüge.

Stefanie und Vera konnten den Schweiß auf dem Gewölbe seiner Brustmuskeln in der Sonne glänzen sehen. Vera hatte wirklich das Gefühl, dass er dabei zu ihnen herüberschaute, sie regelrecht fixierte. Was zur Hölle ging in dem vor?

»Der ist keine zwanzig«, sagte Vera.

Der Rettungsschwimmer machte schon wieder Liegestütze.

»Ja«, lächelte Stefanie.

Dann, als gäbe es da irgendeinen Zusammenhang: »Und Alec forscht über Jugendbewegungen?«

Vera seufzte. Es gehe bei Alecs Forschungen, soweit sie das begriffen habe, so gut wie um alles von der Hitlerjugend bis zu Facebook und von der Waldorfschule bis zum Waldorf Astoria. Und darum, wie alles miteinander zusammenhängt. »Und warum die Deutschen an allem schuld sind. Vor allem an Kalifornien.«

»Oh«, sagte Stefanie.

»Ja«, sagte Vera. »Im Kern will er, glaub ich, nachweisen, dass die Hippies eine Erfindung von Jugendstilmalern sind.«

»Ach«, sagte Stefanie.

»Ja«, sagte Vera noch einmal.

»Aha«, sagte Stefanie.

»Und wenn er sich ganz viel Mühe gibt, kommt das Buch darüber sogar noch raus, bevor er selber keine Haare mehr auf dem Kopf hat.«

Immerhin sehe er doch noch hinreichend jugendlich aus, gab Stefanie zu bedenken.

Er ruhe auch stets sehr ausführlich, sagte Vera.

Da war er wieder, dieser Unterton, der Stefanie Sorgen machte.

Sie schaute eine Weile in die Wellen und erkundigte sich dann mit warmer Zugewandtheit, ob sie vorhätten, Sarah an die Brooklyn Waldorf School zu geben. Die Brooklyn Waldorf sei gut.

»Die ist aber in Bedford-Stuyvesant«, sagte Vera.

»Da bringt auch die Witwe von dem Schauspieler ihre Tochter hin«, sagte Stefanie lächelnd, »von dem toten.« Sie kam nicht auf den Namen.

Vera kam auch nicht auf den Namen.

Sie habe gesehen, dass der Schauspieler, auf dessen Namen sie nicht kam, sich das Leben nehmen würde, flüsterte Stefanie.

»Du hast gesehen, wie er sich das Leben genommen hat?«

»Dass er würde.« Stefanie sah Dinge, bevor sie passierten, und sie hatte gesehen, dass sich der Schauspieler, so jung, so erfolgreich, so beschenkt mit materiellem Glück er scheinbar war, sich das Leben nehmen würde – so wie sie das auch bei dem Schriftsteller gesehen habe, dessen Namen sie ebenfalls nicht parat hatte, und dem Künstler, der mit dem Schriftsteller eng befreundet gewesen und ihm dann vorausgegangen war.

Sie wusste nicht mehr, wie er hieß. Aber sie sprach in feierlicher Komplizenschaft von diesen Männern.

»Wenn er sich daran hält, was der Erfinder dieser Schulen gelehrt hat, ist der Schauspieler wenigstens nicht für immer tot«, warf Vera ein. Denn sie hätte ihre Tochter schon ganz gern auf eine der prestigeträchtigen Schulen von Brooklyn geschickt, dazu gehörte die Brooklyn Waldorf School, und deshalb hatte sich Vera zur Vorbereitung auf das Vorstellungsgespräch an ihren müden Feierabenden von Alec sogar in die Ideenwelten des Rudolf Steiner einweisen lassen. Denn wenn es eine Chance gab, dass ihre Tochter an dieser Schule einen Platz bekommen könnte, dann war sie, ohne zu zögern, bereit, sich als Parteigängerin von Wiedergeburten und Astralkörpern zu präsentieren. Allerdings galt das nur so lange, bis sie die Höhe der *tuition fees* gesehen und umgehend der Geist skeptischer Naturwissenschaftlichkeit wieder ganz von ihr Besitz ergriffen hatte. Ohne auf ihre vorherige Bemerkung einzugehen, erklärte Vera deshalb nun, dass sie zweimal umsteigen müssten, um nach *Bed-Stuy* zu kommen.

»Die Witwe von dem Schauspieler bringt ihre Tochter sogar aus dem West Village dorthin«, sagte Stefanie.

»Lässt sie bringen, wette ich«, sagte Vera.

Sie bringe Scott auch mit einem Wagen zum Kindergarten, erklärte Stefanie.

»Wenn die Schule nur dreißigtausend kostet im Jahr«, erwiderte Vera, »dann sind zwanzigtausend fürs Taxi zum Glück kein Problem.«

Stefanie schwieg erschrocken.

»Es gibt in Brooklyn sicher auch ganz gute Public Schools«, sagte sie schließlich mit einer Art von Benevolenz in der Stimme, die Vera ihren Kopf zur anderen Seite drehen ließ, damit Stefanie nicht sehen konnte, wie sie die Lippen zusammenpresste.

Das brachte den Bademeister wieder in den Blick.

SAG HARBOR

Im »The Crab« am Hafen von Sag Harbor stand eine Warteschlange bis draußen vor die Tür. Richard erklärte das damit, dass sie die besten Crab Cakes hier hätten, die Crab Cakes hier seien seit Jahren ungeschlagen in der jährlichen Wahl des »Sag Harbor Express«. Und wo die Crab Cakes dermaßen gut sind, sind das die Lobster Rolls erst recht. Sagte Richard.

Aber dass sie in einer Schlange warten mussten, die bis weit vor den Laden reichte, lag womöglich nicht nur daran, dass so viele Leute Crab Cakes haben wollten. Es lag möglicherweise auch daran, dass eine der jungen Frauen, die da drin die Crab Cakes einzupacken und mit zu großen Kellen Muschelsuppe in kleine Styroporbehälter zu löffeln hatten, hier draußen eine Pause machte, eine Zigarette rauchte, die sie als Europäerin auswies, und die Fragen eines Zeitungsreporters beantwortete. Vielleicht war er sogar vom »Sag Harbor Express«. Sie erzählte dem Mann, dass im August die Dinge auf eine merkwürdige Art und Weise anders würden als im Juli oder im Juni. Hektischer fand sie es im August. Man merke, dass der Sommer zu Ende gehe. Oder anfange, zu Ende zu gehen. Oder dass die Leute das Gefühl hätten, er könnte anfangen, allmählich zu Ende zu gehen. Sie suchte die richtigen Worte. Sie hatte einen französischen Akzent. Dass die Leute jedenfalls merklich drängelnder wurden, rücksichtsloser, »vermutlich, um das meiste für sich noch aus dem Sommer rauszuholen«.

Richards Augen hingen an ihrem Lippenstift, wanderten zu den ungeschminkten Augen, zu dem betont nachlässig und nur zur Hälfte mit einem groben Gummi hochgesteckten Haar, fuhren dann an den leeren Löchern in ihren Ohrläppchen den Hals hinab zu dem Kettchen, das sich vorne im oberen Saum ihres schwarzen T-Shirts (Totenkopf mit Stahlhelm: »Kill'em all«) verlor, und dann weiter zu der Stelle, wo das T-Shirt auf ihre ebenfalls schwarzen Jeans stieß und, bevor es darin verschwand, eine kleine bauchige Falte aufwarf, die auch für Alec unklar ließ, was darunter Luft sein mochte und was Hüfte. Nicht, dass ihn das was angegangen wäre, aber interessant erschien es ihm irgendwie doch. Denn Alec war dem Blick seines Freundes Zentimeter für Zentimeter gefolgt, bis runter zu den weißen Sneakers, in denen sie ganz offensichtlich barfuß steckte, und also bis zu dem kleinen Fußkettchen um ihre rechte Fessel.

»Wissen Sie«, sagte die junge Frau in das als Diktiergerät hingehaltene Telefon des Reporters hinein: »Das hier sieht aus wie eine ganz einfache Fischbude am Hafen. Aber die Gäste, die wir hier haben, arbeiten größtenteils in der City, und zwar in Berufen, in denen sie gewohnt sind, dass sie kriegen, was sie wollen, und zwar dalli.«

Damit schaute sie Richard ins Gesicht, der ihr bestätigend zunickte. Wie um zu belegen, dass er es mitnichten eilig habe, dass er keineswegs so ein August-Typ war, bestand nach dem Abmarsch des Reporters auch er noch auf einem kleinen Geplauder. Das eröffnete er damit, dass er den französischen Akzent ansprach.

In der Tat war sie aus Europa, allerdings nicht aus Frankreich, sondern aus Lausanne in der Schweiz, Studentin an der Columbia University und schon zum zweiten Mal im Sommer hier draußen in Sag Harbor.

»Und das reicht, um gültige Aussagen über den Menschen im August zu treffen?«

»Yes, Sir.« Ihr reichte das.

Sie hieß Charlotte. Und sie erzählte, dass sie eigentlich ihre Tage im Archiv des John-Steinbeck-Hauses zubringe, im »The Crab« nur das nötige Geld dafür verdienen müsse. Alec war sich nicht sicher, ob sie das Wort aus Versehen oder mit Absicht so aussprach, dass es wie *crap* klang, Mist. Steinbeck habe hier im Ort ja gelebt und gewirkt. Der Schriftsteller. Kannten die Herren John Steinbeck?

Die Herren nickten. »Steinbeck ist natürlich großartig«, sagte Richard mit der Inbrunst desjenigen, der noch nie eine Zeile von dem Mann gelesen hatte. Alec hingegen bemerkte, Steinbeck sei »Horror«. Und als sowohl Richard als auch Charlotte ihn daraufhin erstaunt ansahen, zuckte er mit den Schultern.

Charlotte musterte Alec noch eine Weile, dann trat sie ihre Zigarette aus, wobei ihr rechter Fuß, der mit dem Kettchen, so lange darauf herumdrehte, dass es aussah, als würde sie ein wenig tanzen. »*The Horror, the horror*«, sang sie dazu, mit Grabesstimme. Anschließend ging sie wieder rein, Suppe in Styroporbecherchen löffeln, und ließ die beiden Männer mit roten Ohren zurück. Aber das mag auch daran gelegen haben, dass ihnen von hinten die Mittagssonne durch die Muscheln schien.

STRAND

Scott hatte sich beim Graben des Loches vor lauter Eifer mit seiner Schaufel selbst gegen die Stirn gehauen. Er weinte so jammervoll, wie das nur Dreijährige hinbekommen, die soeben bei einer wichtigen Beschäftigung mit der Welt eine böse Überraschung erlebt haben. Die beiden Frauen waren gleichermaßen aufgeschreckt, wie sie allerdings auch gerührt waren. Vera streichelte Scott über den Schopf und redete ihm mit tröstender Stimme zu. »Haben wir irgendwas Kühlendes für die Beule?«, fragte sie. Stefanie war schon über ihre Tasche gebeugt und wühlte. Was sie schließlich hervorzog, war allerdings ein Etui voller Fläschchen mit weißen Kügelchen darin. Sie suchte, verglich Etiketten, fand schließlich die richtige. Sie zählte Scott mit Konzentration die Kügelchen in die kleine Hand. »Aufpassen, dass keines verloren geht!« Da hatte er sie schon in seinen Mund katapultiert.

Vera hatte medizinische Zweifel. Sie nahm die Fläschchen, auf denen »Belladonna« stand oder »Arnica«, und betrachtete sie mit gerümpfter Nase. Stefanie schien diese Reaktion erwartet zu haben. Sie zeigte mit der flachen Hand auf Scott und sagte nur: »Wirkt.«

Scott hatte in der Tat schlagartig aufgehört zu weinen, letzte Nachwehen seiner Schluchzer zuckten zwar noch durch seine Brust, aber ansonsten stand er, Bauchnabel voraus, ruhig da und lutschte selig.

»Na ja, Zuckerkugeln«, sagte Vera. »Süßigkeiten wirken bei Kindern meistens.«

Stefanie ließ sich nicht beirren. Wenn es um ihr Kind gehe, vertraue sie eher der Alternativ- als der Schulmedizin.

Vera entgegnete, die Unterscheidung sei Unfug. »Es gibt Medizin, und es gibt Quatsch.«

Stefanie warf ihr ein bedauerndes Lächeln zu, und Vera besann sich darauf, wer die Gastgeber waren und wer die Gäste. Etwas konzilianter fügte sie hinzu: »Von mir aus: Wissenschaft und Religion.«

Stefanie hob die Hände und wiegte den Kopf dazwischen hin und her: Die einen sagten so, die anderen sagten so. Sie frage sich, ließ sie Vera wissen, wie viele sinnlose bis regelrecht gefährliche Schulter-OPs ein New Yorker Orthopäde eigentlich machen müsse, um sich hier ein Haus leisten zu können, *south of highway*?

Daraufhin schwieg Vera. Und Stefanie lächelte wieder.

SAG HARBOR

Als Richard und Alec schließlich dran waren und Charlotte nun hinter ihrem Tresen begegneten, nahm Richard den Faden wieder auf. Er erzählte ihr, dass sie in der Nähe einen Bungalow hätten und gelegentlich eine Nanny suchten für das Kind, und zwar französischsprachig, also nicht nur Babysitterin, sondern auch Gouvernante, stundenweise oder auch mal abends. Hinter ihm wurden die Leute ungeduldig. Richard gebot ihnen mit erhobener Hand Geduld. Das könne sie sich ja mal überlegen, wenn ihr die Kunden hier in der Fischbude zu anstrengend, zu drängelig, zu *augustig* werden sollten im weiteren Verlauf des Monats. Die Visitenkarte mit dem kringeligen V. zwischen dem Richard und dem Mauler nahm Charlotte an, drehte sie eine Weile unschlüssig in ihren Händen, und als sie dem nächsten Kunden seine Muschelsuppe in den Pott füllte, war die Karte bereits in der Gesäßtasche ihrer Jeans verschwunden.

STRAND

Stefanie schaute mit wehmütigem Lächeln ihrem Sohn beim Spielen zu, wie er mit Plastikschaufeln und Eimerchen hantierte, schwitzend an dem großen Loch buddelte und dabei beflissen die Befehle von Sarah befolgte. »Good *job*!«, lobte ihn Sarah, so wie ihre Mutter sie manchmal lobte, weil alle Mütter auf allen Spielplätzen von Brooklyn, New York, eigentlich ganz Amerika ihre Kinder üblicherweise lobten, indem sie ihnen attestierten, einen *good job* gemacht zu haben, und bei Scott verfehlte das Lob des etwas größeren Mädchens seine Wirkung nicht: Er legte sich mit seinem Schäufelchen nun noch mehr ins Zeug.

Eine Welle von Kummer überschwemmte Stefanie, wenn sie ihn so rackern sah: diese stumpfe, mechanische Energie, die gegen die Erde gerichtet wurde, um ihr Dinge abzuringen, die ohnehin in absehbarer Zeit wieder zerbröseln würden. Sie sah auf einmal nur noch Mauler in dem zarten, stillen Jungen, einen Bonsai-Richard, sie sah kein bisschen mehr sich selbst. Als müsse die Natur dem Vater auch nach drei Jahren noch auf allen Ebenen beweisen, dass er der Erzeuger war. Wo blieb da die Mutter? Die Mutter fühlte sich ihrem Kind entfremdet, wenn sie es so zielstrebig und glücklich und ohne nach dem Sinn zu fragen vor sich hin rackern sehen musste. Aber die

Mutter durfte es beaufsichtigen, während der Vater schon wieder weg war, um dies und jenes zu besorgen. Dieser manische Drang, Dinge besorgen zu müssen, es der Welt besorgen zu müssen, sie und Scott versorgen zu müssen, bekümmerte sie. Denn es war ja offensichtlich, dass es sich in Wahrheit um Flucht vor ihnen handelte, als Fürsorge verkauftes Abhauen. Sie wünschte sich auch für Richard selbst, dass er davon mal Erlösung finden könnte, dass er eines Tages mal aufhören könnte, immerzu zu machen. Dass er anfangen könnte, einfach nur zu sein.

Aber auch das würde sich ändern, und zwar schon bald: An diesem Gedanken richtete sich Stefanie auch körperlich wieder auf. Sie saß aufrecht, wischte sich die Augen, in deren Feuchtigkeit sich jetzt das Meer spiegelte. Vera fand sie in diesem Moment riesig, Stefanies Augen; sie kamen ihr vor wie die gläsernen Knöpfe im Gesicht eines Stofftieres.

Sie habe, erklärte Stefanie nun wieder gefasster, in einer Meditation dieser Tage gesehen, dass sie sich mehr Weichheit wünschte für ihren Sohn, weniger von Richards Härte.

Der Junge auf dem Rettungsschwimmersitz schaute tatsächlich immer noch herüber.

AUTO

Richard entwarf, während er den Mercedes wieder auf die Main Street steuerte, eine kleine Theorie, der zufolge Alecs Passivität dem Leben gegenüber eine besonders perfide Form von Raubtierhaftigkeit verberge. Steinbeck vor Mädchen, die

Steinbeck studieren, als Horror zu bezeichnen, das sei eine Taktik, die er kenne und durchschaue, erklärte er. Leute »durch Scheißefinderei ihrer Interessen« herunterzuputzen und sie dann durch ein kleines, versöhnliches Lob wieder aufzurichten: Das sei so ein Achtzigerjahretrick, den Richard von Poppern aus München oder Hamburg kannte. Dann hielt er vor der Eisdiele.

Alec kannte keine Popper aus München oder Hamburg. Auf einem Kinogebäude gegenüber stand, falls jemand bis hierhin vergessen haben sollte, wo er war, in großen Art-déco-Buchstaben »SAG HARBOR«, als wäre es ein deutscher Imperativ. Alec fragte sich, ob womöglich Eifersucht die Ursache für Richards plötzliche Aggressivität war.

Als er sich wieder in seinen durchgesessenen Sitz hatte fallen lassen, erklärte Richard, dass er Alec sein »pfauenartig zur Schau gestelltes Intellektuellentum« noch nicht einmal abnehme. Alec staunte vor allem über die Formulierung »pfauenartig«. Dennoch musste Richard bei ihm nachfragen, wie genau der Fachbegriff für diejenigen laute, die auf Leute hereinfallen, die Horkheimer zitieren und Steinbeck überschätzt finden.

»Sapiosexuell?«

»Sapiosexuell«, nickte Richard.

Er unterstellte, dass Alec auf sapiosexuell orientierte Frauen tiefsinnig wirken wolle, wenn er sich so geheimnisvoll in sein Schweigen kleide manchmal. Dabei sei seine Vermutung, dass Alec meistens einfach gar nichts groß zu sagen wisse. Und das tröste und versöhne ihn dann im Prinzip fast schon wieder, erklärte Richard, indem er Alec gönnerhaft die Faust auf die Wange drückte: »Von wegen stille Wasser sind zwangsläufig auch tief.« Er lachte. Ihm könne Alec da nichts vormachen. Ein Richard Mauler wisse in solchen Momenten einfach, dass Alec im wirklichen Leben so flach sei wie das Planschbecken von Scott auf der Bungalow-Wiese.

»Der wäre da heute Morgen übrigens fast drin ertrunken«, sagte Alec.

»Wirklich?«

Alec nickte. »Über den Rand gestolpert, reingeklatscht, liegen geblieben. Sarah hat ihn gerettet.«

Richard schwieg einen Moment. Dann sagte er: »Der Junge macht mir Sorgen. Der ist mir nicht widerstandsfähig genug. Wahrscheinlich muss ich den beim Football anmelden, *tackles* trainieren, der wird es sonst schwer haben im Leben.«

»Der ist drei.«

»Yes, yes, yes«, sagte Richard. Und nach einer kurzen Bedenkpause: »Vielleicht ist es noch nicht zu spät.«

STRAND

Vera musste mal ein wenig für sich sein. Die Kinder würden noch eine ganze Weile damit beschäftigt sein, das tiefste Loch der Welt zu graben, und Stefanie starrte unter dem Sonnenschirm gebannt in ihr Handy, als Vera erklärte, dass sie »mal kurz ins Wasser« gehe.

Sie ging ein Stück am Strand entlang, bis sie die Badenden so weit hinter sich gelassen hatte, dass sie sich, den Blick Richtung Osten, einbilden konnte, ganz allein hier zu sein; nur ein einzelner Schwimmer war noch zu sehen. Ansonsten: links von ihr das Weiß von Meer und Brandung, in der Mitte das Weiß des Strandes und rechts, hinter den Dünen, das Weiß der Villen. Oft sah man nur noch die Schornsteine. Erstaunlich viele Schornsteine. Es fiel ihr nun auf, dass die Schornsteine dieser Villen wie Fabrikschlote in den Himmel stachen, immer in Reihen. Im Inneren dieser Villen mussten abends die Kamine brennen wie anderswo die Hochöfen. Aber wer braucht so viele Kamine – im Sommer? Nach dem Labour Day, spätestens, würden die alle wieder in der Park oder der Fifth Avenue sitzen, in Zwanzig-Zimmer-Apartments von Rosario Candela. Richard hatte erzählt, dass man gleich noch einmal zehn bis fünfzehn Prozent mehr für ein Apartment verlangen könne, wenn das Haus irgendwann in den Zwanzigerjahren von dem außerhalb New Yorks komplett unbekannten Architekten Rosario Candela errichtet worden war, so wie man auch zehn bis fünfzehn Prozent draufschlagen könne, wenn das Haus eine runde Hausnummer habe. Runde Hausnummer auf der Park Avenue und ein Häuschen mit einer runden Anzahl von Schornsteinen in den Hamptons: Vera schrie kurz den Wind an. Sie war schließlich allein. Nur das Meer konnte sie hören. Denn diese Schlösser hier waren ja ihrer Funktion nach nichts als Sommerhäuschen, je größer, desto seltener bewohnt. Und selbst im Sommer nur von den Frauen und den Kindern, während die Männer die Woche über noch im Büro bleiben mussten, mit ihren Sekretärinnen, bei welchen Aktivitäten auch immer, bevor sie am Freitagabend endlich Zeit fanden, mit dem Hubschrauber rausgeflogen zu kommen an den Strand zu ihren Familien. Das alles wusste jeder, der je eine Ausgabe der »Vanity Fair« in der Hand gehabt hatte. Aber wozu die pro Sommerhaus zehn Schornsteine brauchten, das wusste kein

Mensch. Zehn Zimmer in der Stadt und die Hälfte der Schornsteine hier draußen würden ihr schon reichen. Vera standen im Kontrast dazu die violett glänzenden Dachziegel der Heimat vor Augen, die Baumarktfarben deutscher Eigenheime, die Muster aus Formsteinen auf den Gehwegen im sogenannten Wendehammer ... Sie hatte Wasser in den Augen. Das konnte man aber auch auf die Sonne, das weiße Gleißen und den Wind schieben.

Nur, als sie sich die Tränen mit dem Handrücken weggewischt hatte und wieder aufs Meer schaute, war der Schwimmer verschwunden.

Dann war er wieder da.

Dann war er weg.

Und kam auch nicht wieder.

Sie rief dem Wind und der Brandung entgegen, ob er »okay« sei, und begriff, dass das lächerlich war. Sie schrie. Rannte ins Wasser. Blieb stehen und winkte mit den Armen. Der Rettungsschwimmer hatte doch ein Auge auf sie, oder etwa nicht?

Der Rettungsschwimmer kam über den Strand gerannt wie in Zeitlupe. Bei jedem Schritt wurde einmal jeder Muskel angespannt und wieder locker gelassen, so dass es aussah, als ginge ein Wind durch seinen Körper ...

Der Rettungsschwimmer kam in Wirklichkeit natürlich nicht über den Strand gerannt. Er musste sie vorübergehend aus den Augen verloren haben.

Der Schwimmer war immer noch verschwunden. Da kraulte Vera auf eigene Faust in die Richtung, in der sie ihn zuletzt gesehen hatte, einmal Luft holen muss reichen für sechs Züge, wie sie es im Schwimmbad der Young Men's Christian Association auf der 9th Avenue in Brooklyn selbst bei Kindern und

Rentnerinnen immer wieder beobachten konnte. Warum lernen Amerikaner gleich von Anfang an das zügige Kraulen? Warum machten Deutsche zeit ihres Lebens lieber die Bewegung von Fröschen, wenn sie im Wasser waren? Und wieso ging sie überhaupt so verzweifelt in der YMCA auf der 9th Avenue zum Schwimmen, obwohl sie wusste, dass am Ende der Bahnen dort immer noch Brooklyn war und nicht Manhattan?

Vera holte noch einmal Luft, tauchte wieder unter, holte mit dem rechten Arm aus – und hieb ihn beim nächsten Schlag mit solcher Wucht einem Mann auf den kahlen Hinterkopf, dass es selbst hier draußen im Wasser vernehmlich klatschte. Sie hatte den verloren gegangenen Schwimmer offensichtlich gefunden.

Der Mann bedachte sie mit Schimpfworten, die Vera sich weigerte zu verstehen. Er mochte um die fünfzig sein oder jünger oder älter, er wirkte sehr aufgebracht, so wie die Männer, die man auf den Bildern immer sah, wenn in den Zeitungen eine Panikstimmung an der Börse bebildert werden musste. Vielleicht hatte sie deshalb den Eindruck, ihn schon einmal gesehen zu haben. Der Mann verschluckte sich, wurde noch ärgerlicher, rief, sie solle woanders schwimmen üben, dann tauchte er zornig weiter, strandwärts. Nach einer Weile sah sie ihn an Land gehen und, ohne sich noch einmal umzusehen, auf die Düne zustampfen, die er auf einem Trampelpfad überquerte, bevor er in Richtung der vielen Schornsteine verschwand.

Vera erzählte Stefanie nichts davon, als sie wieder zurückgekehrt war. Sie sagte nur, dass der Rettungsschwimmer von näherem betrachtet recht pickelig aussehe.

»Von den Anabolika«, nickte Stefanie, als hätte sie sich so etwas schon gedacht.

AUTO

»Und diese neue Art zu sprechen«, sagte Alec, »dieses Flüstern ...«

»Das Säuseln?«

»Das Hauchen.«

»Das liebe Flöten?«

»Das Ätherische ...«

»Ja. Das ist ihr Ding jetzt«, sagte Richard. »Das ist so ein amerikanisches Ding«, ergänzte er. »Aber das gibt sich wieder. In einem Jahr krächzt Stefanie wieder wie früher nach drei Tagen Feiern«, erklärte Richard. »Jetzt wird eben mal eine Weile nur heißes Wasser getrunken. Das kann schon ganz schnell wieder ganz anders werden, noch in diesem Urlaub!«

»Die Erfahrung lehrt, dass nach unstetem Leben die Schubumkehr genauso heftig ausfällt«, erwiderte Alec. »Das Muster findest du bei Heiligen, bei Terroristen und, ja, oft tatsächlich auch bei Leuten ab Ende dreißig.« Alec nannte exzessives Yoga als Beispiel für eine Entsprechung jesuitischer Exerzitien in einer säkularisierten Gesellschaft.

Richard winkte ab: alles nur Moden. So wie einst die Inlineskates oder danach dann die Tretroller für Erwachsene. Ob Alec sich noch daran erinnern könne, wie um die Jahrtausendwende erwachsene Menschen auf kleinen Tretrollern durch die Büros fuhren, so damals auch Stefanie. »Und wo ist der Tretroller jetzt? Seit Jahren auf dem Müll.« Dabei könne er ihn jetzt für Scott gebrauchen.

»Mir kommt es vor, als sei sie schon ganz schön ... *into it*«, beharrte Alec. Ihm komme es vor, als sei das nicht mehr die Stefanie, die er in Berlin gekannt hatte.

»Wir sind jetzt ja auch in New York. Du kennst diese fast schon konvexen Gesichter in Uptown, das sind ihre *peers* jetzt.« Stefanie habe das Gefühl, dass in ihren Weißweinjahren ein klitzekleines bisschen zu viel auf die Hüften gekommen, die Körpermitte zu weich und ihr Dasein ganz allgemein zu irdisch geworden sei. Sie habe nun einen Ernährungsberater.

»Und der rät ihr von Ernährung generell eher ab?«

Sie habe einen Ernährungsberater, der allerdings auch ihr Yogalehrer sei, sagte Richard über Alecs Bemerkung hinweg: »Astrologische Diäten«, glaube ich.

»Awesome«, sagte Alec.

»*Aber*«, erklärte Richard: »Wenn sie das glücklich macht – bitte schön.« Sie kriege, was auch immer sie brauche, um glücklich zu sein. Außerdem hätten die alle so jemanden, sagte er, »in dem Alter und der Einkommensklasse«, einen Psychoanalytiker, einen Beichtvater oder so einen Meister, wie Stefanie jetzt einen hat. Verglichen mit den *Shrinks* auf der Park Avenue, bei denen Stefanies New Yorker Freundinnen ihr Geld ließen, sei Stefanies Berater noch preisgünstig. »Happy wife, easy life«, sagte Richard. Immerhin sei sie die Mutter seines Kindes und die Liebe seines Lebens. Daran lasse er nicht rütteln, nicht einmal von ihr selber.

STRAND

Jubel, aber auch Vorwürfe empfingen die Männer bei ihrer Rückkehr an den Strand. Vor allem die Freude der Kinder über das Wiederauftauchen ihrer Väter schien die Frauen ein wenig zu verstimmen. Aber alle Rügen für das lange Wegbleiben, für das Alleinlassen im Betreuungsauftrag wurden von Richard mit dem wuchtigen Aufsetzen der Kühltasche erstickt, in der sich die Lobster befanden und die Lobster Rolls und das Eis und, als kleine Überraschung, der Champagner, den sie aus der Flasche tranken, heimlich, die Flasche unter einer braunen Papiertüte und den Vorgang als solchen hinterm Sonnenschirm verborgen, damit der Lifeguard es nicht mitbekam. Denn die Illegalität des Alkoholtrinkens in der amerikanischen Öffentlichkeit war ihnen bereits in Fleisch und Blut übergegangen. Die Mischung aus festen weißen Hummerschwänzen und weichem, blassrosa vor Butter triefendem Scherenfleisch rief ein verzücktes Schmatzen hervor. Das Essen am Strand zwang aber auch die Erwachsenen zum Schlingen, um die Sachen in den Schlund zu kriegen, bevor sich Wind und Sand ihrer bemächtigen. Nur Stefanie erklärte, keinen Appetit zu haben. Aber selbst Stefanie ließ sich die Flasche reichen.

»Hieß es nicht, du trinkst keinen Alkohol?«

»Alkohol nicht«, erklärte sie: »Champagner schon.«

So wurden die beiden Flaschen von den vieren in Angriff genommen, und das hatte Folgen.

Vera bekam einen wässrigen Blick, wenn sie mit den Augen an den anbrandenden Wellen entlangfuhr bis dahin, wo westwärts alles in einem aufgewirbelten Dunst verschwamm, das Meer, der Sand, der Himmel und die Düne mit den schornsteinreichen Schlössern dahinter.»Gibt es bei uns denn *irgendwo* was ähnlich Schönes«, wollte sie wissen.

»Ostseeküste«, schlug Alec vor.

Vera sagte freundlich: »Willst du mich verarschen?«

»Dann Nordsee?«, versuchte es Stefanie.»Sylt vielleicht?«

Auf Sylt war Vera nie gewesen.

»Am ehesten vielleicht Sylt«, bestätigte Richard. »Aber dann auch wieder nicht«, fügte er nach kurzem Nachdenken hinzu. »Zu viel Klinker«, befand er. »Und zu viele Makler aus Hamburg, die sich dort ihre Pullover um den Hals hängen wie Lätzchen, nur nach hinten.« Auch sei dort leider immerzu mit geltungssüchtigen Schlagersängern zu rechnen, mit öffentlich-rechtlichen Fernsehprominenten, im schlimmsten Fall deutschen Komödianten. Er schüttelte sich bei dem Gedanken. Sowohl der Wohlstand als auch der Glamour, der sich auf der deutschen Nordseeinsel Sylt manifestierte, kamen ihm, wo er schon einmal laut darüber nachdachte, insgesamt beschämend vor im Vergleich mit dem in South-, Bridge- oder East Hampton. Sylt-reich war nicht Hamptons-reich, selbst Kampen sei nicht *south of highway*. Daheim in Deutschland, sagte er, gebe es Sylt-reich und Baden-Baden-reich, in Berlin gebe es Grunewaldvillen-reich und in München Grünwaldvillen-reich. Auch hockten zumindest in Westdeutschland hier und da noch Adelsgeschlechter auf zugigen Burgen, die einen Wald ihr Eigen nannten oder auch zwei. Er habe außerdem den einen oder anderen Erben deutscher Kriegsverbrecherfirmen erlebt, der bei den New Yorker Kunstauktionen mitbot und anschließend zum Hinhängen seiner Erwerbungen ein *pied-à-terre* im West Village gesucht habe. Aber im Vergleich zu dem Reichtum *south of highway*, im Vergleich zu den Dünen aus Geld an der Gin Lane, im Vergleich zu den *beachfront properties* hier draußen komme ihm das alles vor wie … wie … »Ihr wisst, was ich meine.«

Die anderen wussten, was er meinte. Besonders Vera nickte energisch.

Richard behauptete, in Berlin habe ihm praktisch die Stadt gehört: »I *owned* that place!« Hier hingegen fühle er sich wie in einem Käfig voller Kampfsportler. »Dieser Biss, dieser Drive, diese Aggressivität!« New York sei »Mixed Martial Arts«, sagte er, Berlin maximal Mikado. Er schwärmte von den *Raubtieren*, mit denen er es manchmal zu tun bekam, während Stefanie ihn in einer Mischung aus Widerwillen und Mitleid betrachtete. »*You'll need a lot of male energy*«, habe ihm einer mit auf den Weg gegeben, erzählte Richard, damals in seinen ersten verschüchterten Wochen hier.

Alec warf ein, dass diese Worte für ihn recht präzise beschrieben, was ihn an seinem Land störte. »Kindisch und brutal« nannte er die Kultur, in der er aufgewachsen war, »gefährliche Mischung leider«. Aber Richard duldete keinen Widerspruch. Weinerlicher Antiamerikanismus habe ihn schon in Berlin erst in den Wahnsinn und schließlich, schon aus Trotz, bis nach Amerika selbst getrieben.

Sie waren sich immerhin einig, dass Amerika aus den Menschen etwas grundsätzlich anderes mache. Sie alle hatten dürre deutsche Schuljungen für ein Austauschjahr in die USA gehen und mit doppelt so breiten Schultern zurückkommen sehen, die dann, mit Pickeln übersät, aus ärmellosen Basketballtrikots ragten. Aber während das für Richard etwas Bewundernswertes war, sprach Stefanie hier nur von »Mastmenschen«, die mit gentechnisch verändertem Kraftfutter aufgepumpt würden. Vera hatte beobachtet, dass ein amerikanischer Körper ganz andere Temperaturunterschiede auszuhalten gelernt habe als ein europäischer. Stefanie warf ein, sie wisse genau, was Vera meine: je teurer das Geschäft, desto kälter die Klimaanlage, man bekomme Erkältungen im Hochsommer, diese Klimaanlagen seien ungesund und unökologisch dazu. Aber Vera hatte etwas anderes gemeint, etwas Allgemeineres. Sie beklagte die Mittelmäßigkeit von mittleren Klimazonen, Mittelgebirgen, Mittelstandsgesellschaften mit Mittelklassewagen und Mittelmeeren ohne Ebbe und ohne Flut. Richard trank auf Veras Worte und lobte die Mutigen, die deshalb nach Amerika kämen, um auch einmal die scharfe, kalte Luft im Hochgebirge des Lebens zu atmen, den daseinssteigernden Hauch der einsamen Gipfel und schroffen Abgründe. Im Wesentlichen lobte er, wie Alec anmerkte, also sich selbst. »Happiness!«, rief Richard. Das Anrecht, sein Glück zu versuchen, stehe sogar in der Verfassung.

»*Fuck happiness*«, sagte Alec kauend. Die stehe wenn überhaupt in der Unabhängigkeitserklärung, und dort sei es auch nur ein anderes Wort für Sklaverei.

»Hä?«, sagte Richard, ebenfalls mit vollem Mund.

Alec schluckte und sagte: Todesstrafe.

Und Richard antwortete: »Aber doch nicht in New York.«

Alec trank und sagte: Waffen.

Richard antwortete: »Aber doch auch eher nicht in New York.« Was er im Übrigen bedauere. Der Besuch einer Shooting Range irgendwo im Mittelwesten sei auch ein sehr vitalisierendes Erlebnis, ein Tanz über dem Abgrund. »Kein Wunder, dass da, wo die Leute Waffen haben dürfen, alle immer irre freundlich sind.« Alec fragte, ob Richard ernsthaft glaube, ihn damit provozieren zu können, dass er dem Waffenbesitz zivilisierende Effekte zuschrieb. Richard zuckte kauend mit den Schultern. Aber Alec hätte auch gar keine Gelegenheit gehabt, sich darüber weiter zu erregen, denn Stefanie bezweifelte, dass es in Amerika überhaupt irgendwo Abgründe gebe, die nicht über kurz oder lang mit Müll aufgefüllt würden. Dabei zeigte sie traurig auf die wüsten Haufen von Plastiktüten und Styroporschachteln, die sich nun mit den Resten ihrer Mahlzeit vor ihnen auf dem Sand türmten.

»Nehmen wir ja nachher wieder mit«, versprach Richard.

»Und dann?«, fragte Stefanie. »Löst es sich in Luft auf, ja?«

Auch Alec kannte Deutsche, die zu Hause stramm die Grünen gewählt hatten und sich in Amerika nicht mehr einkriegen konnten vor Begeisterung über Drive-through-Coffeeshops, Drive-through-Supermärkte und Drive-through-Banken. Vera antwortete mit einer Beschwerde über die mangelnde Westlichkeit Westdeutschlands, welches sich aus ihrer Sicht zu Amerika verhielt wie ein jugendschutzgerecht zusammengeschnittener Trailer zum eigentlichen Film. Richard stimmte ihr zu. Er rief »deutscher Film« und haute sich auf die Schenkel. Alec schwieg. Er wusste, dass ihm anderenfalls ein Vortrag über den lähmenden Unfug von Kultursubventionen und die weltweite Überlegenheit Hollywoods drohte.

Die Wangen glühten jetzt von der Sonne, vom Alkohol, von der allgemeinen Erregung. Alec erkundigte sich, ob Richard und Vera als Nächstes vorhätten, Hand auf der Brust hier am Strand die amerikanische Hymne in den Wind zu schmettern, als Vera auf einmal »*Oh my ga'a'a'a'a'ad*« knatterte, wie zuletzt am Morgen im Pool, und auf den Hochsitz des Bademeisters wies.

Der Lifeguard kam durch den Sand streng auf sie zumarschiert. Eilig wurden nun die Champagnerflaschen versteckt. Aber der junge Mann war auf etwas ganz anderes aus.

»Ihre Tochter?«, fragte er und zeigte auf Sarah.

Das Mädchen hatte kein Oberteil an.

»She is a five year old!«, protestierte Vera.

»She is a female«, sagte der Bursche.

Er sei sich den ganzen Tag schon nicht sicher gewesen, ob Junge oder Mädchen, aber jetzt habe er doch den Eindruck gehabt, dass Mädchen. Und Mädchen müssen ihre Brust bedecken, egal in welchem Alter.

Sie taten ihr Bestes, seine Suada mit nachdenklichem Kopfnicken anzuhören. Es war von einem ernsten Problem die Rede und davon, die Polizei zu holen, wenn die Kleine kein Bikini-Oberteil um ihren mageren Oberkörper bekäme. Auch nationale Befindlichkeiten wurden angesprochen, und es wurde der Respekt angemahnt, an dem es die Gäste den Sitten des Gastlandes gegenüber mangeln ließen.

Eine Karawane beladen mit Strandstühlen, Sonnenschirmen, Spielzeug und einer Kühltasche mit leeren Champagnerflaschen, in denen Zigarettenkippen kompostierten, trat daraufhin den Rückzug an, über die Prüderie dieses Landes lästernd. Alec bemerkte, dass es ihm so vorkomme, als hätte er all das, bevor er es jetzt erlebt hatte, irgendwo schon einmal gelesen. »Vielleicht sollten wir unverzüglich abreisen«, sagte er. Aber die anderen waren noch mit Schimpfen und Lachen beschäftigt und hörten ihn nicht.

TERRASSE

Am Abend, als die beiden Männer ihren jeweiligen Kindern die Gutenachtgeschichten vorlasen, saßen Vera und Stefanie noch ein Weilchen draußen auf der Terrasse und hatten sich Decken um die Schultern gelegt gegen die aufziehende Kühle und die Mücken. Stefanie bot noch einen basischen Abendtee aus Beifuß, Ehrenpreis, Erdbeerblättern, Fenchel, Himbeerblättern, Kornblumenblüten, Orangenblüten, Spitzwegerich, Süßholz, Löffelkraut, Odermennig, Wegwarte, Zimt und Lindenblüten an, denn das unterstütze die Ausleitungsorgane während der Nacht. Aber Vera erklärte, ihre Ausleitungsorgane seien auch so sehr intakt, danke sehr. Sie hätte lieber von dem Rotwein gehabt, den Richard noch in Aussicht gestellt hatte, bevor er mit Scott nach drinnen verschwunden war, einen Merlot von einem Weingut, das einem Hollywood-Regisseur gehörte, wie Richard betont hatte, als ob dadurch besonders dramatische Genüsse zu erwarten wären. Aber Richard blieb verschollen, war womöglich beim Vorlesen mit eingeschlafen. Ein Wunder wäre es nicht, sagte Stefanie, es sei sogar eher die Regel. »Den ganzen Tag Volldampf und laut und Action und dann abends einfach ausgeknipst und weg, wie so ein Kind«, sagte sie, und es blieb offen, ob sie das eher beneidenswert oder pathologisch fand oder beides auf einmal. Sie jedenfalls liege dann oft bis in die Morgenstunden wach und versuche mit Atemübungen in den Schlaf zu finden, aber Richards Schnarchen, vor allem die eruptive Unregelmäßigkeit von Richards Schnarchen, verhindere dann, dass sie den erforderlichen Rhythmus finde.

Da Stefanie, während sie all das erzählte, keine Anstalten

machte, den Wein zu holen, trank Vera Wasser. Dann steckte sie sich eine Zigarette an.

»Du als Ärztin«, sagte Stefanie.

»Ja, leider. Du musst es Alec nicht sagen.« Sie nahm einen tiefen Zug und ließ den Rauch aus den Nasenlöchern wieder austreten. »Wir wollten aufhören, wenn wir in Amerika sind. Er hat das irgendwie geschafft. Ich noch nicht.«

»Es ist aber ganz einfach. Ich habe das auch geschafft«, erklärte Stefanie. Jeder könne das schaffen. Der Ratgeber werde ihr helfen.

»Wer?«

Der Ratgeber, sagte Stefanie feierlich und so, als ob das alles keiner weiteren Erklärung bedürfte. Sie sagte es allerdings auf Englisch: »*The Counselor.*« Sie strahlte Vera zuversichtlich an.

»Der Kaunsler?«, sagte Vera, und das war zwar im ersten Moment nur ein Unfall, eine Spur zu viel Deutsch hatte sich in ihre Aussprache gemischt. Aber dabei sollte es auch in Zukunft bleiben, wenn von dem Mann die Rede war. Denn es war oft von ihm die Rede. Stefanie nickte feierlich. Der Kaunsler werde Vera auch helfen, ihren Schmerzkörper hinter sich zu lassen.

Vera schlug sich mit der Hand in den Nacken, wo eine Mücke allerdings ihr Werk schon getan hatte.

Stefanie verzog das Gesicht, als ob sie selbst den Schlag abbekommen hätte. Vera betrachtete den Blutfleck in ihrer Handfläche und bemerkte die Panik im Blick von Stefanie, dass sie die Hand als Nächstes am Stuhl, an der Tischdecke oder ihrer eigenen Jeans abwischen könnte. In der rechten Hand hatte sie eine Zigarette, an der linken Blut; beides war jetzt ein verblüffend großes Problem. Wohin damit? »Ich geh die Zigarette kurz irgendwo ausdrücken«, erklärte Vera, »dann können wir die vielleicht in die Mülltonne tun, oder? Wenn ich die auf die Straße werfe, verrottet die da ja nicht, richtig?«

»Das ist richtig«, sagte Stefanie.

»Und ich muss mir die Hände waschen und dann auch mal nach Alec und der Kleinen sehen. Ich glaube, ich ...«

»Gute Nacht, liebe Vera«, sagte Stefanie und schob ihr die Untertasse ihres Teeglases als Aschenbecher hin. »Geh du nur. Alles ist gut.«

Vera summte der Kopf, während sie über die Wiese langsam nach unten schritt, wo am Grundstücksrand die Hütte für die Gäste stand.

GÄSTEHÜTTE

In ihrer kleinen Hütte gab es nur einen Raum, der nahezu komplett von dem Doppelbett ausgefüllt wurde, in dem sie alle schliefen, und einen handtuchgroßen Verschlag für das Bad. Nachdem sich Vera die Hände gewaschen hatte, stand sie mit der Zahnbürste im Mund lange im Türrahmen zwischen Bad-Verschlag und Hauptraum und schaute auf das Bett, auf dem Alec, ihr abgewandt, immer noch mit Vorlesen beschäftigt war.

Er hatte ein Kinderbuch von Erich Kästner ausgesucht, auf Deutsch. Es war also kein Wunder, dass es länger dauerte.

»Die Wohnung bestand aus zehn Zimmern und war so groß, dass Pünktchen, wenn sie nach dem Essen ins Kinderzimmer zurückkam, meist schon wieder Hunger hatte«, las Alec. »Wirklich?«, lachte Sarah. »So groß?«

Vera ließ den Blick durch den kleinen Raum gleiten, über die Wände aus weiß gestrichenen Holzlatten, die an einen Rahmen aus dickeren, ebenfalls weißen Balken genagelt waren. Die Architektur war simpel, aber nicht so ostentativ und geradezu kompliziert simpel wie die des großen Bungalows am oberen Ende der Wiese. Der große Bungalow war zwar alt, aber jedes seiner Details schrie, dass er modern war. Die Hütte für die Gäste war vermutlich viel jünger, hatte aber etwas Nostalgisches an sich. Der Raum sollte offensichtlich auch mit seiner Einrichtung die Unschuld von Kindheitserinnerungen ausstrahlen: Auf dem Nachtschränkchen das vergilbte Buch, war das ein Roman? Man konnte es nicht sagen, denn obendrauf stand eine flache Schale mit – was eigentlich? Gewürz? Duftzeug für die Nacht? Seegräser steckten darin. Auf Alecs Seite stand ein Einweckglas, aus dem die Blüte einer Hortensie ragte, jetzt farblos, jedoch beim Einfall der Sonnenstrahlen durch das Fenster hellblau mit Ausflügen ins Rosa. Sie fragte sich, ob Stefanie das so arrangiert hatte. Oder Richard. Oder ob sie das alles schon so übernommen hatten. Vielleicht ja tatsächlich Richard, beschied sie. Es war ihm zuzutrauen.

An eine Wand hatte Richard, oder wer auch immer es gewesen war, die Panzer von kleinen Krebsen geheftet, die dort jetzt wie prähistorische Fossilien wirkten. Direkt neben Vera waren an einen der dickeren Balken alte Postkarten genagelt. Fotos vom Hafen von Sag Harbor und vom Leuchtturm von Montauk. Eine Zeichnung, die eine Frau in Fünfzigerjahre-Badeanzug beim Kopfsprung in eine Tasse darstellte. »You're still the cream in my coffee«, stand in schwungvoller Schrift darunter. Vera verzog den Mund.

Die Steckdose in der Wand schien über all das grenzenlos zu

staunen. Vera fand, dass die Steckdosen Gesichter hatten, jedenfalls die amerikanischen. Die Steckdosen zu Hause waren Schweinenasen. Zwei große runde Löcher in einem Kreis. Die amerikanischen Steckdosen waren viel feiner: zwei schmale, aufrechte Schlitze für die staunenden Augen, darunter ein kleiner, rund offen stehender Mund. Bemerkenswert, dass manche Dinge in Amerika auch wiederum deutlich filigraner und verspielter waren als im zarten Europa, dachte sie.

»Nach dem Mittagessen kriegte Frau Direktor Pogge Migräne«, las Alec. »Migräne sind Kopfschmerzen, auch wenn man gar keine hat. Die dicke Berta musste im Schlafzimmer die Jalousien herunterlassen, damit es ganz dunkel wurde. Frau Pogge legte sich ins Bett und sagte zu Fräulein Andacht: ›Gehen Sie mit dem Kind spazieren und nehmen Sie den Hund mit! Ich brauche Ruhe. Und dass nichts passiert.‹«

Beinahe verwundert hielt er inne, weil aus dem Kissen gar keine Nachfrage zu dem Begriff Migräne kam: Sarah war eingeschlafen. Vera hatte kurz den Eindruck, Alec wollte trotzdem noch ein bisschen weiterlesen, nur so für sich selbst. Aber dann klappte er leise das Buch zu und stand auf.

Als er sich seinerseits die Zähne putzte, legte Vera den Arm um seinen Hals und sagte: »Was zum Teufel machen wir hier?«

»Sommern«, erwiderte Alec, so gut das mit einer schäumenden Bürste im Mund ging. Er spuckte aus und wiederholte: »Wir sommern in den Hamptons. Du hast dir das gewünscht.«

»Ja«, sagte Vera, aber sie schaute unglücklich. Sie wisse nicht, ob sie das durchhalte einen ganzen Monat, sagte sie dann. »Ich weiß nicht, ob ich mit dieser Art klarkomme. Wie kann man denn nur so werden?«

Alec nahm wieder die Bürste aus dem Mund und erklärte, als er Richard kennengelernt habe, habe der wasserstoffgelbe Haare gehabt und nichts ausgelassen. »Wirklich nichts. Der war offen für alles.« Für neue Dinge, neue Erfahrungen, neue Gesichter, für andere und anderes sei Richard offen gewesen, und dafür sei er ihm damals dankbar gewesen in seinen ersten Jahren in Berlin, sagte Alec. Denn das sei bei den Deutschen ja nun leider nicht immer so, gerade in Berlin, wo viele so eifersüchtig und verkniffen ihre Kieze und ihre Clubs und ihre Freundeskreise hüteten wie die deutschen Finanzminister ihr Geld. Deshalb lasse er auf Richard auch heute nichts kommen. »Der spielt jetzt hier Mr. Moneybags, um mich ein bisschen aufzuziehen«, erklärte Alec. Das könne er aber nicht ernst nehmen. Das müsse auch Vera nicht ernst nehmen.

»Ich meine nicht Richard. Ich meine Stefanie.«

»Ah«, machte Alec, als hätte er auf etwas Hartes gebissen.

» ... Frau Direktor Pogge.«

»Was?«

»Die macht mich fertig«, erklärte Vera und schüttelte den Kopf.

»Die sorgt sich um die Umwelt und gesundes Essen. *What's not to like?*«

»Gar kein Essen«, blaffte Vera. »Glaubst du, die spuckt ihr Essen heimlich wieder aus?«

Alec wollte sich das nicht vorstellen.

»Die läuft doch nicht rund«, sagte Vera.

Alec erwiderte, dass Stefanie vermutlich schon diese Formulierung viel zu mechanistisch sein dürfte, zu wenig naturhaft.

»Die lächelt unentwegt.«

»Ist doch nett.«

»Un-ent-wegt.«

»Buddha-Figuren lächeln auch unentwegt.«

»Amokläufer lächeln auch unentwegt. Erst: ›Mir geht es suuuper‹ und dann: rattattattatatt ...«

Sie schoss mit ihrer Zeigefingerpistole auf ihr eben noch scheinheilig grinsendes Ebenbild im Spiegel.

Vera wollte auf einmal nicht mehr hier sommern. Sie wollte am liebsten nach Hause fahren. Sie halte keinen weiteren Tag aus mit jemandem, der unentwegt lächelt, es mache ihr Angst.

»Du musst deinen Schmerzkörper hinter dir lassen!«, hauchte sie den Spiegel an, Stefanies Tonfall imitierend. »Was soll das überhaupt heißen?«

Alec nahm sein Telefon und googelte. Er starrte eine Weile in das Licht aus seinem Bildschirm, dann erklang eine dürre Stimme und erzählte auf Englisch, aber mit Akzent, etwas von einem Energiewesen, das vom Menschen Besitz ergreife, dem »Painbody«, der Akkumulation aller schmerzhaften Erfahrungen im Leben.

»Wirkt wie ein Busfahrer von den Berliner Verkehrsbetrieben«, sagte Vera, denn der kleine Mann auf dem Bildschirm trug über seinem Oberhemd einen gemütlichen Pullunder.

Alec und Vera erfuhren, dass der Schmerzkörper grundsätzlich darauf dränge, weiteren Schmerz zu erfahren. Gefährlich werde dies, wenn zwei Schmerzkörper sich im Straßenverkehr begegneten. Wenn zwei Autos frontal zusammenstoßen, erklärte der Mann, dann liege das meistens daran, dass die jeweiligen Fahrer unbewusst den Unfall *wollen*.

»Ach«, sagte Vera.

»Der kommt aus Deutschland, lebt in Kanada und schreibt Bestseller«, las Alec vor. »›New York Times‹-Bestseller.«

»Dann nimm dir ein Beispiel«, sagte Vera und gähnte. Alec war es dadurch für einen Moment so, als wüsste seine Frau, dass sein eigenes Buchprojekt noch immer nicht wesentlich über eine uferlose Materialsammlung hinausgekommen war, die er eigentlich in diesem Urlaub endlich bändigen wollte. Aber nun kamen selbst hier dauernd neue Aspekte dazu, die damit in Beziehung gesetzt werden wollten, und Alec war entschlossen, lieber gründlich zu sein als eilig. Er beschloss, dass Vera nicht wissen konnte, dass er mit dem eigentlichen Schreiben noch gar nicht angefangen hatte.

Der Mann auf dem Video lachte lange über einen seiner eigenen Sätze. Sie schalteten ihn ab.

Alec erinnerte sie daran, dass sie, ob sie wollten oder nicht, bis Ende August weiter hier sommern mussten, weil ihre Brooklyner Wohnung vermietet war, über Airbnb. Und er erinnerte sie auch daran, dass das ihre Idee gewesen sei.

»Mist«, sagte Vera. Sie hatte dieses Thema tatsächlich für einen Augenblick verdrängt. Sie hatte jetzt allerdings auch nicht die Energie, Alec auseinanderzusetzen, dass *irgendwer* für die Miete sorgen müsse, wenn sie einen Monat unbezahlt frei nimmt ...

Als sie im Bett lagen, zwischen sich Sarah, die sich unruhig hin und her warf, mal Alec ein Knie in den Rücken rammte und mal Vera, kamen ihr die dekorativen Krabbenpanzer an der Wand plötzlich vor wie eine Prozession von Kakerlaken, und sie hatte auf einmal Sorge, die Airbnb-Gäste, ein ansonsten ganz nettes Paar aus Irland, könnten vergessen, die Mülltonnen rauszustellen, oder sie zu spät rausstellen oder die falschen Mülltonnen an den falschen Tagen oder sie nicht wieder reinräumen oder sie zu spät wieder reinräumen. Sie sah schon die

Strafzettel vom Sanitation Department im Briefkasten liegen, und sie sah das Gesicht ihrer Vermieterin Giovanna, genannt Jo, vor sich. Das niedliche Steckdosengesicht glich jetzt dem Gemälde »Der Schrei« von Edvard Munch.

Vera würde mehr als nur eine Atemmeditation brauchen, um unter diesen Umständen einzuschlafen. Außerdem störte sie der Lichtschein des Telefons, auf dessen Bildschirm Alec Weiteres über den Schmerzkörpermann in seinem Pullunder las und sich offensichtlich sehr dabei amüsierte.

BUNGALOW

Am nächsten Morgen stand Richard Mauler früh in der Küche des Bungalows und summte, düddellüddeldüddelü, die heiter vor sich hin perlenden Läufe von Cannonball Adderley und Milt Jackson mit, so leise wie die Musik selbst, denn er wollte niemanden wecken. Aber er für seinen Teil wollte diese Zeit des Tages, wenn die Morgensonne schon warm durch die Jalousien gesiebt kam, auf keinen Fall missen.

Stefanie schlief noch, Scott lag nach einer unruhigen Nacht an sie geklammert wie ein Rucksack hinter ihrem Rücken. Gelegentlich ging Richard vorsichtig nach ihnen sehen. Er fand seine Frau immer noch bedrückend schön. Bilder von glücklichen Tagen aus ihrer ersten Zeit blendeten sich kurz darüber, Bilder, die Stefanie ruhend in italienischen Hotelzimmern zeigten, während von draußen leichte Brisen die Vorhänge vorm offenen Fenster bauschten und das helle Surren der Vespas unten im Nachmittagsverkehr hereinwehten. Dann Bilder, die sie lachend an Stränden zeigten oder in Restaurants, in Südfrankreich, Spanien, in Marokko sogar, und er wärmte sich an dem Gedanken, wie verknallt sie damals waren, er in sie und sie doch wohl auch in ihn. In diesen ersten anderthalb, zwei Jahren war ihm ihr Dasein vorgekommen wie frisch entkorkter Champagner. Seitdem hatte er das Gefühl, dass er unentwegt am Schütteln war, damit es wieder moussierte: Reisen, Umzüge, Häuser, Kleider, Bungalows in den Hamptons ... Die Arme taten ihm weh, wenn er daran dachte. Aber er konnte sich, selbst an diesem Morgen, überzeugen, dass er immer noch hingerissen war, wenn er Stefanie in ihr schlafendes Gesicht schaute. Er konnte das ursprüngliche Versprechen in ihr noch sehen, und er hielt sich daran so fest, wie er das bei keinem seiner geschäftlichen Projekte je getan hätte.

Daraufhin ließ er den Blick vom Türrahmen aus kurz über alles andere schweifen, was er sich sozusagen erarbeitet hatte und daher nun sein Eigen nennen konnte. Hatte das denn damals bei seinen Eltern auch immer so ausgesehen? Hatte da auch der ganze Kleinkram alles zugewuchert, das ganze ... Gerassel? Die Schlüssel, die geöffneten Briefe, die Rechnungen, die Kugelschreiber, das Spielzeug, die Ringelsocken von Scott, die Ringelsocken von Stefanie, gefundene Stöcke, die nicht weggeworfen werden durften, Steine, die Zauberkräfte hatten, Muscheln, Visitenkarten von Restaurants und Visitenkarten von Leuten. Hätte die Generation seiner Eltern eine Decke am Abend wieder zusammengefaltet oder auch einfach so auf das Sofa geworfen? Andererseits, sagte er sich, hatten es seine Eltern so auch nur zu einer Ferienwohnung in Timmendorf gebracht, zwischenzeitlich, und er stand hier in einem Bungalow in Southampton, New York, zwar ziemlich weit *north of high-*

way, aber doch immerhin. Und ein Richard Mauler neigte nicht zu Depressionen, ein Richard Mauler neigte zur Tat.

Das gab ihm immerhin genug Schwung, die Decke selbst zusammenzulegen, das Gerassel ein wenig aufzuräumen.

Er freute sich währenddessen, gleich im Anschluss mit einem schönen Pott Kaffee belohnt zu werden. Richard hielt seine Nase schnuppernd über die schwarz gelackten Kaffeebohnen, die er in die Mühle geschüttet hatte, dann machte er sie vorsichtig zu und schob einen dicken Kochhandschuh darüber. Ziel der Aktion: das Rasseln der elektrischen Kaffeemühle so weit wie möglich zu dämpfen.

Scott kam trotzdem angewackelt. Mit seinem Teddy in der einen Hand und mit der anderen Hand seine Augen reibend, stand er plötzlich im Zimmer und klagte, die Mama wolle partout nicht aufwachen.

»Vielleicht musst du ihr mal eine Erbse unter die Matratze schieben«, schlug Richard vor und gab ihm eine aus dem Vorratsschrank.

»Klappt nicht«, sagte Scott, als er nach einer Weile wiederkam, enttäuscht.

»Die Mama ist trotzdem eine Prinzessin«, erklärte Richard und testete vorsichtig, ob es bereits an der Zeit war, den Stempel der Kaffeepresse herunterzudrücken, ohne dass passiert … was dann eben doch passierte: Ein Schwall krümeliger Kaffeesatzpampe kam herausgeschossen. Richard fluchte kurz, putzte das Malheur weg, verordnete sich inneren Frieden und ein wenig Geduld, dann hatte er seinen Kaffee und schloss beim ersten Schlückchen vor Wonne sogar kurz die Augen. Scott wollte helfen, und Richard war ganz gerührt von dem Vergnügen, mit seinem Sohn in der Küche zu stehen im Morgenlicht, in dem vergnügt die Staubkörnchen tanzten. Sie hatten beide Schürzen um und pfiffen eine duftige Melodie von Cole Porter mit, während sie Eier zerschlugen. Scott wollte Eier zerschlagen, also durfte er. Es würde ungeheure Mengen Omelett geben, Eier machten stark, und der zarte Scott konnte es gebrauchen. Langsam begann der Tag schön zu werden, und eine Welle von Zufriedenheit – beinahe hätte Richard gesagt: Glück – rollte von unten her durch seine breite Brust.

Stefanie war weniger glücklich, als sie später dazukam. Richard nahm zuerst an, dass Stefanie nicht glücklich war, weil das Gepfeife von Richard, Scott und letztlich auch Cole Porter sie aufgeweckt hatte. Aber Stefanie war nicht glücklich, weil sie nicht früher geweckt worden war. Sie beklagte, dass sie ausgeschlossen werde von seinen schönen morgendlichen Aktivitäten mit Scott. Nachdem das in der nötigen Strenge zu Richard hin gesagt war, setzte sie einen mütterlichen und liebevollen Gesichtsausdruck auf, beugte sich zu Scott herunter, streichelte seinen Kopf und erkundigte sich, bei welcher Sache er dem Papa denn da eben geholfen habe. Als sie allerdings die Menge an Eiern sah, wurde sie wieder sehr traurig.

»*Eins* pro Woche«, sagte sie zu Richard, »höchstens«, und nahm Scott die Schüssel weg. Der rannte weinend aus dem Haus. Stefanie seufzte. Es war nicht einfach, mit Freude und Achtsamkeit den Tag zu umarmen, wenn sich andere dermaßen unverantwortlich benahmen. Von draußen war immer noch Weinen zu hören, Scott schien sich hineinzusteigern. Seine Eltern versuchten es mit gutem Zureden. Sie verstanden nicht, dass es gar nicht mehr um die Eier ging. Er wies auf seinen

Po. Unter verzweifeltem Schluchzen brachte er schließlich das Wort »Wepsen« hervor.

»Wespen!«, rief Richard und stürzte sich auf den Jungen, als müsse er ihn nun mit seinem eigenen Körper verteidigen. Die Biester würden immer aggressiver im August. Mit fachmännischer Miene begutachtete er die Rötung, die unter Scotts heruntergelassener Schlafanzughose nun sichtbar wurde. Stefanie war sofort über ihrem Beutel mit den heilenden Fläschchen. Diesmal schienen die kleinen Kugeln in Scotts Mund nicht so rasch zu wirken wie sonst. Was den kleinen Jungen zur Ruhe brachte, war eher die Verwirrung darüber, dass seine Mutter beinahe mehr noch als ihn das Insekt bedauerte, das auf dem Gartenstuhl liegen geblieben war. Mit Anteilnahme nahm Stefanie es in die Hand.

»Das ist keine Wespe«, sagte sie feierlich. »Das ist eine Biene.«

»Ganz schöner Brummer«, bestätigte Richard.

»Das ist eine Wildbiene«, sagte Stefanie. Beinahe jubelte sie. Gestern war es nur eine Hoffnung, heute eine Gewissheit: Das Bienenhotel, das sie aufgestellt hatte, hatte erste Gäste …

»Das was?«, fragte Richard.

»Bienenhotel. Ich habe ein Bienenhotel eingerichtet.«

»Was ist ein Bienenhotel?«

»Ein Ast, in den mir Ramón im Frühjahr ein paar tiefe Löcher gebohrt hat. *As simple as that.* Der liegt seitdem in den Gebüschen, hinten bei den Alraunen, und wartet auf Bewohner. Jetzt hat er welche gefunden.«

»Du hast einen Bienenstaat in meinem Garten angesiedelt?«

»Ich habe in *unserem* Garten ein Bienen*hotel* aufgestellt. Ein

Bienenstaat wäre schön, aber dafür sind wir zu selten hier.« Wenn sie ein paar Wildbienen angelockt hätten, sei das immerhin schon mal etwas.

»Wir haben jetzt Bienen im Garten.«

»Ja. Und das ist wundervoll. Bienen sind vom Aussterben bedroht. Und zwei Drittel aller Nahrungsmittel hängen von Bienen ab. Es liegt also auch in deinem Interesse«, sagte Stefanie und klopfte dabei sanft auf Richards Körpermitte. Der zog seinen Bauch ein, stand in dieser Haltung einige Zeit da und schaute in seinen Garten. Gegen Bienen war wenig zu sagen. Gegen Bienen war er machtlos. Aber so glücklich wie Stefanie machten sie ihn nicht.

GARTEN

Es war gegen neun an jenem Morgen, als Stefanies Ratgeber, der sogenannte Kaunsler, zu einer Visite kam und damit alle ein wenig auf dem falschen Fuß erwischte.

Alec und Vera hatten sich lediglich Morgenmäntel umgehängt und waren gerade auf dem Weg zum Bungalow, um sich einen Kaffee zu holen, als ein Mann das Grundstück betrat, der Alec im ersten Moment daran zweifeln ließ, ob er wirklich schon wach war oder noch schlief oder gar las: Weit wallte das Beinkleid, locker geschnürt saßen die Turnschuhe, und mit sanften Schritten betrat er damit das Grundstück. Das Seitenfenster des Bungalows säumte dabei spiegelnd seinen Einmarsch. Einen Augenblick im Vorübergehen schien es, als hielte er inne, um sich zu mustern. Er sah wirklich aus wie ein

Apostel: das heilige Blond der langen Haare, das kühne, feste und doch so unendlich milde Gesicht. Mit Wohlgefallen spiegelte er sich. Warum sollte er es auch nicht? Warum sollte er sich nicht selbst bewundern, da er doch nicht aufhörte, die Natur zu bestaunen in allem, was sie hervorbrachte.

Alec und Vera waren stehen geblieben und betrachteten den Mann mit einigem Abstand wie zögernde Zuschauer einen Schausteller. Sarah stand im Schlafanzug zwischen ihnen und fragte: »Wer ist denn *this*?« Während Stefanie ihm mit einem Jubellaut entgegeneilte, verschränkte Richard auf der Terrasse die Arme. Der Mann lächelte Stefanie gnädig an und nahm zur Begrüßung beide Hände in steiler Stellung vor den Körper.

»Sind Sie der Tennislehrer?«, fragte Vera.

»Yoga«, korrigierte Stefanie.

»Na ja.« Herzlich lachend und mit erhobenen Händen wies er die Bürde eines so großen Wortes von sich. Ein bescheidener Hinweisgeber sei er, sprach mit warmer Stimme der Mann, ein Berater, so könne man sagen, für die verschiedenen Lagen des Lebens. Dabei schaute er Vera mit strahlendem Blick an, allerdings nicht in ihre Augen, sondern leicht darüber, auf ihre Stirn.

Tatsächlich stammte er aus der Gegend von Wien, sprach aber nach all den Jahren in Amerika auch mit Deutschen am liebsten ein gefärbtes Englisch. Selbst bei ihm klang »*Counselor*« wie »Kaunsler«, wie ein Nachname aus Österreich.

Sie sei spät geweckt worden, entschuldigte sich Stefanie bei dem Kaunsler, habe daher ihre Yoga-Sachen noch gar nicht anziehen können; sie bat um nur eine Minute. Aber der Kaunsler legte ihr mit einem sanften Druck der Hand auf ihren Arm nahe, dass das gar nicht nötig sei. »Was denn für Sachen?«, fragte er. »Matten aus Schaumstoff und Leggins aus Nylon? *Really?*«, lachte er. »Warum?«

Stefanie nickte irritiert, während Richard, der das alles mit verschränkten Armen aus der Distanz mit anhörte, den Mann einen Spaßvogel nannte: Er selbst habe seiner Frau erst zur Anschaffung dieser Dinge geraten.

»Sicher«, rief der Kaunsler zurück: Weil Richards Frau diesen Wunsch verspürt habe, habe er ihr geraten, diesen Wunsch zu akzeptieren. »*Don't judge!*«, sagte er. Stretch-Leggins, die die Beine und den Po schon mal in die erwünschte Richtung pressen, dazu Tanktops, der Welt zugewandte Achselhöhlen beim Sonnengruß … »*Beautiful*«, lachte er. »*Sexy*. Sieht gut aus. Vor allem für den Lehrer.« Und mit hellem Lachen noch einmal: »*Don't judge.*« Stefanie, die Hände vorm Herz, ließ den Kopf ein wenig hängen. Ein großes Aber hing über allem. Der Kaunsler drückte sanft ihre erhobenen Schultern ein wenig nach unten und bat sie, sich vorzustellen, was von alldem übrig bleibt, wenn man kurz ein Feuerzeug dran hält. Seine Hände taten, als würden sie Papier zerknüllen. Knisternde Geräusche kamen dazu aus seinem Mund.

Dann räusperte er sich und bat um eine Tasse heißen Wassers, bevor er mit Stefanie arbeiten werde.

»Arbeiten!«, rief Richard. Das sei ein gutes Stichwort. Das müsse er jetzt leider auch, allerdings im Sinne von »*wirklich* arbeiten«; mit diesem Kommentar schlug er dem Kaunsler auf die Schulter und ging die Autoschlüssel holen. Es lag etwas Herablassendes, gleichzeitig auch Aggressives in dieser Geste. Als er schließlich an ihnen vorbei zu seinen Autos stampfte, sah es für sie beinahe aus wie eine Flucht. Der Kaunsler selbst sah ihm versonnen eine Weile hinterher. Dann nahm er mit spitzem Mund von dem noch kochend heißen Wasser, das Stefanie ihm reichte.

Vera bat um eine Tasse Kaffee, entnahm aber Stefanies Gesichtsausdruck, dass sie da etwas Verwerfliches gesagt haben musste. »Es riecht immerhin nach Kaffee«, bemerkte Alec. Aber Stefanie sagte, der Kaunsler habe ihr hierzu wirklich Eindeutiges beigebracht. Erwartungsvoll sah sie ihn an. Wieder wurden nur beschwichtigend die Hände hochgehalten: Mitnichten werde er irgendjemandem in irgendetwas hineinreden. Schon gar nicht jemandem, der seine Ratschläge überhaupt nicht gebucht hat.

»Was wäre denn gegen eine Tasse Kaffee zu sagen, *wenn* wir gebucht hätten«, wollte Vera wissen. »Geht auf die Magenschleimhaut und so weiter?«

»Auf die Zirbeldrüse«, flüsterte Stefanie heftig und geheimnisvoll, und dieses Flüstern hatte etwas mit einer Stichflamme gemeinsam. Der Kaunsler stürzte sich darüber, um es zu ersticken: Es gebe überhaupt keinen Grund, sagte er, normalen, netten Menschen eine schöne, duftende Tasse Kaffee am Morgen auszureden. Er riet Stefanie auch in dieser Frage, immer schön *non-judgemental* zu bleiben. Die schaute in ihre Tasse, sprach trotzig von uraltem ayurvedischem Wissen, und Alec sagte, er nehme sehr gern auch von dem heißen Wasser. Auch die harten Veganer in seinem besetzten Friedrichshainer Haus hatten oft heißes Wasser getrunken, und ihrer unter Sanftheitsgebärden verborgenen Militanz hatte es keinen Abbruch getan. Aber Vera blieb uneinverstanden. »Zirbeldrüse?«, sagte sie. Wann hatte sie das letzte Mal von der Zirbeldrüse gehört? Es musste im Studium gewesen sein.

Alec fuhr mit dem Daumen über einen Aufkleber, den Stefanie an der Tasse angebracht hatte. Er zeigte einen Kreis mit einem ornamentalen Gitter.

»Ganz neue Studien zeigen, soweit ich weiß, dass heiße Flüssigkeiten das Risiko von Speiseröhrenkrebs erhöhen«, sagte Vera.

»Ah«, lobte der Kaunsler, »du trinkst deinen Kaffee kalt?«

Vera schwieg irritiert, während Alec etwas in die Notizbuch-App auf seinem Telefon schrieb, nämlich: »Neueste Studien vs. uralte Weisheiten«.

»Früher ...«, setzte Stefanie an.

»... als die Menschen rund dreißig Jahre alt wurden«, fiel ihr Vera ins Wort. Stefanie seufzte.

Das war nicht gut, Vera ohne Kaffee am Morgen, dachte Alec, und zwar für niemanden.

Der Kaunsler bestätigte aber, dass Vera gewiss vollkommen recht habe. Allerdings fügte er leise hinzu, dass der Krebs nicht wirklich eine Krankheit sei, sondern lediglich ein Bote, der einem mitteile, dass etwas falschläuft im Leben. Deshalb bringe es auch nichts, dagegen zu kämpfen. Man müsse sich ändern. Dann gehe der Bote von allein wieder. Damit bat er um Entschuldigung, nahm Stefanie beim Arm und führte sie unter weiteren Belehrungen in den Garten hinunter.

»*Awesome*«, befand Alec mit seiner Wassertasse in der Hand.

»Das«, sagte Vera, »kann er mal auf einer Kinderkrebsstation vortragen, als Klinikclown.«

Dann verlangte eine Kollision der Kinder auf dem Trampolin die Aufmerksamkeit der Eltern. Außerdem brauchte Sarah ein Frühstück, sie selbst brauchten das vielleicht auch. Und so ging der Tag für sie zunächst in profaner Diesseitigkeit weiter, während der Kaunsler, die Hände hinter dem Rücken, mit Stefanie das Gelände abschritt, die Pflanzungen inspizierte, nicht zuletzt das Bienenhotel.

Wenn Vera und Alex nachher beim Versteckenspielen mit den Kindern in die Nähe der beiden kamen, wehten vereinzelte Gesprächsfetzen zu ihnen herüber. Stefanie müsse lernen, das Nichtstun anzunehmen, riet der Kaunsler. »Das Nichtstun kann schließlich nichts dafür, dass du dich seiner als unwürdig empfindest.«

Vera ertappte sich dabei, dass sie immer wieder versuchte, möglichst in Hörweite der beiden mit den Kindern Verstecken zu spielen. Sie hörte auf diese Weise noch häufiger die Anweisung »*Don't judge!*«, und einmal sogar: »*Don't judge judgement!*« Später sah sie die beiden flach ausgestreckt nebeneinander auf der Wiese liegen.

Zur Verabschiedung von Vera und Alec wirkte der Kaunsler erschöpft, hielt bloß noch eine kurze Rede über Mondstrahlen, empfindungslos schlafende Eltern sowie neue Menschen. Zu Stefanie sagte er: »Gartenzwerge«, als wäre das eine Hausaufgabe, und zog sich dann, die Hände vorm Herzen, unter Verbeugungen zurück.

Vera und Alec standen noch lange, als hätten sie eine Erscheinung gehabt. Vera blieb dabei, dass der Kaunsler aussah wie ein exaltierter Tennisspieler. »Wie der frühe Andre Agassi oder wie der mittlere Björn Borg. Allein das Stirnband.«

Das habe bei den Apostelfiguren um die Jahrhundertwende schon dieselbe Funktion gehabt wie später bei den Hippies, zu denen irgendwie auch Björn Borg zu zählen sei, erklärte Alec: Haare aus dem Gesicht halten und gleichzeitig Heiligenschein.

POOL

Nach diesem für alle ungewohnt aufregenden Tagesauftakt lagen sie für den Rest des Vormittags wieder am Pool oder im Pool und schauten in ihre Telefone.

Vera hatte während der Nacht immerhin 32 Nachrichten von ihrer Mutter erhalten, was nicht nur daran lag, dass diese in einem Seniorenkurs der Volkshochschule eben erst in die Geheimnisse von WhatsApp eingewiesen worden war. Es hatte auch damit zu tun, dass ihre Mutter an ihren Abenden offenbar zunehmend einsam neben Günther, Veras Vater, saß, seit der sich auf einen langen Weg des Vergessens gemacht hatte, der augenscheinlich für die Angehörigen trauriger war als für ihn selbst. Ihr Vater kichere viel jetzt. Erst sei das schön gewesen, dann aber auch »enervierend«, schrieb Veras Mutter. »Heute hat dein Vater wieder den ganzen Tag von #Dagmar geredet.«

In dem Seniorenkurs der Volkshochschule mussten sie auch die Sache mit den Hashtags durchgenommen haben. Vera seufzte leise und lange. #Dagmar schien eine Jugendliebe ihres Vaters zu sein. Sie hatte den Namen nie zuvor gehört, ihre Mutter, wie sie schrieb, auch nicht. Sie war verletzt, registrierte Vera: Fünfzig Jahre an einer Ehe gearbeitet, und am Ende ist die Frau, die dem Mann am meisten im Kopf herumgeht, eine Vorgängerin aus der Abiturzeit.

Die anderen Nachrichten betrafen Sorgen, die ihre Mutter sich um Vera machte. Ob es ihr in Amerika auch wirklich so gut gehe, wie sie immer behaupte. Sie habe ihre Zweifel. Ob Alec nicht doch einmal etwas zum Haushaltseinkommen beitragen könne. Vera arbeite zu viel, treibe dadurch »Raubbau an ihrer

Gesundheit«. Sie hätte damals in ihrer Apotheke zwar auch Nachtdienste gehabt, aber insgesamt humanere Arbeitszeiten. Sie schickte eine Stellenausschreibung von einer Klinik in Leipzig, »nur so, zur Information«. Sie vermisse ihre Enkelin. Sehe sie ja nie. Sie habe neulich die Mutter von Veras Schulfreundin Cornelia beim Einkaufen getroffen, eine sehr nette Frau, deren Enkelkinder wohnten nur ein paar Straßen weiter, die könnten sonntags gemeinsam in den #Zoo oder einfach mal ins #Kino. Schön sei das, und auch für die Cornelia eine Entlastung …

»Hallo?«

Vera machte das Telefon aus.

»Grüße von meiner Mutter«, sagte sie zu Alec.

»Mit Dank zurück«, murmelte der, ohne aufzusehen. Er hatte sich auf seinem Telefon festgelesen. Es war nicht nur physiologisch, sondern auch kulturhistorisch fesselnd:

Die Zirbeldrüse war ein nur wenige Millimeter großes Ding im Zwischenhirn, von dem aber sowohl Erasistratos von Keos als auch Herophilos von Chalkedon behauptet haben, dass es das Ventil sei, welches den Fluss der Erinnerungen steuere. Galen, der Arzt aus Pergamon, war, soweit Alec sehen konnte, der Erste, den sie an einen Phallus erinnerte, und diese Assoziation spielte offenbar immer auch da eine Rolle, wo man die Drüse mit dem Zapfen eines Nadelbaums verglichen hat – im Norden eben mit dem der Zirbelkiefer, deren Holz, des Wohlgeruches wegen, im Alpenraum gern in Schlafzimmern verbaut wurde, im Süden mit denen der Pinie. Ein paar Klicks weiter wusste Alec auch, was für eine Rolle der Pinienzapfen als Symbol für Wiederauferstehung und Unsterblichkeit spielte. Dass der Samen dieser Zapfen in Spiralen nach dem Muster der Fibonacci-Folge angeordnet ist, das, folgerte Alec hingerissen, konnte zumal für diejenigen kein Zufall sein, für die immer alles mit allem zusammenhängt. Denn die nach Fibonacci benannte Zahlenfolge war, wie Alec weiterhin lernen durfte, schon lange vor Fibonacci in Indien erwähnt worden, wo wiederum die Zirbeldrüse von einigen für den Sitz des sechsten Chakras gehalten werde. Andere sagten, des siebten. Da waren sich die Gurus nicht einig. Auf jeden Fall stand der Zapfen als solcher, egal, ob Zirbel oder Pinie, nicht nur in der Tradition der Freimaurer für den höchsten Grad der Erleuchtung, symbolisiert durch ein einzelnes Auge. Auch in den meisten Schulen der modernen Esoterik hatte der Zapfen mit dem sogenannten Dritten Auge zu tun.

»*Awesome!*«, freute sich Alec und machte sich eine Notiz in sein Telefon: Evolutionsbiologen beschrieben nämlich die Scheitelaugen früher Wirbeltiere ebenfalls als ein drittes Auge, das, teils unter der Haut versteckt, zur Wahrnehmung von Helligkeitsunterschieden diente und sich über die Zeit zu jenem winzigen Ding im menschlichen Hirn zurückgebildet habe. Alec fing das eigene Hirn ein wenig zu sausen an, als er las, dass ein drogenaffiner Psychiater aus Kalifornien das Ganze zum Transzendenz-Organ erklärt hatte, weil es bei Geburt wie Tod die Ausschüttung eines Stoffes bewirke, der wiederum bei denjenigen alle drei Augen zum Leuchten brachte, die chemisch befeuerten Veränderungen ihres Bewusstseins anhingen, die sie in der Regel als Erweiterung erlebten, obwohl von außen betrachtet auch viel für das Gegenteil sprach. In diesen Kreisen nun gelte der mickrige Zustand des »Pinealorgans« als astreine Zivilisationskrankheit; der Genuss von Alkohol, Tee und Kaffee habe die Verkümmerung zur Folge. Am besten gefiel Alec ein Artikel, in dem ein Mann aus Stuttgart zitiert wurde, der überzeugt war, dass den Menschen bei der christlichen Taufe die Zirbeldrüse »verklebt« werde. Das Bewusstsein funktioniere danach nur noch eingeschränkt, aber nur so könne man sie glauben machen, es gebe eine Bundesrepublik, wo in Wirklichkeit, so der zitierte Mann, das Deutsche Reich nie aufgehört habe zu existieren.

»Awesome, awesome, awesome«, murmelte Alec und ließ sein heiß gewordenes Telefon sinken: Eine mit dermaßen religiöser Inbrunst betriebene Verweigerung von Alkohol, Tee und Kaffee, wie Stefanie sie betrieb, hatte offenbar also nicht nur gesundheitliche Gründe, sie diente einem Züchtungsziel. Er tagträumte von einer Beule, die sich langsam auf Stefanies Stirn ausbilden, schließlich aufplatzen und ein Stielauge hervorquellen lassen würde. Er stellte sich vor, dass das Auge dann sowohl traurig als gewiss auch triumphierend auf ihn herabblicken dürfe.

»Hallo-ho!«

Und Richard schaute wieder und wieder ein Video, in dem ein Tesla Model S einen Dodge Challenger Hellcat im direkten Geradeausrennen böse stehen ließ. Ungläubig googelte er die technischen Daten des Modells, las, dass sich das Auto in einen Sportmodus schalten ließ, der von Tesla offiziell »insane« getauft worden war, und ging wieder zurück zu dem Video.

Der unterlegene Dodge-Fahrer sei unfähig gewesen und seine Reifen für so ein Rennen viel zu dünn, tippte Richard in die Kommentarspalte, bevor er die Augen schloss und für einen Moment die Stille in sich suchte.

GARTENTOR

»Ha-llo-hoooo!«

Ein fernes Rufen und Hundegebell drang in ihren Dämmer und riss sie allmählich aus diesem schläfrigen Wust von Gedanken. Oben am Gartentor war jemand und rief.

Stefanie stellte sich tot, und Richard bat Alec und Vera, der Dame da oben zu sagen, er sei leider nicht da. Die Dame war schon im Begriff, auf das Grundstück vorzudringen. Sie mochte um die siebzig sein und war auffallend elegant gekleidet dafür, dass sie offensichtlich nur ihre Hunderunde absolvierte: Ein kleiner, aber energischer Pudel zog sie an einer Leine hinter sich her. Entschuldigend zeigte sie auf das Tier: »Der denkt wieder, er muss mit mir Gassi gehen«, rief sie lachend. Als sowohl Vera wie auch Alec nicht zu begreifen schienen, fügte sie hinzu: »Kennen Sie nicht die Theorie, wonach Hunde die Stöckchen deshalb zurückbringen, weil sie glauben, ihrem Frauchen macht das Werfen so viel Spaß?«

Ob Alec und Vera die neuen Airbnb-Gäste seien, wollte sie dann wissen. Alec und Vera schauten erst sich an, dann wieder die alte Dame. Sie waren immer noch ratlos. »Wir sind Freunde von Mr. Mauler«, sagte Vera schließlich.

»Dann können wir ja Deutsch reden«, rief die alte Dame in Reaktion auf Veras Akzent. Sie stellte sich als Monika Tessen vor. Ob »der Mauler« denn da sei, den müsse sie sprechen.

»Ist nicht da«, erwiderte Vera verstimmt.

»Ja, schrecklich, nicht? Überall Landsleute hier«, sagte Frau Tessen in einem tröstend gemeinten Ton zu ihr. »Manche sprechen schon von den *Kraut-Hamptons*.«

Dabei war ihr Deutsch mindestens so amerikanisch gefärbt

wie Veras Englisch deutsch. Ihr Hund hatte inzwischen angefangen, sich im Kreis zu drehen, so als wolle er seinem eigenen Schwanz nachjagen. Frau Tessen musste sorgsam die Leine so halten, dass er sich dabei nicht selbst erdrosselte. Ohnehin sei nun einmal jeder zweite Familienname in Amerika deutsch, sagte sie dann, aber das hier sei noch einmal etwas anderes, eine zweite Einwanderungswelle, nach dem Krieg: Irgendwann habe sich hier ein Nest gebildet, erzählte sie, überall Deutsche, »zum Piepen«.

Der Hund gab nun bei seinem Gekreisel außerdem pfeifende Geräusche von sich. Tessen hielt ungerührt die Leine lotrecht über ihm.

»Viel Adel mit zweifelhaftem Benehmen«, fuhr sie fort. »Am schlimmsten ist dieser bayerische Baron, der auch eine Stadtwohnung im Plaza Hotel hat, oder war es das Sherry-Netherland?« Jedenfalls empfange der dort Prostituierte, erzählte sie mit gedämpfter Stimme. Das wisse man, seit er einmal einer Abordnung von hochanständigen Damen aus den Hamptons versehentlich im Bademantel dort die Tür aufgemacht habe, als die wegen einer Charity bei ihm vorsprechen kamen.

Vera wollte wissen, was Tessen mit »einer Charity« meine.

»Eine Party, Schätzchen!« Dabei wiegte sie in angedeuteten Tanzschritten die Hüften. Ihren Pudel schien das kurz aus dem Konzept zu bringen, dann befasste er sich wieder mit seinem eigenen Kreiseltanz.

»*Please don't* schätzchen *us*«, sagte Alec auf einmal und fing sich einen Blick von der alten Dame ein. Sie wandte sich wieder an Vera und erklärte, dass Charities immer noch die beste Gelegenheit seien, in die Häuser *south of highway* reinzukommen.

Aber das wisse ohnehin keiner besser als der Mauler. »Und Sie sind also Freunde von dem? Kein Airbnb?« Es klang, als könne sie sich nicht vorstellen, dass Richard Freunde habe. Gleichzeitig schien sie die Nachricht, dass Vera und Alec keine zahlenden Gäste waren, auch mit grimmiger Befriedigung zu erfüllen.

»Das ist die *worst rental season* aller Zeiten«, erklärte sie, während sie neugierig den Blick über das Grundstück schweifen ließ. »Das sagen alle«, sagte sie. Das sage sie selber im Übrigen auch. Vera und Alec schwante, dass Frau Tessen zum Schlag derer gehörte, die ihre Hunde benutzten, um sich Gespräche zu verschaffen, letztlich ihrer Einsamkeit zu entfliehen. Daher nickten sie lange nur zu diesem Redefluss und erfuhren dabei, dass die Leute heute einfach nicht mehr von Memorial Day bis Labour Day »durchmieten« wollten wie früher. »Drei Monate für dreißigtausend und fertig«, sagte Tessen in Erinnerung an diese schönen, nun jedoch vergangenen Zeiten, in denen sie den Sommer über einnahm, wovon sie den Rest des Jahres leben konnte. »Geht nicht mehr«, klagte sie. Insbesondere die jungen Leute seien heute alle »zu hektisch« dafür. »Die haben ja alle dieses ADS«, erklärte sie, das Aufmerksamkeitsdefizitsyndrom: »Die wollen nur noch eine oder zwei Wochen hier sein, und dann wollen die danach noch in der Karibik abhängen.«

Alec staunte, dass sie wirklich »abhängen« sagte. Das Wort schien so gar nicht zu dem spitzen, dünnen Lippenstiftmund zu passen, aus dem es eben gefallen war.

Sie erkundigte sich abermals, ob »der Mauler« nicht doch zufällig da sei? Und wann er denn wiederkomme? Sie habe »einen Knochen mit ihm zu picken«, sagte sie, »nicht nur wegen des Lärms gestern«, und Vera fragte sich, ob die Frau die Tatsache, dass man auf Deutsch in diesem Fall keine Knochen pickt, sondern vielmehr Hühnchen miteinander rupft, aus Versehen oder absichtlich vergessen hatte.

Die quiekenden und pfeifenden Geräusche, die Tessens Hund währenddessen beim Kreiseln von sich gab, erinnerten Alec an die Alarmanlage des Pools. Er erklärte, dass Richard »Dinge zu erledigen habe«. Dann machte das Piepen des Pudels jedes weitere Gespräch schwierig.

»Was hat der denn?«, rief Alec schließlich in eine kurze Geräuschpause hinein.

»Der will sein Geschäft machen«, rief Tessen schulterzuckend und genauso laut zurück. Hunde richteten sich dafür am Magnetfeld der Erde aus, rief sie weiter, »meistens in Nord-Süd-Richtung«, ob die beiden denn überhaupt nichts wüssten.

Alec und Vera hatten das bisher in der Tat nicht gewusst. Mit Ehrfurcht betrachteten sie, wie das Tier schließlich zur Ruhe kam und zitternd seinen Haufen setzte.

»Eine Kompassnadel auf vier Beinen«, sagte Alec.

»Eine kackende Kompassnadel«, bestätigte Monika Tessen vergnügt.

Genauso erstaunt verfolgten sie, wie routiniert die alte Dame am Ende eine blaue Tüte mit dem Aufdruck »New York Times« aus der Tasche zog und den Haufen mit einem geschwinden Handgriff darin verschwinden ließ. Bevor sie ging, winkte sie den beiden mit dem zugeknoteten Beutel noch einmal zu.

Ihren Berechnungen nach würde die »New York Times« jedes Zeitungssterben überleben, solange es Hundehalter gab und solange sie ihren Abonnenten die Zeitungen zum Schutz vor Nässe und Schmutz in diesen kleinen blauen Plastiktüten vor die Tür legten, rief sie ihnen noch zu. »Ich gehöre übrigens zu den Leuten, die morgens die Zeitung direkt wegwerfen und nur die Tüte nehmen. Auf bald, ihr Schätzchen.«

»Ist sie weg?«, wollte, zurück am Pool, Stefanie von ihnen wissen. »Die gute Frau Tessen«, rief Richard und lachte, als wäre damit alles gesagt, was dazu zu sagen war, denn im Folgenden ging es vielmehr darum, wie groß der Hunger war, den er inzwischen hatte; die Superlative gingen ihm dafür nicht aus. »Scott?«, rief Richard dann.

»Hast du den Jungen gesehen, Stefanie?«

Stefanie hatte den Jungen seit Längerem nicht gesehen.

»Gestern ist er in sein Planschbecken gefallen und musste von Sarah gerettet werden«, sagte Richard. Ein Unterton von Vorwurf war nicht zu überhören. Stefanie ließ ihn abprallen. Scott spiele mit Sarah gewiss Verstecken in den Hecken.

»Bei den Wespennestern?«

»Es sind Bienen, Richard. Du wirst bald eigenen Honig haben.«

Auch Vera und Alec waren für Nahrungsaufnahme. Sie hatten bisher nicht mehr im Magen als eine Tasse Wasser. Der Kühlschrank war aber leer. Sie müssten erst einkaufen. Sie könnten zu Citarella, einem Feinkostladen, fahren und Fisch kaufen, schlug Richard vor, »oder Würstchen«. Dabei klopfte er auf seinen chromglänzenden Grill, ein Gerät in der Größe eines Kleinwagens, was, wie er hinzufügte, auch für den Preis gelte. »Wir können was bestellen«, sagte er. Aber Stefanie war dagegen: Plastikmüll. Richard äußerte Bedauern, dass es keinen Lieferservice auf Meißner Porzellan gebe. Weil nun auch die Kinder anfingen zu quengeln, einigten sie sich auf Essengehen. Nudeln, entschied Sarah, und Scott sah es genauso.

RESTAURANT

Eine halbe Stunde später saßen sie vor einem italienischen Restaurant der Sorte, die rot-weiß gewürfelte Tischdecken haben und den Weißwein in kleinen Karaffen bringen, und Richard erzählte, dass sie bei diesem Italiener ganz am Anfang oft gewesen seien, Stefanie und er, sogar dann, als sie noch in Berlin gewohnt hatten, hier nur zu Besuch waren und ganz verliebt ineinander, und als auch Stefanie noch den Reiz voller Teller zu schätzen gewusst habe und die kleinen Kältebläschen auf bauchigen, randvoll mit kalifornischem Chardonnay gefüllten Weißweingläsern ... Er schaute seine Frau an, als hoffte er, allein die Kraft der karierten Tischdecken könne sie in die Stefanie von damals zurückverwandeln.

Die Stefanie von heute aber sagte lieb lächelnd über die karierte Tischdecke hinweg zu der Kellnerin: »Können Sie mir garantieren, dass die Tomatensoße *homemade* ist?«

»Natürlich ist die *homemade*, Signora.«

»Das sagt sich so einfach. Aber stimmt es auch?«

»Es stimmt.«

»Wenn es nämlich nicht stimmt und die Tomatensoße industrielle Konservierungsmittel enthält, wäre das fatal.«

»Konservierungsmittel?«

»Ja, Konservierungsmittel, *chemical preservatives*, ich könnte sterben daran.«

Richard räusperte sich und sagte: »Was sie meint, ist ...«
Aber Stefanie legte ihm sanft die Hand auf den Unterarm und sagte freundlich: »Nein, nein. So, wie ich es sage: sterben.«

Die Kellnerin drehte nervös ihren Block in den Fingern und sagte: »Wenn Sie noch einen Moment brauchen, komme ich gleich noch mal wieder.«

»Nein, nein, *nein*«, sagte Stefanie noch einmal, noch freundlicher. »Sie bleiben jetzt mal bitte da. Ich habe eine Allergie auf Industrieprodukte und Konservierungsstoffe.«

»Ja«, sagte die Kellnerin.

Die anderen betrachteten forschend ihre Gabeln, Messer, Fingernägel.

»Sie wollen, dass ich unter Umständen sterbe?«

Die Kellnerin wollte nicht, dass Stefanie unter Umständen stirbt. Sie garantierte, dass die Tomatensoße hausgemacht sei.

»Sind die Tomaten *organic*?«, fragte Stefanie.

»Die Tomaten sind *organic*.«

»Können Sie mir garantieren, dass die Tomaten *organic* sind?«

»Ich glaube schon.«

»Sie glauben?«

»Ja.«

»Aber Sie wissen es nicht?«

»Wollen Sie in der Küche nachschauen kommen?«

Stefanie ging in der Küche nachschauen.

Die anderen schauten tief in die Karten und schwiegen verlegen, bis Richard anfing, über ein Kriegerdenkmal zu sprechen, das in Sichtweite des Restaurants auf der Mittelinsel eines Kreisverkehrs stand und sich von deutschen Gedenksteinen für dieselben Kriege, laut Richard, lediglich durch die Jahreszahlen unterschied. Auf dem Denkmal stand 1917–1919 sowie 1941–1946. Eine Gruppe johlender junger Männer in offenen Geländewagen kam in dieses Bild gefahren, tief sonnengebräunte Recken mit blonden Haaren, breiten Kiefern und weit aufgeknöpften Hemdkragen, die sich, wenn sie es richtig anstellten im Leben, niemals auf irgendeinem anderen Schlachtfeld würden beweisen müssen als auf den Finanzmärkten oder an der Bar der Montauk Surf Lodge. Sie umrundeten das Kriegerdenkmal und fuhren weiter Richtung Osten, verfolgt von einem Blick, in dem Veras ganze Sehnsucht nach etwas lag, was sie selbst manchmal nicht in Worte fassen konnte oder wollte.

Als Stefanie zurückkam, bestellte sie keine Nudeln mit Tomatensoße, auch wenn die Nudeln tatsächlich hausgemacht zu sein *schienen*, wie sie sagte. Aber über die Tomaten sei sie sich nicht sicher gewesen, obwohl sie lange an ihnen gerochen hatte. Was allerdings ohnehin dagegen sprach, war der Säurespiegel und dass die Nudeln aus Weizenmehl waren, aus weißem, ballaststoffarmem Weizenmehl, das selbst dann schon mit einem erhöhten Risiko von Krebs, Kreislauferkrankungen, Depressionen und Alzheimer in Verbindung stünde, wenn man nicht davon ausgehen müsste, dass es außerdem mit krebserregenden Unkrautvernichtungsmitteln vergiftet sei.

Vera schaute mit schlechtem Gewissen die dampfende Portion Tagliatelle an, die von einem Nebenkellner in diesem Moment stolz und unter viel »*prego, Signorina*« vor sie hingestellt wurde.

Aber Richard erklärte, fest zur Wiederherstellung der guten Laune entschlossen, Nudeln seien im Prinzip das Gesündeste, was man essen könne, viel gesünder als zum Beispiel Quinoa: »Die Italiener leben ja auch viel länger als die Indios.«

Damit hieb er seine Gabel in einen Berg Spaghetti Carbonara.

Stefanie warf ihm einen müden Blick hinüber. Dann wies sie aufmunternd auf das gedämpfte Gemüse hin, das Scott bekommen hatte, jedoch nicht essen mochte. »Gemüse ist mein Feind«, erklärte er, haute auf den Stiel seiner Gabel und katapultierte eine gehörige Portion auf den benachbarten Tisch hinüber. Dort saß ein Rentnerpaar und schaute erbittert auf die Brokkoliröschen, Möhrenscheiben und Zucchinistücke, die zwischen ihren Tellern gelandet waren. Alle hatten für einen Moment die Luft angehalten.

»Sorry!«, rief Richard schließlich, vielleicht eine Spur zu leutselig.

»Das ist mit einem *Sorry* aber nicht getan«, donnerte der Mann von nebenan, zusätzlich erbost durch den Umstand, dass Sarah vor Vergnügen über den Vorfall losprusten musste. Zu ihrer Zeit wurde anders erzogen.

Ein Streit zwischen den jeweiligen Ehepartnern über die Zuständigkeit entspann sich. Beide Frauen machten ihren Männern in seltener Einigkeit Vorwürfe, sie würden sich zu wenig um die Kinder kümmern und stillschweigend davon ausgehen, dass Stefanie und Vera schon aufpassten, dass nichts passiert, zum Beispiel am Pool oder auch beim Essen, aber so gehe das nicht, so sei Entspannung nicht möglich, so sei das kein Urlaub für sie.

Stefanie befand, sie bräuchten ein Kindermädchen für diesen Sommer. Sie habe es Richard schon häufiger gesagt, nun sage sie es wieder: Sie fühle sich eingesperrt, während Richard dauernd draußen in der Welt herumfahre, sie fühle sich eingesperrt und angekettet, klagte Stefanie. Sie wollte auch mal wieder zum Yoga, nur mal so zum Beispiel.

Richard sagte kauend »Klar« und »Let's throw money at the problem ...«.

Er fragte Alec, wie das Mädchen aus der Fischbude in Sag Harbor noch einmal geheißen habe. Er habe heute ein paar Anrufe von einer Nummer verpasst, die er nicht kannte. Vielleicht war die das.

»Charlotte«, sagte Alec und wischte sich über das Hemd, wie um anzudeuten, dass bei dem Wort *throw* aus Richards Mund etwas zu ihm herübergeflogen war, obwohl das vielleicht gar nicht stimmte.

SAG HARBOR

Charlotte war nicht in ihrer Lobsterbude. Der Mann, der an ihrer Stelle dort Muschelsuppe in Styroporbecherchen löffelte, tat so, als hätte er den Namen nie gehört.

»Schade«, sagte Richard und schlug vor, wo sie nun schon einmal da waren, das Haus von John Steinbeck zu besichtigen, der jedem, der Ahnung habe, selbstredend ein Horror sei.

Sie fanden Charlotte im Garten des Museums sitzen, das man in dem Haus des Schriftstellers eingerichtet hatte. Sie hatte das rechte Bein über das linke geschlagen und wippte nervös mit dem Fuß, während sie Nachrichten in ihr Handy tippte. Dabei hielt sie eine Zigarette in der Hand und pustete den Rauch seitwärts. Im Gegenlicht sahen die Leute, die da auf sie zukamen, aus wie in einem Western. Speziell der Gang von dem massiven Mann in der Mitte hatte etwas einschüchternd Selbstgewisses. Natürlich erkannte sie ihn wieder. Auch den dünnen Amerikaner, der Steinbeck nicht mochte. Hatte der heute einen Grashalm im Mund, oder kam ihr das nur so vor? Und das waren dann also deren Frauen und Kinder. Sie bemühte sich, die Paare und die Kinder einander zuzuordnen, als das Mädchen den Zeigefinger in ihre Richtung ausfuhr. »Ist die Frau da süchtig?«

Charlotte trat den Stummel aus. Kleines Knietschen der Turnschuhe, kurzes Klimpern des Kettchens am Knöchel. Etwas gefiel ihr an der Kleinen, Charlotte erkannte sich wieder. »Gutes Timing«, sagte sie schließlich statt einer Begrüßung. »Ich schreib Ihnen gerade.«

Es stellte sich heraus, dass der Inhaber von »The Crab« empört auf den inzwischen online gegangenen Artikel gezeigt hatte, in dem seine Kunden als Rüpel dargestellt wurden, die herrisch und ohne Manieren mit dem Personal umsprängen. Charlotte Menton, 24, aus der Schweiz, habe dem Reporter zu Protokoll gegeben, wie »*pushy*« und wie »*selfish*« die Leute würden im August. Immer wieder hatte der Mann mit dem Finger auf sein ohnehin schon gesprungenes Display gehauen und gefragt, was sie sich dabei gedacht habe, worauf sie »sorry« gesagt hatte, aber nicht als Entschuldigung, sondern als Vorwurf, weil es schließlich nicht ihre Schuld sei, wenn alle auf einmal durchdrehten.

Worauf ihr Boss ihr nahegelegt hatte, dass sie diesen Monat nicht unbedingt in seiner Bude verbringen müsse.

Worauf sie protestiert hatte.

Worauf er noch deutlicher geworden war.

Worauf sie schließlich ... »Aber egal«, sagte Charlotte, und: »*C'est la vie.*«

»*That's life*«, bestätigte Richard. Allerdings sang er es halb. Er sang: »*Ridin' high in April, shot down in May*«. In den ratlosen Blick seines Gegenübers hinein erklärte er: »Sinatra.« Dann sagte er tröstend: »Jetzt sind wir ja da«, und lehnte sich mit den Händen in den Hosentaschen ins Hohlkreuz, summte dabei aber weiter die Melodie vor sich hin.

Sarah wollte wissen, ob der Totenkopf etwas mit Piraten zu tun habe, was Charlotte bejahte.

Stefanie fasste Charlotte extrafreundlich in den Blick, musterte sie von den nachlässig hochgesteckten Locken bis zu dem Silberkettchen um ihren Fuß, schaute dann zu Richard und lächelte ihn beglückwünschend an.

»*Then you're back on top, back on top in June*«, sang Richard aufmunternd. Und Charlotte tippte ihm mit dem Finger auf die Brust und sagte: »Aber ab Juni geht es nur noch bergab, alter Mann: Sonnenwende!«

Danach standen alle zunächst ein wenig sprachlos umeinander herum. Selbst Charlotte wirkte erschrocken. Warum hatte sie das getan? Vielleicht, weil sie als Schweizerin wusste, dass die Deutschen selbst keine Weltmeister in Zurückhaltung waren – und dieser breit vor ihr aufgepflanzte Berliner schon gar nicht, vielleicht also weil ein vorauseilender Angriff am Ende das Einzige war, was Sinn machte als Verteidigung. Richard pfiff schließlich anerkennend, dann sang er weiter Sinatra, allerdings ein anderes Lied, nämlich »*You make me feel so young ...*«.

»Ist das hier ein Musical?«, wollte Charlotte wissen.

Und danach strahlte Stefanie sie an, als wolle sie sie umarmen. Warm und feierlich sagte sie: »Dreißig!«

Dreißig Dollar die Stunde, ob das okay sei?

Charlotte erkundigte sich, ob sie richtig verstanden habe.

Auch Richard erkundigte sich, ob er richtig verstanden habe.

Vera flüsterte, das könnte sie sich nicht leisten.

»Aber wir können«, sagte Stefanie und legte ihre Hand an Richards Oberarm.

Das müsse noch einmal beredet werden, erklärte der.

Und als die beiden das dann beredeten, standen die anderen betreten abseits. Sie sahen Richard auf Stefanie einsprechen, und sie sahen Stefanie, wie immer, wenn Richard etwas sagte, geduldig lächeln, nur diesmal mit geschlossenen Augen.

Charlotte schloss ebenfalls die Augen und hielt abwehrend ihre Hände vor sich. »Wait, wait, wait ...«, sagte sie.

Sie versuchte die Situation zu analysieren. Richard kam ihr auf einmal noch am normalsten vor. Sonderbar war die Frau, die ihr gerade einen Stundenlohn anbot, der doppelt so hoch lag wie das, was man normalerweise für das Babysitten bekam. Sonderbar war auch die Frau, die gar keine Kinderbetreuung zu wollen schien. Und ganz sonderbar war wieder dieser Amerikaner, der plötzlich »Machtverhältnisse« sagte. Als die anderen ihn fragend ansahen, zuckte er mit den Schultern: »Geschlechterverhältnisse sind Machtverhältnisse, Alter schafft Machtverhältnisse, Geld schafft Machtverhältnisse.« Es sei klar, dass die junge Frau das Angebot gar nicht annehmen könne.

»*Mais vous devez parler français avec les enfants*«, rief in diesem Moment Stefanie herüber und zeigte, zwinkernd, einen erhobenen Daumen.

»*Aux enfants*«, korrigierte Charlotte.

»Von mir aus«, seufzte Richard schließlich, und als sei damit alles gesagt, drehte er sich dem Ausgang zu.

»Ich weiß nicht mal, wie man zu euch kommt«, rief Charlotte ihm nach. Sie habe keinen Führerschein.

Richard blieb stehen und seufzte noch einmal: »Komische Generation.«

Dann drehte er sich um und ging mit ausgebreiteten Armen wieder auf sie zu.

TERRASSE

Am Abend dieses Tages, nachdem Charlotte mit einem engagierten Auftritt zum Einstand die beiden Kinder so müde bekommen hatte, auf dem Trampolin und beim Versteckenspielen, dass sie ohne Zetern ins Bett fanden, las sie im Bungalow noch eine Gutenachtgeschichte auf Französisch vor, die Scott nicht verstand, während Sarah in der Gästehütte von Alec ein weiteres Kapitel über Frau Direktor Pogge und ihre dicke Berta vorgetragen bekam, und die anderen noch eine Weile auf der Terrasse sitzen blieben.

Stefanie drängte Vera so lange, ihr Unwohlsein zu artikulieren, bis die zugab, ganz generell den Gedanken nicht leiden zu können, *Personal* um sich herum zu haben, nicht der Kosten wegen, sondern wegen der Privatsphäre. Sie schob es auf ihre Herkunft, wo es staatliche Dienstleister gegeben hatte, Kinderkrippen, Kindergärten, Großwäschereien, aber nur wenige Leute, die sich Kindermädchen oder Putzfrauen *hielten*.

Sie hatte einmal eine Putzfrau engagiert, und dann aus

Scham selber alles bereits so aufgeräumt, dass die Frau, aus El Salvador übrigens und hochinteressant, gar nicht mehr gebraucht wurde.

Weil Richard ihr heute den Rotwein aufgemacht hatte, den Stefanie ihr gestern nicht ausschenken wollte, war Vera nun in Fahrt und erzählte den beiden auch, wie Alec in seiner Ehre als Geistesarbeiter gekränkt gewesen sei, als Vera, müde und gereizt vom Dienst in der Klinik, gemeint hatte, ein Putz*mann* täte es für sie auch: Sie könne Alec gern fünfzehn Dollar in die Hosentasche schieben, wenn er einmal den Staubsauger in die Hand nähme für ein Stündchen, wo er ohnehin den ganzen Tag zu Hause sei.

Stefanie nickte wie ein Psychoanalytiker neben der Patientencouch und machte sich tatsächlich Notizen. Am Ende lautete ihr Rat: »Akzeptier, liebe Vera, doch einfach, dass du dich fühlst, wie du dich fühlst.«

Als sie Alec über die Wiese kommen sahen, wechselten sie das Thema. Und als kurz darauf auch Charlotte wieder zu ihnen stieß, sich ebenfalls ein Glas einschenkte, hinsetzte und eine Zigarette ansteckte, sagte Vera für eine ganze Weile gar nichts mehr.

Pock-pock-pock-pollock pockerte es leise aus Alecs Telefon, denn um Richard und einem weiteren Abend mit Jazz zuvorzukommen, hatte er elektronische Musik herausgesucht, die aus fernen Nächten in Berlin herüberzuwehen schien und sie von damals reden ließ, von den Neunzigern und den Nullerjahren, von Tanzveranstaltungen in Industrieruinen, Clubs ohne Toilettentüren, vom Konsum inhaltlich fragwürdiger Drogen unter hygienisch fragwürdigen Umständen. Als Vera anmerkte, dass sie ihre Berliner Nächte vornehmlich über Fachbüchern und bei Nachtdiensten verbracht habe, ließ Richard sie im Tonfall eines Veteranen wissen, dass das Kokain, das einem damals verkauft wurde, schlimmstenfalls aus dem Kalk bestanden habe, den die Dealer direkt im Club von der Wand gekratzt hätten, und im besten Fall aus Aspirin.

Das brachte ihn auf den Gedanken, *just for the fun of it*, ein paar Aspirin-Tabletten zu zerbröseln und durch die Nase zu ziehen. Vielleicht würde man sich fühlen wie früher. Ganz sicher würde man das Aspirin ohnehin brauchen, wenn er jetzt noch eine Flasche holen ging, denn der Merlot von diesem Hollywood-Regisseur war »ganz schön schön, oder?«.

»Sind wir jetzt in dem Alter, wo wir Weine schön nennen?«, fragte Alec. »Nicht mehr gut oder köstlich, sondern: schön?«

Richard sagte, Alec solle die Klappe halten, und ging noch eine Flasche holen, während Stefanie wusste, dass die Leute in Berlin *immer noch* in unvorstellbaren Ausmaßen Kokain nähmen, nur inzwischen nicht mehr in den Clubs, sondern, älter geworden, in den Restaurants, nach dem Essen, zum Teil vor dem Essen oder anstelle des Essens. Sie sprach von bestürzenden Begegnungen mit »weißhaarigen Ravern und Ü-vierzig-Girlies«, die dort mit leuchtenden Nasenlöchern auf einen einquasselten. Dankbar sollten sie alle sich bewusst machen, noch einmal davongekommen zu sein.

Charlotte war hin- und hergerissen zwischen den Unschulds-Erwartungen an eine Babysitterin einerseits und andererseits der typischen Kaputtheits-Sehnsucht einer Literaturstudentin aus grundbürgerlichen Verhältnissen. Am Ende erklärte sie dann lieber nicht, was sie selbst in dieser Beziehung alles schon hinter sich hatte. Aber sie erklärte den vier Älteren, was in dieser Hinsicht alles bereits als gestrig gelten müsse: MDMA, Kokain, LSD, selbst die ganzen Dschungeldrogen, derentwegen amerikanische *Druffis* bis vor ein paar Jahren noch in den Regenwald geflogen seien »wie andere nach Florida zum Spring-Break-Saufen ...«. Nur und ausgerechnet das harte Heroin ließ sie gelten, nicht als *desireable*, aber als *real*. Immerhin gebe es eine handfeste Heroinepidemie unter Amerikas Landjugend. Unter den schwerreichen *Trust Fund Kids* an ihrer Ivy-League-Uni sei es allerdings ebenfalls wieder sehr populär.

»Die Schlaghose unter den Drogen«, stöhnte Richard.

Charlotte nahm es für die Dauer einer letzten Zigarette auf sich, dem alten Mann zu erklären, dass in den Modeboutiquen von Manhattan inzwischen wieder Sachen hingen, die selbst Janis Joplin zu blumig gefunden hätte. Dann rief Richard ihr ein Taxi.

Diese »beinahe noch Minderjährige« dürfe altklug von Rauschgiften daherreden, beschwerte sich Vera, als Charlotte weg war. Ihr als erwachsener Frau aber würden die Gläser in den Mund gezählt.

Das richtete sich nicht zuletzt an Alec, der immer unbehaglicher auf seinem Stuhl herumrutschte, je häufiger Vera zu ihrem Glas griff. Und er fühlte sich darin bestätigt, als Vera befand, dass es unterhaltsam sein könnte, wenn sie einmal erzählte, wie sie damals Alec gewollt und schließlich bekommen hatte, fern von Technoclubs, bei einer Podiumsdiskussion, den schönen, kritischen Amerikaner. Sie bezeichnete ihn als ihren Dean Reed.

Weder Stefanie noch Richard wusste, wer Dean Reed war,

und Vera erzählte ihnen von einem anderen kommunistischen Amerikaner, den es nach Ostberlin verschlagen hatte, allerdings bereits in den Siebzigern. Der Mann habe gesungen, er habe in Filmen gespielt, aber vor allem habe er Haare gehabt: Haare wie die Nachmittagswellen da draußen am Atlantik. Solche Haare habe es im ganzen Ostblock nicht gegeben. Solche Haare habe es selbst in Westdeutschland nicht gegeben. So etwas kam nur aus Amerika, wie man auch an Alecs Locken sehen könne.

Richard schwenkte sein bauchiges Glas, als wäre der Wein darin ein Kreisel, den er in Bewegung halten musste. Stefanie hielt ihre Teetasse fest, als wäre die wiederum ein Ofen für die Hände. Beide nickten stumm.

Und Alec, dem wenig übrig blieb, als das alles irgendwie durchzustehen, Alec wurde nun von Vera gebeten, den Kopf zu senken, damit sie vorführen konnte, dass selbst diese Pracht ein Verfallsdatum habe. Vera wühlte in seinen Haaren und sagte schließlich triumphierend: »Da!«

»Was ist da?«, fragte Richard.

»Wird heller.«

Es sei hier draußen jetzt zu dunkel, um auf Alecs Kopf irgendetwas heller werden zu sehen, sagte Richard.

Alec durfte den Kopf wieder hochnehmen, und Vera fragte, ob Männer nie über ihre Haare redeten.

Sowohl Richard als auch Alec verneinte.

Es sei ihnen noch nicht in den Sinn gekommen. Warum auch?

»Weil sie ausfallen?«

Es stand ein Fragezeichen hinter diesem Satz. Hörbar war die Stimme nach oben gegangen, und zwar so, wie auch eine

Messerklinge zur Spitze hin nach oben geht. Die Männer schwiegen. Es fiel ihnen nicht mehr ein, als mit den Schultern zu zucken.

Richard erklärte schließlich, er habe andere Sorgen, wirklich ganz andere. Aber Vera blieb unversöhnt. Ihre Ausführungen drehten sich um die Ungerechtigkeit des Alterns. Dass Männer weniger darunter zu leiden hatten, war empörend. Dass sie behaupteten, sich noch nicht einmal dafür zu interessieren, war noch empörender. »Ich werde mich umbringen«, verkündete sie, »wenn ich das erste weiße Haar entdecke.«

»Aber warum denn nur, liebe Vera?«, sagte Stefanie.

Über die »grauhaarigen Mütter von Park Slope« klagte Vera daraufhin und über den selbstgewissen Stolz, mit dem sie die Zeichen des Alters aus den Frisuren ragen ließen, als wären es heroisch im Rockkonzert des Lebens gerissene Saiten einer Gitarre, während sie mit ihren Kinderwagen über die Bürgersteige pflügten, dabei Chips aus Grünkohl in sich stopfend, schimpfte Vera, oder Kekse aus Quinoa. Sie fügte noch eine Verdammung von Picknicks im Park an »mit vom Wind herumgepustetem Plastikgeschirr«.

Was das mit grauen Haaren zu tun hatte, wollte Richard wissen.

Dass sie auf dem besten Weg seien, genauso zu werden, antwortete Vera.

»Wie zu werden?«

»Jugendlichendarsteller, die grau werden«, sagte Vera leiser.

Nachdenkliche Gesichter nickten ihr entgegen – nachdenkliche, aber auch ein wenig ratlose.

BUNGALOW UND GÄSTEHÜTTE

Am Ende dieses Tages schauten sie womöglich alle etwas forschender als sonst in ihre Badezimmerspiegel. Sie beobachteten, während sie mit den Zahnbürsten in ihren Mündern bohrten, kritisch Stirn und Haare, und zwar nicht nur die eigenen, sondern vielmehr besonders auch die der Ehepartner.

Vielleicht war das keine so glückliche Erfindung, dachte Alec, diese Doppelwaschbecken.

Es war erstaunlich, wie sehr alles immer von der Beleuchtung abhing. Er bemühte sich, in der Vera von heute, selbst in dieser Nacht und vor diesem Spiegel noch, wieder jene Vera zu sehen, die ihm vor Jahren am Ufer der Spree zugeflüstert hatte, er solle immer daran denken, wie sehr er sie liebe. Sie verlange gar nicht, dass er sie immer so liebe, aber er solle es nicht vergessen, irgendwo tief in ihr werde immer die Frau sein, die sie an jenem Abend war. Diese Frau also bemühte er sich nun in der Vera von heute Abend wiederzufinden, und er fragte sich, ob Vera damals schon diesen Abend heute vorausgesehen hatte, ganz einfach weil sie schon damals dazu neigte, die Dinge grundsätzlich zu ihrem Ende hin auszuleuchten, wenn sie etwa in die Physiognomien ihrer Bekannten immer schon die Greise hineinsah, die sie einmal werden würden.

Aber während er das so dachte, mit Blick auf seine energisch zähneputzende Frau, kam er um die Frage nicht herum, wie sehr genau er sie denn eigentlich geliebt hatte damals, wo er sich doch später, also heute, daran erinnern sollte. Und ob überhaupt. Er bedachte nämlich die Möglichkeit, dass er weniger spezifisch in sie verliebt gewesen sein könnte damals als in das Verliebtsein an sich – oder vielleicht auch in den Umstand, dass sie aus Karl-Marx-Stadt war, was für ihn so exotisch und verheißungsvoll geklungen hatte wie für andere Amerikaner ein Fräulein mit »von« im Namen, auch wenn Vera es mit dem Marxismus dann gar nicht so hatte. Dafür war Veras Wohnung gemütlich gewesen, Hinterhaus, aber immerhin drei Zimmer, und dann durfte er schon bald einen Kinderwagen durch Schöneberg schieben und war dabei eigentlich auch nicht viel unausgeschlafener gewesen als heute, möglicherweise aber erfüllter. Denn jetzt stand Alec vor einem Doppelwaschbecken auf Long Island und fragte sich, wie er es fertigbringen sollte, Vera in dem warmen Berliner Mailicht ihrer ersten Jahre vor Augen zu behalten, wenn sie selbst dermaßen darauf beharrte, jede ihrer ersten, eigentlich kaum wahrnehmbaren Falten um die Augen mit der kältesten OP-Lampe auszuleuchten. Dann war er nämlich chancenlos, dann sah er die natürlich auch. Und jetzt musste er zusehen, wie sie nach ersten grauen Haaren forschte, tatsächlich eins fand und es grimmig ausriss. Vera spuckte schließlich mit einer Inbrunst in das Becken, als könnte sie mit dem weißen Schaum das ganze Thema einfach wegspülen für die Nacht.

Ein Haus weiter sah Stefanie, dass der Schaum bei Richard rot war. Sie standen beide vor ihren Waschbecken, und Stefanie ertappte sich, wie auch sie mit den Fingern auf einmal prüfend die Haut seitlich der Augen wieder glatt zog. Gleichzeitig konnte sie über den Spiegel zuschauen, wie Richard in seinem Mund herumschrubbte, viel zu heftig und viel zu schnell. Kein Wunder, dass er Zahnfleischbluten hatte. Wortlos reichte sie ihm ihre Zahnseide. Er las: Echte Naturseide, plastikfrei, mit Bienenwachs. Er pfiff mit hochgerecktem Daumen, fing dann aber doch gehorsam an, sich ein Stück um die Finger zu wickeln. Gut, dachte Stefanie, denn sie hatte jetzt nicht mehr die Kraft, ihm zu erklären, dass industrielle Zahnseide aus Nylon bestand und Jahrzehnte brauchte, um zu verrotten. Sie zählte stattdessen innerlich bis fünfzig, um Richard zu demonstrieren, wie lange man putzen konnte, putzen sollte, putzen musste, und um ihm dadurch genug schlechtes Gewissen zu machen, damit er wenigstens ordentlich zwischen seinen großen, ihr immer raubtierhafter vorkommenden Zähnen fädelte.

Denn dass der Schaum, den Stefanie – siebenundvierzig, achtundvierzig, neunundvierzig – schließlich ins Waschbecken spuckte, bei ihr ebenfalls nicht ganz so weiß war, vielmehr wie zerkaute Erde aussah: Das lag daran, dass sie auch industriellen Zahnpasten misstraute und ihre Zähne mit selbst gemischten Schlämmen reinigte, die sie auf eine Bürste aus Bambusholz auftrug.

Sie schaute noch einmal zu Richard hinüber und betrachtete ihn eine Weile: Er hatte das Fädeln beendet und schnitt sich nun mit der Nagelschere Haare aus den Nasenlöchern. Stefanie lächelte sich selber Mut zu und sagte:

»Ich hatte dir *gesagt*, dass ...«

»Der Spaßvogel kommt? Hattest du nicht.«

»Nenn ihn nicht Spaßvogel. Er bedeutet mir viel.«

»Aha.«

»Ja, Richard.«

»Und was wollte der *hier*? Ich denke, der berät dich über seine App?«

»Der arbeitet hier draußen. Das ist der Hamptons-Kaunsler. Der hat unglaublich reiche und berühmte Kunden. Ich bin froh, dass der überhaupt die Zeit gefunden ...«

»*Arbeiten?*«
»Arbeiten.«
»Was denn?«
»Heilen. Den Ort. Die Leute. Mich. Es täte uns allen gut. Die arme Vera ist so ... so ... und Alec im Grunde auch und du sowieso.«
»So was denn?«
»So negativ. So unerlöst. So ... unglücklich.«
»Wenn das mal nicht unter anderem an dem Spaßvogel liegt.«
»Nenn ihn nicht Spaßvogel!«
»Und will der wieder hierherkommen?«
»Das hatte ich dir doch gesagt.«
»Das hast du nicht gesagt.«
»Du hast mir nicht zugehört. Hörst du mir eigentlich jemals zu?«
»Oft, Darling. Und meistens auch wirklich gerne. Du behauptest jetzt nur, dass du mir das gesagt hättest, damit ich dastehe wie einer, der nicht zuhört. Aber das hast du mir ganz sicher nicht gesagt, denn wenn du mir das gesagt hättest, dann hätte ich mich da schon aufgeregt und Nein gesagt, dann müssten wir jetzt nicht reden.«
»Du sollst dich nicht aufregen und Nein sagen, du sollst dich freuen und Ja sagen.«
»Das werde ich schon noch selber wissen.«
»Richard«, sagte Stefanie. Sie nahm sein Gesicht in beide Hände, so dass er es nicht wegdrehen konnte, schaute ihm in die Augen und schüttelte traurig den Kopf. Ihre eigenen Augen hatten sich mit Tränen gefüllt dabei, gleichzeitig lag etwas Zuversichtliches auf ihrem Gesicht. »Richard«, sprach sie feier-

lich. »Ich liebe dich sehr. Und ich möchte nur, dass du glücklich bist.«

So standen sie sich einen Moment lang gegenüber. Dann entwand Richard sich und sagte, zu seinem Glück würde aktuell vor allem Schlaf fehlen.

Er stand dann noch eine Weile vor dem Ehebett und betrachtete schweigend die perfide Geometrie, nach der ein nicht einmal einen Meter großes Kind seine Gliedmaßen so ausfalten konnte, dass eine komplette Matratze, immerhin King Size, praktisch voll belegt war.

»Kann der nicht allmählich mal in seinem eigenen Bett schlafen?«, sagte Richard. »Wir haben ein Zweitausend-Dollar-Kinderbett aus jahrtausendealtem kanadischem Öko-Ahorn hier stehen. Kann der das nicht mal benutzen?«

»Ach, Richard«, sagte Stefanie müde.

Während sie sich sanft und traurig neben ihren Sohn bettete, versuchte Richard, einen Arm des Kindes aus dem Weg zu räumen, scheiterte an dem Gemurre aus dem Kissen und quetschte schließlich seinen Körper wie zur Illustration seines Gefühls der Marginalisierung auf einen zwanzig Zentimeter breiten Rand.

»Du willst dem Gespräch mit mir aus dem Weg gehen«, flüsterte Stefanie.

Richard entgegnete, sie sprächen in exakt diesem Moment wohl doch.

»Du willst denen und dir ein Leben vorspielen, das wir gar nicht mehr haben«, flüsterte Stefanie, »ein Leben, das wir auch nie hatten und das ich vielleicht gar nicht will, Richard.«

Sie flüsterte, dass er ständig zurückwolle in eine Vergangenheit, die es nun einmal nicht mehr gebe, beziehungsweise in eine Zukunft, die in einer Vergangenheit geplant worden war, die nun einmal vergangen und durch eine völlig neue Gegenwart abgelöst worden sei, wenn er verstehe, was sie meine.

Verstand Richard, was sie meinte?

Richard gab ein Geräusch von sich, das sich in alle möglichen Richtungen deuten ließ.

Stefanie flüsterte, dass sie ihn verstehen könne. Dass Veränderung Angst mache, flüsterte sie. Und dass man diese Angst allerdings *zulassen* müsse. Dass sie jetzt monatelang mit diesen Ängsten gesprochen habe, von Du zu Du, jede Nacht und manchmal auch jeden Tag, und dass die Ängste jetzt fortgegangen seien, weil Klarheit herrsche. »Ich bin dir darin Monate voraus, Richard, du fängst jetzt erst an. Es ist wichtig, dass du jetzt deinen Schmerzkörper hinter dir lässt, Richard, dann ... «

Als sie erkannte, dass das zustimmend klingende Geräusch, das Richard machte, in Wahrheit ein Schnarchen war, brach sie ihre Rede ab. Sie zwang sich, ihre Gefühle auch in diesem Moment nicht zu bewerten. Aber sie war zu aufgewühlt für eine Einschlaf-Meditation, und schon bald beleuchtete das Display ihres Telefons wieder bläulich ihr ruhiger werdendes Gesicht.

Sie scrollte durch den Katalog eines Mineralienversandhandels aus Arizona, als eine WhatsApp-Nachricht auf ihrem Display aufsprang.

Sie kam von Alec und lautete: »Blume des Lebens!«

Zwanzig Meter entfernt von ihr lag nämlich auch Alec noch wach und stöberte durch das Internet. Bald hatte er gefunden, was er suchte: Kreisbögen, die sich so überschnitten, dass lauter kleine Segmente entstanden, die wie Blütenblätter aussahen und das Ganze wie ein ornamentaler Gullydeckel. Das Muster war alt und beliebt, lernte Alec, es tauchte im Nahen Osten auf und an einer Dorfkirche auf der Insel Rügen. Es hatte lange keinen Namen gehabt, und ob es eine Bedeutung hatte, eine magische gar, das war ungewiss. Aber dass dieses Zeichen, als Aufkleber auf Tassen und Krügen, für *gute Energie* in den Flüssigkeiten sorgen solle: Das hatte offensichtlich als Erstes ein Mann in die Welt gesetzt, der Bernard Perona hieß, 1941 geboren war und sich Drunvalo Melchizedek nannte. Der Name Melchizedek kam Alec vage bekannt vor, und er fand heraus, dass das der erste Priester war, der im Alten Testament erwähnt wird. Drunvalo war aber auch ein super Vorname. Wo der herkam, konnte Alec nicht herausfinden, dafür aber, dass Bernard Perona alias Drunvalo Melchizedek ein enges Verhältnis mit Engeln pflegte, mit ihnen gemeinsam auch meditierte. Er hatte das Gittermuster auf den Namen »Blume des Lebens« getauft und eine Lehre daran geknüpft, die er seitdem vermarktete, und zwar offenbar einträglich, wie Alec an Stefanie sah, die absolut jedes Gefäß im Haus damit beklebt hatte, einschließlich Richards Weinflaschen.

Er schickte dem Begriff noch einen Smiley mit Küsschenmund hinterher. Das konnte alles bedeuten: Schau mal, was ich rausgefunden habe ... oder den Beginn eines Flirts. Oder beides.

Alec wusste es selber nicht. Er wusste nur, dass Stefanie neuerdings ein deutlich anderes Verhältnis zu den Dingen der Welt pflegte als die Frau, die jetzt, weit weg von ihm, auf der anderen Seite des gemeinsamen Kindes lag und haderte. Er wusste zwar noch nicht, ob er das eher abstoßend oder anziehend fand oder wiederum beides. Aber auf die eine oder andere Weise war es immerhin aufregend, außerdem verband es sich mit seinen beruflichen Forschungsinteressen. Irritiert, aber angetan von dem Schönen, Warmen, Unklaren dieser Sachlage legte Alec sein Telefon weg und faltete die Hände auf dem Bauch.

BUNGALOW, STADT UND IMMER WIEDER POOL

So vergingen die ersten Tage ihres Augusts: Dexter Gordon und Kenny Dorham bliesen in ihre Instrumente, während Richard Eier aufschlug und Speck schwarz briet, bevor er sich in den Pool warf oder in sein Auto. Stefanie trank Wasser, das nicht »mit UV-Licht zu Tode sterilisiert« war und in Flaschen zu 25 Dollar aus San Francisco kam, während Vera bestritt, dass Fluorid in der Kinderzahnpasta tödlich sei, sofern man den Kindern nicht mehrere Tuben auf einmal in den Rachen drücke, worauf Alec an die Proteste erinnerte, die es in den Fünfzigerjahren schon dagegen gab, dass dem Trinkwasser Fluorid beigemischt wurde, weil das vielen Amerikanern als klares Zeichen einer kommunistischen Verschwörung durch den Staat gegolten habe, durch den amerikanischen Staat!, ob das nicht *hilarious* sei. Jetzt sei in amerikanischem Leitungswasser dafür mehr Chlor als in seinem Swimmingpool, befand dann heiter der eben von seinen Terminen heimgekehrte Richard und riss sich eine Dose Narragansett Lager auf. Währenddessen spielte Charlotte mit den Kindern Fangen, und Sarah stieß sich dabei das Knie auf, und Alec sagte, »nicht schlimm«, aber Vera machte sich Sorgen, ob Sarahs Tetanus-Impfung noch aktuell war, und Stefanie fragte: »Daran glaubst du?« und lächelte überlegen, und Alec unterstellte Richard, gewiss ebenfalls Impfskeptiker zu sein, sicherlich Impfgegner sogar, weil sich ein Amerikaner, wie Richard ihn darzustellen bemühe, vom Staat schließlich nichts vorschreiben lasse, und dann wedelte Richard kauend mit dem Zeigefinger und sagte mit vollen Backen »durch-e-impff!«, weil Scott sonst keinen Kindergartenplatz bekommen hätte. Und so sprang Charlotte eben mit zwei durchgeimpften Kindern auf dem Trampolin auf und nieder oder malte Bilder, und die Erwachsenen lagen am Pool oder im Pool. Und Alec zog sich, pro Tag mindestens zwei Stunden, zum Schreiben in die Hütte zurück, wo er, weil es keinen Tisch gab, umkränzt von seinen Büchern auf dem Bett lag und die permanent anwachsende Menge der Notizen, Verweise und Ideen in immer neue Ordnungen, immer neue Sinnzusammenhänge sortierte, bis der Laptop auf seinen Beinen so heiß geworden war, dass Alec zum Abkühlen der glühenden Oberschenkel einen Kopfsprung in den Pool machen musste, wo er dann oft, die Dinge in seinem Kopf weiter sortierend, so lange still mit ausgebreiteten Armen am Beckenrand ausharrte, bis die Sonne die kleinen Pfützen in den Kuhlen, die sich dabei zwischen Hals und Schultern bildeten, verdunsten hatte lassen, was wiederum Stefanie jedes Mal mit Rührung über die sanfte Schönheit der natürlichen Kreisläufe erfüllte.

Immer mal wieder tauchte allerdings auch die alte Frau Tessen auf, immer auf der Suche nach Richard, den sie ein ums andre Mal leider verpasste. Richard seinerseits kriegte Ramón nicht mehr zu greifen, Ramón ging einfach nicht ran, kam nicht vorbei, wurde nie wieder gesehen, und so blieb die Alarmanlage des Pools, nachdem sie ihre Batterien leer gepiept hatte, weiterhin unrepariert, und Scott war es verboten, in die Nähe des Wassers zu gehen. Manchmal lag er trotzdem verträumt am Beckenrand und stocherte mit einem Stöckchen nach seinem verfließenden Spiegelbild, bevor Charlotte ihn aufsammelte, durchkitzelte und wegtrug.

Seine Mutter stand währenddessen in der Küche und rührte die Kurkuma-Pasten an, die so gut für Richards Rücken waren. Das Sitzen im Auto, der Panzer um die Seele, die Härte seines Herzens: Die Rückenprobleme waren folgerichtig. Durch den Stoff der Hintertasche ihrer Jeans leuchtete dabei hell das Telefon. Wenn Alec noch ungenierter daraufgestarrt hätte, hätte er die Nachricht auf dem Display lesen können, die gerade eingegangen war. Andererseits kannte er die schon, denn er hatte sie geschrieben.

Ein kleines Zitat aus Blavatskys »Geheimlehre« hier, eins aus Schurés »Großen Eingeweihten« da oder auch aus den antiken Schriften, die unter dem Namen des Hermes Trismegistos kursieren: Ihm war es im Prinzip egal, es war ohnehin alles ein Kontinuum arkaner Weisheiten, und auch für Stefanie war die Welt eine einzige Wolke miteinander verbundener Offenbarungen. Manchmal zwinkerte sie ihm am Pool auf eine Weise zu, die er nur als verschwörerisch auffassen konnte. Oft zwinkerte er dann genauso verschwörerisch zurück und versicherte sie so der verbindenden Kraft derer, die mehr zu sehen und tiefer zu empfinden vermögen als der in trivialeren Bewusstseinsebenen feststeckende Rest. Und dann war es ohnehin meistens schon wieder Zeit, in irgendeinem Restaurant darauf zu warten, einen Tisch zugewiesen zu bekommen, was Vera sonst nur aus der DDR so kannte, und Kellner mit aufwendig tätowierten Armen riefen, dass sie beispielsweise »Jeremy« hießen, rasselten die »Specials des Tages« runter, mussten Stefanie garantieren, dass das Gemüse für ihren Sohn ohne Insektenvernichtungsmittel produziert worden war, fragten gezielt immer genau dann, ob es auch schmecke, wenn alle gerade den Mund voll hatten, legten mit der Bemerkung »No rush!« schon mal die Rechnung zwischen die noch längst nicht leeren Teller und kamen am Ende Richard auf der Straße hinterhergerannt, ob irgendwas mit dem Service nicht gestimmt habe, weil er lediglich zwanzig Prozent Trinkgeld aufgeschlagen hatte und nicht dreißig oder mehr.

Sie entwickelten also eine gewisse Routine für ihr Sommern, die allerdings nicht von jedem am Pool auch durchgängig als erholsam empfunden wurde. Speziell Vera, die ursprünglich die größten Sehnsüchte mit der Vorstellung des puren Hierseins verbunden hatte, fühlte sich mit der Zeit sonderbar festgesetzt, durch den Leerlauf der Tage zum Stocken gebracht. Die anderen fingen an, sie damit aufzuziehen, dass sie morgens immer häufiger »Was ist der Plan für heute?« fragte. Hatte sie Fluchttendenzen? Vielleicht.

Dass Charlotte jetzt da war, und zwar täglich, konnte Vera auch nach Tagen noch nicht als Entlastung empfinden, eher im Gegenteil. Dass diese in ihren Augen Halbwüchsige sich in einem honiggelben Bikini mit ihnen auf den Liegestühlen am Pool räkelte, wenn sie die Kinder, wie auch immer sie das anstellte, dazu gebracht hatte, ein Mittagsschläfchen zu halten: Das fand Vera ungehörig. Andererseits sah sie selbst, dass sie am allerwenigsten dagegen sagen konnte, wenn das Personal die Domestikenrolle so selbstbewusst abstreifte. Die anderen fanden offensichtlich auch nicht, dass sie etwas dagegen einwenden durften, oder sie waren zu perplex dafür, oder sie mochten ganz einfach, was sie da sahen. Und als Vera das wiederum bemerkte, befand sie gegenüber Alec, dass Charlotte sich die Haare mal ein bisschen häufiger waschen könnte, denn irgendetwas musste sie einfach sagen.

Ein Hauch von Eifer- wie allerdings auch Sehnsucht schwebte an den flirrenden, heißen Nachmittagen wie ein unaufgelöster Akkord über dem Pool, seit Charlotte dort das ohnehin fragile Gefüge durcheinanderbrachte. Die Atmosphäre war nach ein paar Tagen dermaßen aufgeladen, dass sogar eine harmlose Bemerkung der Kinder am Morgen Stunden später noch wie eine Zündschnur wirken konnte.

Es hatte damit angefangen, dass Scott sich wehgetan hatte und weinte und erwartungsvoll mit dem Finger auf Stefanies Fläschchen mit den Globuli zeigte und Sarah wissen wollte, was das eigentlich für Kugeln seien, die der Kleine seiner Mutter bei jedem Wehwehchen aus der Hand lecken durfte. »So etwas wie Liebesperlen«, erläuterte ihr Vera. Alec sagte, Liebesperlen könne man nicht essen, *Love Beads* fädle man auf eine Schnur und dann hängten Hippies die sich um den Hals. Vera sagte, in Deutschland könne man Liebesperlen sehr wohl essen, dort bezeichne das Wort eine Süßigkeit. Charlotte sagte, diese Art von Perlen hießen »*Nonpareilles*«. Und Sarah wiederum erklärte entschieden, Liebe schmecke nicht nach Zucker, Liebe schmecke, wenn überhaupt, nach Blut.

»Warum denn das?«, wurde sie erschrocken von den Erwachsenen gefragt.

»Weil die Liebe vom Herzen kommt, und das Herz pumpt Blut.«

Dagegen wusste niemand etwas zu sagen, da hatte das Mädchen zweifellos aufgepasst beim Vorschulunterricht.

Aber als Sarah längst Mittagsschlaf zu halten hatte und Charlotte in ihrem honiggelben Bikini mit am Pool lag, ging es immer noch darum, ob die Liebe wirklich vom Herzen kommt oder nicht vielmehr aus den Hormondrüsen oder aus dem Portemonnaie oder sogar dem Telefon.

So kam es, dass vier seit Längerem verheiratete Menschen sich hinter eine 24-Jährige drängten, die ihnen auf ihrem Handy all die Dating-Apps endlich einmal vorführte, von denen sie immer nur gehört hatten. Sie schüttelten konsterniert die Köpfe, wenn Charlotte auf ihrem Display Heerscharen von strahlend attraktiven, zum Teil spektakulär durchtrainierten Burschen mit dem Daumen ins Jenseits wischte. Kernigste Kinnladen, weg, weißeste Zähne, weg, Brustmuskeln im Spiegel der Gym-Umkleide, weg, sogar Selfie vor Ferrari: wisch und weg. »Weg, weg, weg, weg, weg«, sagte Charlotte, und dass die eh alle »poly« seien.

»Was sind die?«, fragte Richard.

»Polyamourös«, erklärte sie und schaltete mit dem Wischdaumen ihren Bildschirm wieder schwarz: weg. Obwohl es keinem ernst sei mit irgendetwas, komme man sich trotzdem immer vor wie ein Start-up bei diesen Dates, klagte Charlotte und fächerte sich mit der Hand Luft zu. Dauernd müsse man sich selber *pitchen*, als wäre man seine eigene Geschäftsidee: »Was hab ich zu bieten, was sind meine *assets*, wo seh ich mich in fünf Jahren ... «

Richard sah es aber genauso: Liebe war nun einmal wesentlich auch ein Investment. Es gab Risiken, räumte er ein, aber manchmal müsse man solche Kursschwankungen einfach auch mal aushalten. Er verwendete Begriffe wie *deficit spending*.

Stefanie wies solche Worte schon deswegen müde zurück, weil sie auf sie gemünzt waren. Richard sei nun schon ein beinahe recht betagter Mann und habe leider immer noch keine Ahnung. Für sie war wahre Liebe *unconditional*, ewig, universell, beständig wachsend, aber nicht gewinnorientiert.

Das hielt nun wiederum Vera mit einer murmelnden Bemerkung »für Quatsch«: Liebe sei exklusiv. Wolle sie doch mal hoffen.

»Und eigentlich auch eher das Gegenteil von ewig«, fiel Charlotte ihr ins Wort. Liebe sei nun wirklich etwas, dessen Werden und Vergehen man geradezu mit der Stoppuhr messen könne, eine Ausschüttung von Dopamin, das einem ziemlich exakt sieben Monate lang das Gehirn vernebele, erklärte sie, später falle unter den Begriff vielleicht noch das andere Zeug, Name vergessen ... »Das Zeug, das dafür sorgen muss, dass die Leute beieinanderbleiben, bis die Brut groß genug ist. Oder damit genug Geld da ist für einen Babysitter.«

»Oxytocin?«, soufflierte Vera.

»Richtig«, sagte Charlotte, so dass es klang wie ein Lob.

Sie zupfte sich ihr honiggelbes Bikinioberteil zurecht, bevor sie auf ihrer Liege die Arme hinter den Kopf nahm und, mit geschlossenen Augen in die Sonne schauend, fortfuhr: Die ganze Sache sei im Grunde nichts als »eine List der Gattung, sich fortzupflanzen, und eine List der Gesellschaft, die Erblichkeit von Privilegien sicherzustellen«. Alec wusste: Er hatte das schon einmal irgendwo gelesen, ihm fiel nur gerade nicht ein, wo. Am Ende, fuhr Charlotte fort, könne man natürlich auch seine Verlustängste noch Liebe nennen, wenn einem das helfe und damit es freundlicher klingt. Aber das sei es dann auch. Mehr sei der Natur zu dem Thema nicht eingefallen. Sie nahm die Arme wieder herunter, damit sie besser mit den Schultern zucken konnte.

Besonders romantisch klinge das nicht, bemerkte Vera. Ob man in dem Alter von Charlotte nicht doch noch eine etwas romantischere Konzeption von den Dingen habe?

Charlotte drehte sich auf den Bauch, wobei sie den Knoten ihres Oberteils löste, um den Rücken der Sonne in einem Stück anzubieten. Wenn beim zweiten Date Zungenküsse und beim dritten Sex erwartet würden wie eine vertragsgemäß zu liefernde Leistung und der Verlobungsring zwei Monatsgehälter des Mannes zu kosten habe *as a general rule* ... wo genau solle da Romantik stecken, wollte sie wissen. »Welcome to America«, sagte sie, während sie sich wieder auf den Rücken drehte, weil das auf dem Bauch doch nicht so bequem war, dabei ihr Oberteil vor dem Verrutschen mit den Händen festhaltend. Das sei immer noch alles »so krass durchökonomisiert« in diesem Land, sagte sie. Nicht wenige ihrer Kommilitoninnen hätten ganz klar das Programm, sich hochzuheiraten. Die wollten den Ring und fertig. Spätestens ab dreißig gebe es keine romantischen Beziehungen mehr, sondern nur noch geschäftliche, erklärte Charlotte, und davor eigentlich auch nicht, davor seien die Beziehungen mehr oder weniger rein sexuell.

Sexuelle Beziehungen seien allerdings ein Widerspruch in sich, murmelte Alec unter geschlossenen Lidern. Und als er merkte, dass alle auf eine Erklärung warteten, sagte er: »Sex verbindet nicht, er trennt. Jeder hat mit sich zu tun.«

Hier hatte nun Charlotte das Gefühl, das schon mal irgendwo gelesen zu haben, sie wusste nur nicht mehr, wo.

Alle schwiegen für eine Weile, denn was sollte man dazu auch sagen. Aus den Lautsprechern nörgelte zu seiner puckernden Gitarre leise Johnny Cash, denn Richards Playlist hatte sich in den letzten Tagen vom Jazz allmählich in Richtung Country bewegt. Schließlich sang tatsächlich Dolly Parton, und als die minutenlang eine Frau namens Jolene angefleht hatte, ihr den Mann nicht wegzunehmen, nahm Charlotte den Faden wieder auf und erklärte den beiden Ehepaaren, dass selbst das Fremdgehen kühlen Marktgesetzen folge. Sie zitierte sozialwissenschaftliche Studien über sogenanntes Mate-switching. Sie sprach von Leuten, die Affären anfingen, um aus unvorteilhaften Beziehungen herauszukommen, die sich zu einer »besseren Partie« »hochtraden« beziehungsweise sogar »upgraden« wollten. Sie machte ihre Zuhörer mit dem Begriff »mating market« bekannt und mit »mating insurances«: Leuten, die man sich warm halte wie eine Reservesuppe auf der kleinen Flamme ...

Die vier lauschten ihr mit heißen Ohren und jeweils sehr eigenen Gedanken dazu.

Richard war dankbar, dass mal jemand Sinn für marktwirtschaftliche Fragen zeigte, aber privat passte ihm die Tendenz nicht. Alec grübelte, welche Lesefrüchte das sein mochten, die diese Person in ihrem gelben Bikini da wiedergab. Stefanie kam vieles bekannt vor, so als hätte sie es in den Ratgeberteilen von Frauenzeitschriften schon einmal gelesen, irgendwann in den um Frechheit bemühten Neunzigern, in einem früheren Leben, und sie fragte sich, ob der Kaunsler auch diesem in seine Verhärtungen verliebten Mädchen mal die Chakren wieder richten müsse.

Und Vera? Vera hätte im Kern eigentlich einverstanden sein

können mit der Illusionslosigkeit von Charlottes Vortrag. War sie aber nicht. Das Gerede dieser naseweisen Göre ging ihr auf die Nerven.

Sie sprang ins Wasser. Alec kurz darauf auch. Aber da ging Vera wieder raus.

SPORT

So selbstverständlich wie allen die Anwesenheit von Charlotte schon bald wurde, so beunruhigend empfand Stefanie das Ausbleiben ihres Kaunslers, der seine folgenden Visiten erst immer wieder verschoben und schließlich ganz abgesagt hatte. Am Ende beschloss sie, der Sache auf den Grund zu gehen und den Kaunsler dort zu suchen, wo er seine Stunden gab.

Sie regte an, dass Vera sie am folgenden Tag zu einem Yoga-Studio in der Stadt begleiten könnte, während die Männer vielleicht ins Gym oder zu Barry's Bootcamp wollten ... vielleicht sogar auch sollten. Richard verstand es so, wie es gemeint war: als Aufforderung, wieder ein bisschen in Form zu kommen. Er seufzte bei dem Gedanken an die Strapazen, die das bedeuten würde. Alec hatte bei der Vorstellung ebenfalls einen unwilligen Ausdruck auf dem Gesicht. Bei ihm genügten Gedanken an den Geist und den Geruch, der in den Männerumkleiden von Fitnessstudios herrschte. Vera hingegen erklärte kategorisch, kein Mensch kriege sie in ein Yoga-Studio. Wenn schon Sport, dann wollte sie sich auch bewegen. Sie machte den Gegenvorschlag, dass sie mit Richard ins Bootcamp ging. Dadurch blieb Richard nichts anderes übrig, als sich ebenfalls darauf zu freuen, und Alec sagte: »Dann komm ich eben mit zum Yoga.«

Aber ein Asana wie Parivrtta Ardha Chandrasana war für Alec nicht nur nicht so einfach auszusprechen, wie Stacy – so hieß die Yoga-Lehrerin – glauben machen wollte, es war ihr auch nicht so einfach nachzumachen: Alec begann mit dem gedrehten Dreieck und stellte die Beine etwa anderthalb Yards weit auseinander. Er setzte die linke Hand an die Außenseite des rechten Fußes, und den rechten Arm streckte er nach oben. Er blickte zum Boden, auf den es von seiner Stirn her hinuntertropfte. Dann beugte er leicht das rechte Knie, hob das linke Bein an, streckte es nach hinten, wobei die Vorstellung half, es gegen eine Wand zu stoßen, drückte dann auch das rechte Standbein wieder durch und versuchte, das Gleichgewicht zu finden. Seine dicke baumwollene Jogginghose wurde allmählich feucht. Ihm war ein Rätsel, wie Vera das nicht schweißtreibend genug finden konnte. Am Ende schob er den rechten Arm nach oben und schloss vor Schmerz die Augen, was aber nur noch weiter Aufmerksamkeit darauf lenkte, wie sehr sowohl Rectus als auch Transversus abdominis, Latissimus dorsi und Serratus anterior an die Grenze des Zerreißens in die Länge gestreckt wurden, während Biceps femoris, Obliquus externus sowie natürlich der Obliquus internus in ihrer Kontraktion zu flattern begannen wie Wäscheleinen im Wind.

Noch vier, noch drei, noch zwei Atemzüge, rief Stacy da vorne unter dem gewaltigen »OM« aus dekorativen Schriftzeichen in einem Kreis, das über ihnen an der Hallenwand prangte und Alec an das Logo eines Konzerns oder einer Partei denken ließ. Er hatte Fernsehberichte über asiatische Autohersteller vor Augen, die ihre Belegschaften zum Morgensport antreten ließen, und wenn er Stacy sah, musste er an die Schauspielerin Jane Fonda denken, die damals, als er selbst noch ein Schuljunge gewesen war, eine rhythmische Gymnastik in engen Leggins und dicken Stricksocken populär gemacht hatte, die sich Aerobic nannte. Die Discomusik, zu der damals geturnt wurde, hätte ihm jetzt besser gefallen und beim Durchhalten des Parivrtta Ardha Chandrasana auch mehr geholfen als die Musik, die Stacy laufen ließ, denn die kam ihm vor wie das beruhigend gemeinte Gezwitscher im Ruheraum einer Hotelsauna. Geblieben waren immerhin die hautengen Leggins. Seine eigene inzwischen vom Schweiß umfassend durchtränkte Baumwollhose hing wie ein Zusatzgewicht am ausgestreckten Bein, das er aus seiner Sicht vorbildlich hochhielt, auch wenn es von außen betrachtet fast schon den Boden berührte, als Stacy die Klasse endlich erlöste.

Sie lobte, dass dieses Asana entgifte wie kaum ein anderes, abgesehen vom Parivrtta Utkatasana, das ähnlich schwer auszusprechen und ähnlich schwer zu machen war.

Stefanie weigerte sich, überhaupt irgendetwas mitzumachen.

Sie weigerte sich, sagte sie, Stacys Autorität als Lehrerin anzuerkennen.

Wo der Kaunsler stecke, hatte sie gleich beim Reinkommen gefragt, entgeistert, dass sie statt seiner diese Stacy vorfinden musste. Aber der Kaunsler und das Yoga-Studio hatten beschlossen, getrennte Wege zu gehen. So hatte das Stacy formuliert. Auf die scharfe Nachfrage von Stefanie, warum sie das beschlossen hatten, war nur etwas Vages von unterschiedlichen Vorstellungen zu erfahren gewesen.

Was das heißen solle. Stefanie war für ihre Verhältnisse beinahe laut geworden, und Stacy hatte sich mit einem entschlossenen Hieb auf einen Gong vor ihr in den Beginn ihrer Stunde gerettet.

Währenddessen setzten Richard und Vera ihre Füße ein wenig eingeschüchtert auf die Laufbänder von Barry's Bootcamp am Montauk Highway in Southampton. Dunkel war es in dem kleinen Raum, bewegliche Discoscheinwerfer schüttelten ihre Lichtstrahlen wie aus der Gießkanne herum. »Schade eigentlich«, sagte Richard, »um das schöne Wetter da draußen.«

Ihr Trainer hieß auf Englisch so, wie sie sich auf Deutsch fühlten, seit sie den Raum betreten hatten: Matt.

Matt hatte einen breiten Kiefer mit scharf ins Kinn gehauenem Grübchen und eine breite, seitlich über den Rumpf ausgreifende Brust, dafür war sein Becken so schmal, als hätte er es seit der Kindheit mit Bandagen eingeschnürt. Er kam in den Raum gesprungen wie auf eine Bühne. Solche wie Matt, erklärte Richard, kamen immer aus Ohio oder Nebraska. Man treffe sie eigentlich eher in Los Angeles, als Kellner in Restaurants, wo sie die Zeit bis zur Karriere beim Film überbrückten, oder eben als Trainer in Barry's Bootcamp, einer Kette aus Hollywood, deren Gründer, mutmaßlich hieß er Barry, von Richard zum Genie erklärt wurde: Hatte nicht genug Platz für ein richtiges Fitnessstudio, hat er halt alles schwarz gestrichen und die Lichtorgel einer Disco reingebaut. Es gab eine Reihe mit Laufbändern, es gab eine Reihe Matten mit Steppbrettern, und vor allem gab es Matt. Das Konzept war, nicht wie bei anderen Sportstudios, die sich Bootcamp nannten, einen Trainer hinzustellen, der so tat, als sei er ein Militärausbilder, indem er die

Leute anschreit, er werde ihnen den Hintern aufreißen, was er am Ende aber gar nicht könne, erklärte Richard, weil sie nicht seine Untergebenen sind, sondern seine Kunden. Das Konzept bei Barry's Bootcamp war, Trainingsziel und Antreiber in eins zu setzen und der Kundschaft einen von antiken Bildhauern handgemeißelten Adonis hinzustellen, der exakt das war, was die Männer hier werden und die Frauen haben wollten. So jedenfalls sah das Richard.

»Schluss mit dem Geschwatze«, rief Matt und klatschte in seine großen, muskulösen Hände. »Let's – get – *crackin'*!«, rief er, immer noch klatschend, und wandelte mit großen, federnden Schritten durch den Raum. Die Gruppe auf den Laufbändern stellte bitte für die erste Minute eine Geschwindigkeit von 3,9 *miles per hour* ein, die Gruppe auf den Matten begann mit Sit-ups. Im Minutentakt wurden die Geschwindigkeiten von Matt nach oben gesetzt: 8, 11, 13 Meilen pro Stunde …

»Go!«, schrie Matt. »Gogogogo-*goooo*!« Dann klatschte er wieder laut vor dem Körper in die Hände, wobei seine Oberarmmuskulatur vorteilhaft zur Geltung kam. Die Gruppe auf den Laufbändern durfte jetzt wieder runterschalten. Aber nicht wieder bis runter auf 3,9 sagte er zu Richard, sondern auf 5,4. Matt sah alles, auch die kleinsten Schummeleien. Dabei gab er gleichzeitig der Gruppe, die währenddessen die Bauchmuskelübungen auf den Matten zu machen hatte, ihre Kommandos: ein General, der gleich zwei Armeen zu befehligen hatte. Wieder auf 8. Und dann wieder auf 11, wer kann, 13. Die eigentliche Perfidie, fand Vera, bestand darin, dass die Laufbänder allesamt an einem Spiegel aufgestellt waren. Matt befahl ihnen, in den Spiegel zu schauen, sich in die Augen zu blicken. Er fragte: »Siehst du da jemanden, der es in sich hat? Siehst du da jemanden, der gleich noch einmal 60 Sekunden auf höchstem Tempo gehen kann?«

Sie sahen so jemanden, wenn sie ehrlich waren, nicht.

»Doch!«, schrie Matt. »Ihr *seht*, dass es in euch steckt.«

Mit einem Satz sprang er zwischen Richard und Vera, stand mit den Füßen auf den unbeweglichen Rahmen der Laufbänder und predigte den Schmerz, während er sich nun auch selbst im Spiegel betrachtete. Den Schmerz predigte Matt. Den Schmerz lobte er. Den Schmerz feierte er, indem er seine Zähne bleckte, als wolle er sich von ihrer makellosen, sandgestrahlten Weißheit überzeugen.

»Ohne Schmerz gibt es nichts«, rief er. »Nichts im Sport. Nichts im Beruf. Nichts in der Liebe.« Er war also, vermerkte Vera, auch noch ein Eheberater, der Matt. Den beiden Deutschen blieb nichts anderes übrig, als auf Höhe seiner Schultern im Takt ihrer Schritte mit dem Kopf dazu zu nicken. Sie gaben sich Mühe, in ihren eigenen Spiegelbildern etwas Ermutigenderes zu sehen als zwei Untote, die mit verschleiertem Blick auf sie zugetaumelt kamen.

Mit Herzen, die ihnen bis in die Kehle hoch schlugen, freuten sie sich jetzt geradezu darauf, gleich auf die Matten wechseln zu dürfen, um sich dort wieder ein wenig zu erholen, bei Rumpfbeugen und Liegestützen und Klappmessern, und wie derlei Übungen zu ihrer Schulzeit geheißen hatten, als noch Männer in Trainingsanzügen mit Trillerpfeifen das Sagen hatten.

Aber noch trieb Matt sie auf dem Laufband an. Auf der Tretmühle. Während das Band unter ihr gnadenlos ihre Füße bewegte, dachte Vera mit leerem Blick immer wieder das Wort *treadmill*, und sie dachte daran, dass das Wort auf Deutsch als Tretmühle, allerdings auch als Hamsterrad zu übersetzen war.

Noch mal von 8 auf 11, rief Matt. »Wer will und kann: 13.«

Richard stellte auf der Konsole seines Laufbands die Geschwindigkeitsstufe 14 ein. Als das Band entsprechend beschleunigte, konnte er nicht mehr mithalten. Ihm fehlte die Kraft. Seine Beine flogen nach hinten weg, sein Oberkörper sackte nach unten, sein Kinn schlug auf, schließlich entsorgte das Band Richard Maulers Leib mit einem dumpfen *pflump* aus der Maschine ...

»Nix passiert«, rief Richard, nachdem er sich mit Matts Hilfe wieder aufgerappelt hatte. »Nix passiert«, rief er. Als ob nicht alle soeben genau das Gegenteil gesehen hätten.

STRAND

Später, nach dem Schwitzen, dem Duschen, dem Nachschwitzen und dem Wiederauffüllen der verlorenen Kalorien durch Milchkaffee und Croissants, machten sie einen Spaziergang am Strand, denn es hatte geheißen, dass der Kaunsler am ehesten dort zu finden sei – mit einer besonders treuen Trainingsgruppe. Allerdings war von ihm nirgendwo etwas zu sehen. Sie mussten die Hände über die Augen legen, damit ihnen die Mittagssonne nicht die Pupillen versengte, oder nach unten schauen, dahin, wo ihre Zehen, teilweise mit korallenfarben lackierten Nägeln, sich bei jedem Schritt leicht in den nassen Sand bohrten. Da sich Stefanie nicht nur ein leiseres Reden verordnet hatte, sondern auch einen achtsameren Gang durch das Leben, wurden die Paare allmählich auseinandergezogen. Denn Richard schien beweisen zu wollen, dass ihn das Laufband keineswegs müde gemacht habe. Alec musste zusehen, dass er Schritt hielt, während Richard Charlottes Theorien über die *mate switching*-Ökonomie mit der Praxis des Real Estate Business kurzschloss. Er zeigte auf die Villen, die mit ihren vielfältigen Dachlandschaften und Schornsteinstafetten über die Dünen aufs Meer schauten. Manchmal waren Gerüste zu sehen.

»Da baut wieder einer seiner Frau ein *dream home*«, sagte er dann, »und wenn er Glück hat, ist es fertig, bevor sie die Scheidung einreicht, und dann muss es wieder verkauft werden an den Nächsten, der seiner zukünftigen Ex-Frau ein sogenanntes *dream home* baut, und so weiter und so weiter.« Jedes Mal verdiene irgendwer Geld daran, Banken, Baufirmen, Makler, allerdings leider nicht er, sagte Richard, *south of highway* war nicht sein Turf, sagte er, schon gar nicht *beach front*. Aber er wusste auch, was er seiner Haltung zu den Dingen schuldig war: »Noch nicht«, fügte er also hinzu.

Ein paar Surfer kamen ins Bild, die offensichtlich zu ungeduldig waren, die anderthalb Stunden bis zu den Surferstränden hinten in Montauk zu fahren. Sie saßen rittlings auf ihren Brettern im Wasser, der Küste zugewandt, warteten auf Wellen nach ihrem Geschmack und unterhielten sich dabei. Obwohl Richard und Alec die Wellen beachtlich vorkamen, ließen diese Surfer eine nach der andern durch, wurden auf ihren Brettern vom Wasser nur leicht zeitlich versetzt hoch- und wieder heruntergehoben wie auf einem Kinderkarussell. Womöglich war ihr Geplauder zu anregend.

Worüber die da plaudern mochten, frage er sich, sagte Richard.

»*About how shitty their lives are*«, erwiderte Alec ungewöhnlich schnell und ungewöhnlich heftig.

Richard staunte darüber. Aber Alec erinnerte ihn daran, dass er in Südkalifornien aufgewachsen war, ebenfalls an einem Ozean und ebenfalls mit *dream homes* an der *beach front*, in denen nach außen hin grell vergnügte, innerlich vor Depressionen fast ohnmächtige *stay-at-home moms* an endlosen Vormittagen unter Palmen im Alkoholismus versanken, bevor sie von Männern, die Tag für Tag über Spaghettihaufen von Autobahnen zu ihren *high paying jobs* im militärisch-industriellen Komplex rollten, schließlich *divorced* und durch jüngere, noch blondere, später noch depressivere Versionen ihrer selbst ersetzt wurden, während die Söhne dieser Paare zu *surf nazis* mit blonden Kaugummigesichtern heranwuchsen, die schon den *surf nazis* aus dem Nachbarort die Welle nicht gönnten …

Richard versuchte, der Tirade mit hinter dem Rücken verschränkten Armen zu folgen.

Es sei unfassbar, sagte Alec, was für Aggressionen herrschten an diesen Stränden.

Ganz anders die Stimmungslage hundert Meter weiter hinten, wo Stefanie in diesem Moment voller Schmerz und Bitternis war, als sie Vera die emotionalen Grausamkeiten schilderte, unter denen sie in der Ehe mit Richard Mauler zu leiden hatte. Im nächsten Moment schien sie wiederum ganz gerührt von sich selbst und davon, mit welcher Milde sie ihm dennoch verzieh. Vera hatte den Eindruck, dass Stefanie eine durchaus vergnügte Passagierin ihrer eigenen Emotions-Achterbahn war.

Immerhin sei er ein engagierter Vater, befand sie, »wenn er denn mal da ist«. Schließlich erklärte sie ihm ihre verzeihende Liebe, und Vera hatte das Gefühl, dass Stefanie sich dadurch über Richard erhoben fühlte, weil der das sicherlich nicht konnte: nicht so tief empfinden, nicht so großzügig vergeben. Es macht Stefanie unangreifbar, dachte Vera plötzlich, und: Sie will nicht schuld sein.

»Du wirst ihn verlassen?«

Im Leuchten von Stefanies Augen spiegelte sich die Weite des Meeres, des Himmels und des Horizonts.

»Es wird nicht mehr ganz so sein wie bisher«, bestätigte sie feierlich.

Vera solle sich keine Sorgen machen. Richard werde es gut aufnehmen, sie habe ihm eine Kur mit den Sekreten von Maki-Fröschen aus dem Amazonas organisiert, damit er »in die Kraft« komme, den Reichtum der neuen Situation »umarmen« zu können. Die in Falten gelegte Stirn von Vera bezog Stefanie ganz auf die Details der Therapie. Es war ihr deswegen eine Freude, der in den verengten Denkweisen der Schulmedizin befangenen Freundin zu schildern, wie diese Frösche gekreuzigt wurden, um ihnen das Gift abzunehmen. Sie sprach von mindestens acht bioaktiven Aminosäuren, sogenannten Peptiden, unter anderem Dermorphin und Deltorphin, starken Schmerzmitteln also, wie Vera wisse, außerdem Adenoregulin, nicht zu vergessen Dermaseptin, wie es bekanntlich auch bei Krebstherapien eingesetzt wird, hier nun aber die Selbstheilungskräfte des Körpers anrege und dahin gehe, »wo die Probleme sind«. Von den kleinen Brandwunden erzählte sie, die der Haut zugefügt werden mussten, um darüber das Serum einzubringen, und von den Hitzewallungen, die den Körper dann durchströmen, und von einem rasenden Puls, rauschenden Ohren, Schweißausbrüchen, Kontraktionen des Magens, schließlich der Entgiftung von all den Toxinen, Pestiziden, Schwermetallen, Weichmachern, Medikamentenrückständen, die der Patient dann in bereitgestellte Eimerchen erbreche, außerdem von Geschrei, Stöhnen, Heulen und Wehklagen, denn gleichzeitig reinige sich die Seele von aufgestauten Emotionen, verdrängten Gefühlen, Negativität, Traumata, Missbrauch, Verletzungen, Kummer ...

» ... während San Francisco, Flower Power, LSD und dieser ganze Scheiß bis hoch zu Steve Jobs und Googles ›Don't be evil‹ und ›Like me on Facebook‹ und ›Please accept cookies‹ und so weiter ein einziger *lieb lächelnder*, letztlich aber genauso erstickender Griff an deine Kehle ... «

Das waren währenddessen weiter vorne die Worte, die Alec zu Richard herüberrief. Nicht alles war verständlich, manches wurde vom Wind verweht. »Somatisierung der Welterfahrung«, verstand Richard, und bevor er nachfragen konnte, ging es um »Techniken des Selbst«, die sich als »neoliberale Instrumente der Arbeitskräfteflexibilisierung« entpuppt hätten.

Alecs Ausführungen endeten beim Klimawandel, den diese Art des Kapitalismus wesentlich mit herbeigewirtschaftet habe und der nun bitte auch als Erstes seine Hochburgen fressen möge. Die steigenden Meeresspiegel könnten von ihm aus alles abräumen, was beiderseits von Freiheitsstatue und Hollywood-Sign ins Wasser ragt: die Villen hier und die in Malibu, die Wall Street und das Silicon Valley am besten gleich mit ...

»Wow«, sagte Richard. Und dass dies allerdings, wenn er

recht informiert ist, auch ungefähr die Ansicht der Rednecks im Binnenland sei. Aber ihm sollte es recht sein: »Wenn das Meer zumindest alles *south of highway* wegfrisst, ist mein Bungalow irgendwann *beach front property*«, sagte er, während die beiden Surfer schließlich doch mit einem Mal beide auf ihre Bretter sanken, hektisch mit den Armen paddelten, aufsprangen, standen und mit wehenden Haaren fast bis vor Richards und Alecs Füße fuhren, wo sie lachend absprangen und tatsächlich mit abgespreiztem Daumen und kleinem Finger den Surfergruß zeigten: zwei Mädchen, vielleicht 13 Jahre alt.

Von hinten war lautlos eine Gruppe von Läufern herangekommen, ihre von der Sonne zerfressenen Formen kamen Vera im gleißenden Gegenlicht zuerst vor wie schwarze Löcher im Bild. »Da! *Da!*« Stefanie war ganz außer sich. Mit der einen Hand hielt sie Veras Oberarm, mit der anderen zeigte sie auf den Kaunsler, der mit langen Schritten vor dem Trupp herlief, den hageren Oberkörper frei, das weiße, lange, der Sonne entgegenfliegende Haar mit einem Stirnband gebändigt, die weite Turnhose wie einen Lendenschurz und jeder schwerelose Schritt als ein unwiderlegbarer Beweis für die Einheit des Läufers mit dem Sein. Die, die hinter ihm liefen, entpuppten sich als junge Frauen: etwa ein Dutzend Mädchen in leuchtenden Bikinis. Stefanie rief dem Mann etwas zu. Der wandte leicht den Kopf, ohne seinen Tritt zu verlangsamen. Er schien sie zwar zu erkennen, pustete aber weiter Luft durch seinen runden Mund, winkte zurück, mit zwei Fingern, als würde er sie segnen, und nahm dann die Hand ans Ohr, Daumen und kleinen Finger abgespreizt, wie weiter vorne die Surfer, nur bei ihm hieß es: Man würde telefonieren ... Damit zog er vorüber.

»Das war aber kein Yoga in *dem* Sinne«, bemerkte Vera.

Stefanie nickte geheimnisvoll: Laufen, lehre der Kaunsler, gehe noch viel tiefer.

POOL

Richard kam nach seiner morgendlichen Erledigungsfahrt mit Radau wieder die Straße heraufgeprügelt, als vor dem Bungalow auch der Kaunsler gerade aus einer Limousine stieg. Der rote Dodge bremste quietschend und rutschte auf dem schotterigen Straßenrand bedenklich nahe an den Tesla des Kaunslers heran.

»Hellcat?«, rief dieser, als Richard sich unter Rückenschmerzen aus seinem Sitz schälte. »Welcher Zündschlüssel? Der rote, oder?«

Leise lächelndes Tadelwinken mit dem Zeigefinger.

Richard war verblüfft über die Sachkenntnis.

»Wie viel PS sind das dann?«

»700«, sagte Richard stolz.

»Und mit dem schwarzen? Sind das doch auch immer noch irgendwas um die 500, oder?«

»So in etwa«, nickte Richard, wirklich erstaunt über die Sachkenntnis dieses Kaunslers. Dodge hatte den Hellcat tatsächlich mit einem zweiten Schlüssel ausgeliefert, der nicht die volle Leistung aktivierte, aber der lag irgendwo in Manhattan. Stefanie war nicht damit abgespeist worden, so viel konnte er immerhin zu seiner Verteidigung sagen, denn Stefanie fuhr überhaupt nicht Auto. Dies schien der Kaunsler ausnahmsweise aber noch nicht zu wissen. »Und den Mercedes da fährt Stefanie?«

Es handelte sich, wie der Kaunsler anerkennend bemerkte, auch da um ein fast schon legendäres Modell.

»300 TE?«

In der Sphäre, in welcher der Kaunsler und Richard sich jetzt gemeinsam befanden, genügten ein paar Zahlen und Buchstaben als Codes für mythische Erfahrungsschätze, ewige Wahrheiten, tiefes Wissen.

Richard nickte feierlich und gab das Baujahr mit »89/90« an. Der Kaunsler schnalzte wie ein Weinkenner mit der Zunge.

»Da passen mehr Leute rein als in einen Bus«, fuhr Richard stolz fort. Nur damals seien diese wunderbaren Kindersitze zum Rückwärtsfahren in den Kofferraum gebaut worden.

»Wirklich: *nice*«, sagte der Kaunsler, musste kurz husten, und damit wandte er sich wieder Richards Dodge zu: »Ein Jammer, oder? Bauen die so ein Muscle Car und dann – überall Speed Limits.« Immer nur Beschleunigung, aber nie Geschwindigkeit. »Ein Scheiß, oder?«, seufzte der Kaunsler, und da er Österreicher war, klang es nicht einmal vulgär. Manchmal vermisse man richtig die deutsche Autobahn.

Richard nickte dankbar und lange.

»Und der da, macht der Spaß?«, fragte er dann seinerseits mit Blick auf den schwarzen Tesla hinter dem Mann.

»*Hell, yes!*«, nickte der Kaunsler.

»Trotz elektrisch?«, fragte Richard.

»Viel mehr Wumms«, sagte der Kaunsler.

»Welcher genau ist das denn?«

»P 85 D.«

Richard pfiff anerkennend.

»*I know*«, sagte der Kaunsler. »Sieht nicht ganz nicht so *sporty* aus wie eine Hellcat, aber ... «

»Aber der ›Insane‹-Knopf«, sagte Richard.

»Aber der ›Insane‹-Knopf«, bestätigte der Kaunsler.

Noch mal das lachende Tadelwinken mit dem Zeigefinger.

Richard hatte den Eindruck, dass der Kaunsler, nachdem er vor ein paar Augenblicken hatte husten müssen, nun in derselben Frequenz atmete wie er selbst, er staunte über das Gefühl, dass sie auf einmal auf derselben Wellenlänge zu sein schienen; fast hätte er es zugelassen, dass der Kaunsler ihm die Hand auf die Schulter legte, als sie gemeinsam durchs Gartentor gingen. Aber um nebeneinander hindurchzugehen, war das Gartentor zu schmal, und so ließ Richard ihm den Vortritt.

Von Veras Luftmatratze im Pool aus gesehen, wirkten beide Männer wie ein Heiland und sein Jünger, als sie leicht hintereinander versetzt die Wiese herabgeschritten kamen.

Alec war zu sehr in seine Lektüre vertieft, um sie überhaupt zu bemerken.

»Hippie Sex Communes«, las Richard laut vor, nachdem er Alec in der nun schon üblichen Kontrollgeste das Buch aus der Hand genommen hatte. »An eye-opener case history of Hippie Sex Communes and communal ways of loving between pot ... pills ... and perversions«, rezitierte er. »Von Ronald Jamer, Ph.D.« Er bekundete Erstaunen, dass man mit solchen Themen tatsächlich Doktortitel bekommen konnte.

Man messe dem Sexuellen generell viel zu große Bedeutung bei, hörte Alec den Kaunsler murmeln, freundlich, aber vom Sinn her dunkel. Letztlich sei das alles nichts anderes als »Bocksprünge des Zeitwollens«.

Stefanie war aufgesprungen, um ihn zu umarmen, aber der

Kaunsler hatte jetzt Charlotte ins Auge gefasst. »*So good to re-connect*«, rief er ihr mit ausgebreiteten Armen zu, und als Charlotte, die eben noch den Kindern als Reitpferd gedient hatte, aufstand, die Locken aus der Stirn strich und den Kaunsler erblickte, entfuhr ihr ein aufrichtiges »*Holy shit!*«.

Stefanie schien verwirrt, wollte die beiden vorstellen, erfuhr nun, dass sie sich bereits kannten. »Da isser jedenfalls wieder«, rief Richard fröhlich und haute nun seinerseits dem Kaunsler mit der Hand auf die Schulter. Der Kaunsler ließ es nicht nur geduldig geschehen, er legte wiederum seine eigene Hand gütig auf die von Richard, so dass der kurz überlegte, ob er seine freie Hand auch noch auf den Stapel legen sollte. Er meinte in diesem Moment zu begreifen, woher die Redewendung vom Erlangen der Oberhand kam. Dann jedoch musste der Kaunsler sich lösen, um sich Stefanies Garten zuzuwenden. Der Garten sei ein sehr kraftvoller Platz, lobte er. Das Grundstück sei generell ein Ort, der spirituell-energetisch sehr viel zu bieten habe. Er bedankte sich bei den *Wesenheiten*, dass sie alle hier sein durften, namentlich bedankte er sich dafür bei Feen und Elfen und Zwergen.

Stefanie wurde ärgerlich, als sie merkte, dass die anderen das mit Amüsement verfolgten, bei der Erwähnung von Feen, Elfen sowie Zwergen sogar lachen mussten. Aber der Kaunsler besänftigte sie. Spott könne ihn nicht treffen, schließlich sei es nur der Spott von Blinden, die noch nicht erkennen könnten, dass da »so unendlich viel mehr zwischen Himmel und Erde« sei.

»So, was denn?«, rief Richard, der Alec und Vera in der Zwischenzeit versichert hatte, dass der Kaunsler »im wirklichen Leben« durchaus »ganz reell« sei. »Was denn?«, rief er also, wie um dem Mann aus dem Souffleurgraben heraus eine Hilfestellung zu geben. Und der Kaunsler erklärte daher geduldig: »Von Haus aus sind das alles – Elfen, Einhörner, auch Zwerge – erst einmal nichts anderes als Energieschwingungen. Eine Formation von Energie.«

»Die Wesen der Natur reden zu ihm«, erklärte Stefanie stolz. Auch sie selbst sei dabei, sie hören zu lernen. »Jeder kann sie hören. Jeder *könnte* sie hören. Man muss nur seine Sinne erst wieder dafür entwickeln.«

Der Kaunsler nickte wie ein zufriedener Lehrer und empfahl ihr abermals, Gartenzwerge ins Gebüsch zu stellen.

»*Over my dead body*«, lachte Richard.

»Schade«, sagte der Kaunsler ernst. »Schade. So ein Gartenzwerg hat ja nur die Aufgabe, das Ganze auch für Leute wie euch zu visualisieren. Der hat eine rote Zipfelmütze, weil sein Energiefeld nach oben sehr vital und sehr feurig ist. Die Zipfelmütze symbolisiert die Feuerkräfte der Erde.«

Alec schrieb auf seinem Handy atemlos mit, was er da hörte, und als Stefanie das merkte, sprach sie extradeutlich und extralangsam, wie bei einem Diktat: »Der Kaunsler ist rein energetisch-fühlend unterwegs. Manchmal weinen die Leute einfach nur eine Stunde lang.«

Charlotte sagte, das könne sie nachvollziehen.

Ihre Bemerkung ging aber unter, weil gleichzeitig Vera etliche Male das Wort »Energie« vor sich hersagte. Das Wort gehe ihr auf die Nerven, seit jeder, der nicht Medizin studiert hatte, meine, mit Kraft seiner sogenannten Energie andere Leute *heilen* zu können.

»Aber das stimmt«, beteuerte Stefanie und sah zu dem Kaunsler hin, dass er ihr bestätigte, dass es stimme. Der nickte würdig und sprach von der Fähigkeit, ewige Energieströme gebündelt umzuleiten in ...

»Energie ist die Fähigkeit, Arbeit zu verrichten«, fuhr ihm Vera kategorisch dazwischen. »Das habe ich im Physikunterricht so gelernt. Und wenn ich von der Arbeit komme, ist meine Energie in der Regel verbraucht.« Der letzte Teil war schon eher in Richtung Alec gesprochen. Aber der war mit Tippen beschäftigt.

»Physikunterricht«, seufzte der Kaunsler und lächelte Stefanie vielsagend an, Stefanie lächelte vielsagend zurück. Was sie beide nämlich machten war: Energiearbeit.

»Ach was«, sagte Richard. »Muss ich das so in unserer Steuererklärung eintragen?«

Stefanie bat ihn, sich den Hohn zu sparen.

Außerdem bat sie ihn, ihm etwas zeigen zu dürfen. Sie wollte ihm zeigen, was in ihr steckte. Sie habe aus den seelischen Verletzungen, die er ihr beigebracht habe, ein Bedürfnis davongetragen, ihm ihre Kraft zu zeigen, ihm vorzuführen, was in ihr steckte, letztlich und vor allem aber: ihm zu helfen. Ihn zu heilen.

»Bin ich denn krank?«, wunderte sich Richard.

»Jeder«, verkündete der Kaunsler sanft. »Jeder ist es.«

»Mir fehlt nix.«

»Diese Behauptung ist schon der Beweis.«

»Mir geht es gut.«

»Wirklich, Richard? Es bringt doch nichts, seine Verletzungen, seinen Schmerz zu verleugnen.«

»Die einzigen Schmerzen, die ich habe, sind Rückenschmerzen.«

»Siehst du«, sagte der Kaunsler.

»Dagegen nimmt er auch noch *Paracetamol*!«, klagte Stefanie.

Das war nicht gut, erfuhr Richard. Das war gar nicht gut. Parecetamol betäubte den Schmerz nicht nur, Paracetamol machte einen auch unempfindsam gegenüber den Schmerzen anderer, belehrte ihn der Kaunsler. Dann gab er Stefanie mit seinem Kinn ein Zeichen, und die befahl Richard, sich hinzulegen. »Ich möchte, dass du dich auf die Liege hier legst«, sagte Stefanie, und Richard, der einen so bestimmten Tonfall von ihr gar nicht mehr gewohnt war, reagierte verwirrt.

»Ich will mich nicht hinlegen. Ich will ins Wasser.«

»Warum sträubst du dich?«, fragte Stefanie. »Wogegen wehrst du dich? Wovor, Richard Mauler, hast du so eine Angst?«

Ein Richard Mauler hatte aber keine Angst. Deshalb warf er sich schließlich – zuvor schulterzuckend ins Publikum lachend wie einer, der bei der Zaubershow zum Zersägtwerden auf die Bühne gebeten wird – mit dem Bauch voran auf die Liege und sagte: »Von mir aus.«

Stefanie kniete sich hinter seinen Kopf und sah unsicher zu ihrem Kaunsler auf. Der nickte ihr aufmunternd zu. Umstanden von den anderen, inzwischen auch den Kindern, die sich dieses Schauspiel nicht entgehen lassen wollten, war Stefanie allerdings zu verlegen für das, was sie jetzt zu tun hatte.

»Du musst es auch vor Publikum können«, sagte der Kaunsler. Und dann, motivierender: »Du kannst es auch vor Publikum.«

Stefanie nickte. Sie legte die Hände auf Richards Schultern. Sie schloss die Augen. Sie holte tief Luft. Sie atmete aus. Sie holte wieder tief Luft. Atmete aus. Ein. Und aus. Und immer schneller.

»*Choo choo train*«, rief Scott mit der Freude desjenigen, dem als Erster die Lösung eines Rätselspiels einfällt, und zeigte mit dem ausgestreckten Arm auf seine Mama, während Sarah anfing zu lachen und damit auch die anderen ansteckte, selbst Richard und am Ende sogar Stefanie.

»Kinkerlitzchen«, beschied der Kaunsler verärgert, und schien mit einem Mal gar nicht mehr so milde wie sonst. So werde das nichts. Stefanie nickte schuldbewusst. »Jetzt musst du wieder von vorne anfangen.«

Es war tatsächlich harte Arbeit, den Sauerstoffanteil im eigenen Blut so zu erhöhen, dass die Energie über die Fingerspitzen abfließen konnte in den Leib des anderen. Stefanie schien nach einigen Minuten vollkommen erschöpft. Sie ließ den Kopf hängen und fragte Richard: »Und?«

Richard fragte zurück: »Was soll sein?«

Der Massageeffekt, der sich durch den Druck ihrer Hände auf die Schultern ergab, war angenehm, vor allem seit sie vor Ermüdung ihr ganzes Körpergewicht darauf stützte, mehr hatte er nicht zu berichten.

»Du bist nicht *open*, Richard«, warf Stefanie ihm vor. Richard mauere. Er lasse ihre Energie nicht zu. Richard bestritt das. Aber es war nun nicht mehr zu ändern. Stefanie war sauer auf ihn. »Der mauert total«, sagte sie zu dem Kaunsler, »der ist einfach nicht *open*.«

Der Kaunsler half ihr auf und sagte, sie solle sich nichts draus machen. Solche Fälle gebe es. Dann machte er sich selbst an die Arbeit. Sein Schnaufen war in der Tat viel tiefer und noch schneller als das von Stefanie. Sein Energieaufkommen, das war für alle Umstehenden allein aus diesem Aufwand ersichtlich, musste um ein Vielfaches größer sein. Auch walkte er es Richard geradezu mit physischer Gewalt nicht in den Rücken, sondern ein paar Zentimeter darüber in seine ätherischen Hüllen.

Vera konnte nicht an sich halten, leise zu fragen, was das sollte. »So geht nun mal Quantum Touch«, bemerkte Charlotte, als kenne Vera die geläufigsten Dinge nicht, und zog dabei mit dem Finger an dem Kaugummi, den sie im Mund hatte, wenn sie sich der Kinder wegen das Rauchen verkneifen musste.

Das sei so sagenhaft viel mehr als nur das, zischte Stefanie, die einerseits den Meister nicht stören, andererseits aber doch klarstellen wollte, dass Quantum Touch nur *ein* Baustein in des Kaunslers Heilmethode war. Er sei natürlich bei den Erfindern der Technik in die Lehre gegangen einst. Sie sprach von »Bob« und von »Rick«, als müsste jeder die kennen. Aber dann habe er daheim in den Alpen bei einer Reihe von renommierten Alm-Heilerinnen Elemente gelernt, die Total Touch hießen und Holistic Touch, und durch jahrelange Arbeit hatte er schließlich aus alldem einen noch ganzheitlicheren Ansatz entwickelt: Totalistic Touch.

Alec googelte in Echtzeit all diese Begriffe, fand sie tatsächlich und sah ein, dass dem Kaunsler gar nicht so viele Namen für seine Methode geblieben waren, auf die es noch kein Copyright gab.

Der Kaunsler, ohne von seiner Arbeit aufzusehen, bat Stefanie, nicht auf das Geschwätz um sie herum zu achten. Alles Neue werde zunächst verlacht, alles Revolutionäre verspottet.

»Ich dachte, dieses mystische Wissen sei uralt«, warf Alec ein.

»Eben hat sie doch erzählt, er hat bei den Erfindern gelernt, kann also noch nicht *so* lange her sein.«

Das war Sarah.

Erstaunt schauten alle das Kind an. Es rechnete immer irgendwie keiner damit, dass die Kinder auch Ohren haben und zwischen den Ohren einen Kopf.

Alles Entdecken sei in Wahrheit ein Erinnern von Verschüttetem, belehrte sie nun der Kaunsler. Deshalb nenne man es ja Ent-decken. Es gehe immer nur darum, die Decke der Ignoranz wegzuziehen. Derjenige, der das auf sich nimmt, müsse mit Hohn leben. Es berühre ihn aber nicht.

Sarah schaute ratlos. Es wurde ihr erklärt, das sei noch nichts für Kinder. Charlotte führte sie unter tröstenden Worten weg und ging mit ihr, wie immer, wenn die Kinder vom Pool zu verschwinden hatten, auf dem Trampolin springen.

Der Kaunsler sagte »Danke«, denn er musste sich jetzt konzentrieren.

»Sprich mir nach«, sagte er zu Richard.

»Was denn?«

»Lieber Schmerz.«

»Was?«

»Sprich mir einfach nach. Also: Lieber Schmerz.«

»Lieber Schmerz?« Richard lachte unsicher.

»Mit mehr Überzeugung. Wie soll dein Schmerz sich so angesprochen fühlen? Würdest du dich so angesprochen fühlen?« Mit dünner Stimme äffte er ihn nach: »Lieber Richard?«

Nun lachte Stefanie.

»Noch einmal fester: Lieber Schmerz!«

»*Bitte*, Richard«, sagte Stefanie.

Richard brummte: »Lieber Schmerz.«

»Ich liebe dich.«

»Nein.«

»Jetzt sprich mir einfach nach. Hab Vertrauen.«
»Ich liebe den Schmerz aber nicht.«
»Versuch es.«
»Ich soll den Schmerz anlügen?«
»Du sollst ihn lieben.«
»Okay, ich liebe ihn.«
»Nicht sarkastisch sein, Richard. Lass die Liebe zu. Sag: Ich liebe dich bedingungslos.«
»Bedingungslos«, brummte Richard.
»Du kannst gerne bleiben.«
»–«
»Richard, bitte.«
»Du kannst gerne bleiben.«
»Du kannst aber auch gerne gehen.«
»Du kannst aber auch wirklich gerne gehen.«
»Ich gebe dich frei.«
»Ich gebe dich frei.«

Und damit hob der Kaunsler in einer schwungvollen Geste seine Hände von Richards Rücken und wollte gerade einen segnenden Gestus einnehmen, als er auf einmal aufschrie.

Eine Wespe musste sich in seinen Beinkleidern verirrt und, aufgeschreckt durch sein jähes Aufrichten, zugestochen haben. Er unterdrückte einen Fluch und schaute nach der Kreatur, die nun tot vor seinen Turnschuhen landete.

Es war eine Biene.

Stefanie hatte Grund, beide zu betrauern, denn der Kaunsler ließ seinen Schmerz zu. Er klagte lange über den Stich und rieb sich das Bein. Als er schließlich Richard fragte, wie es ihm gehe, behauptete der, nun sei er geheilt. Erst habe er nur ein

Kribbeln in den Fingern gespürt, als wollten sie ihm einschlafen, jetzt aber sei der Rückenschmerz weg.

Der Kaunsler nickte, als habe er sich nichts anderes denken können. Aber Stefanie zeigte offen, wie stolz sie war, und zwar auf beide.

Am Abend, vor ihrem Waschbecken, diskutierten Vera und Alec, ob Richard das nur so gesagt hatte, um seiner Frau einen Gefallen zu tun, damit ihr Ratgeber nicht als Scharlatan dastand (Veras Vermutung), oder ob es womöglich sogar stimmte, dass sein Schmerz ihn verlassen hatte (Alecs These) – und wenn es erst in dem Moment war, in dem der Kaunsler selbst aufgeschrien hatte vor Pein.

Er googelte nach dem im Selbstverlag publizierten Lehrwerk des Meisters und fand es im Angebot eines Online-Buchhändlers, der auf sachverwandte Themen spezialisiert war.

»Yin Yang Balance for Menopause«, las Alec vor.

»Du Arsch«, sagte Vera.

»Von 24,99 auf 19,99 runtergesetzt«, sagte Alec. »Ach, und direkt daneben ›Introduction to Magic‹ von Kamerad Evola, sogar von 29,99 auf 19,49 runtergesetzt.«

»Wer ist Kamerad Evola?«, fragte Vera.

»Ein Faschist«, sagte Alec mit einem Schulterzucken.

»Gottchen«, sagte Vera, so dass es für Alec klang, als nähme sie ihn nicht ernst. »Nazis jetzt auch schon bei den Tarotkarten-Freaks?«

»Faschist, wie gesagt«, sagte Alec. »Die Nazis waren dem viel zu … « Er brach es ab. Vera schien es nicht wirklich wissen zu wollen.

In der Rubrik »Mitarbeiterempfehlungen« sei dieser Online-Buchversand dafür »so *divers,* wie es sich gehört heute«, bemerkte Alec, als er weiter runterscrollte: »Homöopathie von einem Inder, Schamanismus aus Skandinavien, ein Kabbala-Roman aus Jerusalem und ein Buch über die Herrschaft der Annunaki.«

»Der was?«, murmelte Vera müde.

»Aliens, die unser spirituelles Schicksal manipulieren«, las Alec vor. In wenigen Klicks kam er von Unterweltsgöttern der assyrischen Mythologie zu der Theorie eines Exil-Russen, dass es sich um humanoide Außerirdische gehandelt habe. Er landete schließlich bei einem ehemaligen Fußballprofi aus England, der die These vertrat, dass diese Wesen »vampirische Formwandler von ursprünglich reptiloider Gestalt aus dem Sternbild des Drachen« seien, »die unerkannt noch immer auf der Erde leben und eine totalitäre Weltordnung errichten wollen«.

»Gut, oder?«, sagte Alec.

Aber Vera hörte ihn nicht mehr. Sie war eingeschlafen.

So las er sich mit stillem Vergnügen noch ein wenig durch die Biografie des Ex-Fußballers und seine bemerkenswerten Botschaften. Die Bücherliste dieses Mannes war allerdings deutlich länger als seine eigene, und offenbar konnte er auch ganz gut davon leben. Das fand Alec am bemerkenswertesten von allem. Diese Information erinnerte ihn allerdings an den Stand seines eigenen Buches, und das trübte seine Heiterkeit wieder. Vor jeden Anfang, den er sich gesetzt hatte, schob sich immerzu ein weiterer; beim Einschlafen war ihm so, als müsse er mit der Entstehung der Reptilien beginnen, besser noch mit der der Sterne.

POOL

Der Kaunsler erschien nun auch an den folgenden Tagen nahezu mit der gleichen Regelmäßigkeit wie Charlotte. Oft lagen jetzt sechs Erwachsene am Pool. Richard sah es so: Der Hofstaat auf der *Mauler Mansion*, wie er seinen Bungalow manchmal nannte, umfasste nun eben auch eine Amme und einen Beichtvater. Vera hätte auf beides lieber verzichtet, aber was sollte sie machen als nichtzahlender Gast. Alec hingegen verfolgte beides mit einer Art von zoologischem Interesse. Er machte sich fortwährend begeistert Notizen, denn das alles schien seinem Buch sowohl Wendungen ins Heute wie ins Überzeitliche hinzuzufügen. Aber er gab dem Kaunsler keinen Anhaltspunkt, ihn einzeln so ins Gebet zu nehmen wie Richard. Alec bestätigte einfach fast immer, was der Kaunsler sagte, hatte es schon anderswo einmal so ähnlich gelesen, konnte teilweise sogar die Stellen benennen. Der Kaunsler pries »nonduale« Erfahrungen und die Empfindung der »Oneness« mit dem Universum, Alec hielt einen Vortrag über die seiner Ansicht nach eher öden Denktraditionen des Monismus. Der Kaunsler offenbarte, dass die Büsche am Gartenrand in Wahrheit Götter seien, und Alec erging sich in Ausführungen zu Wurzeln und Wucherungen des Pantheismus. Der Kaunsler mahnte Stefanie zu noch radikaleren Fastenkuren als bisher, um, wie er es nannte, die »Schlacken« aus dem Körper zu jagen, kombiniert mit der reinigenden Einnahme von Eigenurin; die Kinder kreischten bei der Vorstellung mit wohligem Ekel auf, Vera bemerkte kühl, dass sie das nicht tun würde, weil der Urin selbst bereits die Aufgabe habe, Überflüssiges auszuspülen, und Alec war geradezu hingerissen davon, dass ausgerechnet, wie er nun wiederum ausführte, zivilisations- und technikkritische Denkmuster zu der bemerkenswert mechanistischen Vorstellung vom menschlichen Körper als Hochofen geführt hätten.

Dem Kaunsler schien das zwar nicht zu behagen, aber mehr, als dass er keinen Notar brauche für seine Lehren, sagte er dazu nicht. Denn auch wenn Alecs Fußnoten seinen eigenen Verlautbarungen die Originalität prophetischer Verkündigungen nehmen mochten, so unterfütterten sie sie doch mit einer Art historischer Beglaubigung. Insofern konnte er Alec beinahe dankbar sein für seine Besserwissereien. Nur manchmal forderte er ihn auf, diese Dinge nicht nur zu lesen, sondern zu *wissen*, zu fühlen, sie von ihrer Innenseite her anzuschauen und nicht immer nur von außen. Er sei doch viel zu intelligent, um sich mit *Archäologie* zufriedenzugeben, sagte er Alec, den Blick auf seine Stirn gerichtet. Sein Atem sei allerdings zu flach, attestierte er ihm. Er konnte ihn nicht hören oder sehen. Atmete Alec überhaupt? Dem Kaunsler gelang es jedenfalls nicht, sich mit ihm zu synchronisieren. Alec bemerkte und genoss das.

Wenn auf einer Skala der möglichen Einstellungen gegenüber dem Kaunsler Stefanies pfingstliche Begeisterung einen Wert von 10 repräsentierte, dann hatte sich Richard wegen der Sache mit den Autos und auch dem Familienfrieden zuliebe allmählich in Richtung einer friedlichen 5 bewegt. Vera fand, dass der Mann immerhin weniger missionarisch agierte als seine Jüngerin Stefanie, daher: 4. Alecs geradezu wissenschaftliche Faszination für das Phänomen, mit dem er es hier zu tun bekommen hatte, ließ ihn zwischen 2 und bis zu 8 oszillieren. Stabil im Minus-Bereich dieser Skala hielt sich nur Charlotte, die den Mann konstant und unverblümt immer nur mit dem englischen Begriff »*the creep*« anredete: »*The creep is here again, everybody*«, »Hat den *creep* schon wieder eine Biene gestochen?«, »Die Bienen waren doch die Idee von dem *creep*, oder etwa nicht?«.

Stefanie hatte sie erst zur Rede stellen wollen, aber der Kaunsler hatte das unterbunden. Da sprächen Traumata, denen nicht mit Geboten der Höflichkeit beizukommen sei, erklärte er ihr. Da warte tiefere Arbeit. Seitdem schien auch Stefanie die Ausfälligkeiten Charlottes nicht nur hinzunehmen, sondern regelrecht zu goutieren, so als prädestinierten die sie für besonders dramatische Läuterungen und Erweckungserlebnisse.

Wenn Stefanie und der Kaunsler durch die Büsche strichen, um die Pflanzungen zu inspizieren oder ihre Gymnastikübungen zu machen, dann erzählte Charlotte den anderen im Flüsterton, dass der Yoga-*creep* bis vor wenigen Jahren ein Marketing-*creep* gewesen sei, mit kahl geschorenem Kopf und runden Brillengläsern und Hosenträgern und bunter Fliege. Sie erzählte, dass der *creep* einen gewissen Ruf habe in den Hamptons, wenn Stefanie nicht in Hörweite war und der Kaunsler wieder in seinem Tesla saß, um bei anderen Klienten zu weilen und zu wirken. Und als er an einem der folgenden Tage wieder auftauchte, sprach sie ihn offen darauf an, wie die Geschäfte eigentlich liefen hier draußen, seit man *das alles* eigentlich nicht mehr machen könne.

»Was kann man alles eigentlich nicht mehr machen?«, wurde sie gefragt.

Daraufhin tat Charlotte so, als habe sie es mit Leuten zu tun, die hier draußen ganze Revolutionen verschlafen haben, so wie einst der gute Rip van Winkle. »Hallo?«, rief sie in der

Art von pubertierenden Töchtern, die nicht glauben können, was ihre Eltern alles nicht wissen. »Yoga, nur mal so zum Beispiel?«

Die anderen hatten in der Tat noch nicht vernommen, dass man Yoga »nicht mehr machen könne«. Ihrem Eindruck nach machten es eher immer mehr Leute.

»In Ohio vielleicht«, erklärte Charlotte. »Oder in Europa.« Aber in New York und in Los Angeles mehrten sich einerseits die Proteste gegen sexuelle Belästigungen durch die *Yoga dudes* mit ihren hochgesteckten Duttfrisuren. Auf der anderen Seite protestierten indische Yogi und Studentenverbände gegen die kulturelle Enteignung durch *white people, middle aged* und *middle class* in zu engen Fetisch-Outfits, erklärte Charlotte und hob die Hände, als wollte sie sagen: Damit war es das für die Sache, aus, vorbei, nicht mehr zu retten.

Der Kaunsler wollte das nicht sofort kommentieren. Er bat Charlotte, erst einmal weiterzusprechen. Man musste jungen Menschen beim Entwickeln ihrer Gedankengänge Raum lassen. Was hatte sie noch vorzubringen?

Die halluzinogenen Meditationsmittelchen aus den Wüsten und Regenwäldern Lateinamerikas, die ein paar Jahre lang *wildly* in Mode gewesen waren unter den wohlhabenderen ihrer Freunde in Manhattan, waren Charlotte zufolge ebenfalls zu einem Problem geworden: »*Cultural appropriation*, Flugscham, *you name it.*«

Stefanie hatte hier entschieden etwas einzuwenden. Aber der Kaunsler legte ihr sanft die Hand auf den Arm und schüttelte den Kopf. Dann schaute er Charlotte an und schenkte ihr den beglückten Blick eines Lehrers, der durch flankierende Schweigsamkeit dem Schüler geholfen hat, ganz von selbst auf dem Pfad der Erkenntnis voranzukommen. »Sie hat vollkommen recht«, verkündete er. Es breche ein neues Zeitalter an. Die Dinge wandelten sich. Eine Zeit der Reinheit ziehe auf. Die Ära des Synkretismus gehe vorüber. Noch sei die Welt voll von falschen Propheten und Scharlatanen, von Figuren, die wahllos östliche Heilslehren mit südlichen Ritualen vermengten, um damit die Spiritualitätsbedürfnisse eines westlichen Publikums zu bedienen, dem die eigenen religiösen Traditionen zu fad geworden waren. Das sei wie mit dem Essen, predigte er, Kobe-Rind und Erdbeeren im Winter ...

Vera konnte ihm nicht mehr folgen. Es machte sie auch nervös, dass der Mann während seiner Ausführungen immerzu am Beckenrand auf und nieder schritt.

Sie lehnte sich auf ihrer Liege zu Alec hin, der neben ihr, die Augen geschlossen, in der Sonne briet, und bat ihn, er solle ihr erklären, was Synkretismus ist. Alec sagte aber ebenfalls, das sei wie mit dem Essen. Das sei wie mit dem »Bavarian Beergarten« bei ihnen in Brooklyn um die Ecke, wo die Mexikaner in der Küche Jalapeño ans Sauerkraut taten. Genau das sei aber doch das Reizende daran, befand Vera. Anders als so sei ein Bavarian Beergarten gar nicht auszuhalten. Deswegen doch Amerika: Schmelztiegel, *Salad Bowl* und so weiter.

Der Kaunsler mochte es nicht, wenn während seiner Predigten geschwatzt wurde, und hielt inne, bis er wieder die Aufmerksamkeit aller hatte. Gleichzeitig griff er Veras letzte Worte auf. »Woher kommen wir eigentlich? Was steckt in uns drin?« Und dann: »Richard, du zuerst!«

Alec staunte, dass sein eigentlich doch sehr eigensinniger Freund sich widerstandslos zu solchen Mitmachspielen bewegen ließ. Aber Richard Mauler, der sich eine Tüte Kartoffelchips aufgerissen hatte und sie im Mund krachen ließ, erklärte freimütig, er sei Berliner, so wie alle Maulers immer schon Berliner gewesen seien, sofern sie nicht »von sonst wo« kamen.

Vera hatte ihre Wurzeln einerseits »im Thüringischen«, andererseits hoffte sie, dass die vielen Auslassungen auf der mütterlichen Seite im sogenannten *Ahnenpass* ihres Großvaters aus der Nazizeit darauf hindeuteten, dass vielleicht doch irgendwann irgendwo bitte auch mal irgendwer nicht ganz so bedrückend kerndeutsch gewesen sein könnte. Dabei stand sie auf, ging an dem wie ein Bademeister dort Wache stehenden Kaunsler vorbei zum Beckenrand, köpfelte lang hinein und tauchte in einem Zug bis zum anderen Ende durch, als wolle sie etwas abwaschen.

Stefanie schließlich verkündete, sie sei auf dieser Welt gewissermaßen nur »auf Durchreise«. Denn sie war in Darmstadt geboren, was sie trotz der landschaftlichen Reize und der berühmten Jugendstilbauten dort als Zumutung empfand. Sie gehöre *nicht wirklich* auf diese Welt, beteuerte sie. Insofern sei das mit Darmstadt auch nicht wirklich von Bedeutung; es war nichts als eine Stelle der Erde, die zufällig ihr Fuß berührt hatte auf ihrem Weg durch die Zeiten. Sie schaute zu dem Kaunsler, der sie einst gelehrt hatte, die Dinge so zu sehen.

Aber der Kaunsler selbst sah die Dinge inzwischen ein bisschen anders. Er nahm nun auf Veras frei gewordener Liege Platz, im Schneidersitz, und schüttelte das Haupt. Im Lichte der neuen Manifestationen des Zeitwollens, sagte er, sei Herkunft womöglich doch wieder ein wenig relevanter. Zwar bestand auch er fraglos vor allem aus kosmischer Energie, aber seine aktuelle Inkarnation hatte offensichtlich aus Gründen bei Wien Form angenommen. Und das Stück Boden, auf den man da von der Vorhersehung gestellt worden sei, der sei offenbar doch von Bedeutung.

»It matters«, sagte er. »It really matters.« Und dann noch einmal: »It does matter.«

»There we go again«, seufzte Alec. Er sei ebenfalls zur Hälfte zum Hackenzusammenknallen deutsch, verkündete er dann. Zur anderen Hälfte allerdings dänisch, italienisch, jüdisch, schottisch, portugiesisch, persisch, kapmalayisch sowie, wenn er den Ergebnissen seiner Anfrage in den Gen-Labors von »Ancestry.com« glauben durfte, zu exakt 1,3 Prozent auch ostafrikanischen Ursprungs, weshalb es im Übrigen ab sofort auch nicht mehr in Ordnung sei, wenn Vera ihm dauernd in die Locken fasste.

Aber Vera, die, noch nass und kühl, an seinem Kopfende Platz genommen hatte, strich ihm selbst währenddessen selbstvergessen durch die Haare, weil die Worte »bei uns in Park Slope um die Ecke« und »italienisch« sie erstens daran erinnert hatten, dass ihre Vermieterin Jo jetzt dauernd bedrohliche Textnachrichten schrieb – und dass, zweitens, Jo nur deshalb Jo genannt wurde, weil sie eigentlich Giovanna hieß und eine der letzten Vertreterinnen der alten italienischen Familien Brooklyns in der Straße war. Natürlich hieß es, dass sie aus einer Mafia-Familie stamme. Und natürlich war Vera manchmal überzeugt, dass das stimmte. Vor allem dann, wenn Jo ihr *in no uncertain terms* mitteilte, dass Veras Airbnb-Mieter Ferkel seien, die den Müll nicht rausbrächten. Und wer ihr überhaupt erlaubt habe, die Wohnung über Airbnb unterzuvermieten. Sie jedenfalls nicht.

»Sorry«, sagte sie, während sie hochfuhr, zu dem irritiert

innehaltenden Kaunsler. Alles das sei wirklich sehr interessant und spannend. »Aber ich habe gerade ein Problem, das *mattert* noch mehr.«

AUTO

Schon wieder saß Richard Mauler mit jemandem im Auto, schon wieder erklärte er durch die Windschutzscheibe die Welt. Erwies er sich damit als die Sorte von Mann, die der Denker Baudrillard meinte, als er das Automobil den Ort genannt hat, an dem der Familienvater der Industriemoderne sich am heimischsten und sichersten fühlt, auf halbem Weg zwischen den Zumutungen der Arbeit sowie denen, die zu Hause auf ihn warteten? Alec behauptete das. Aber Richard fand, Alec könne ihn mal mit diesem Bo Trilliart. Den habe er sich nur aus den Fingern gesogen, um Charlotte zu beeindrucken, und die habe nicht einmal Notiz davon genommen. Während er dies sagte, hatte er Alec mit der Rückseite seiner rechten Hand ein paarmal auf den Brustkorb geklopft, bevor er losgefahren war.

Außerdem saß diesmal gar nicht Alec auf dem Beifahrersitz, sondern Vera.

Sie mussten beide für einen Tag zurück in die Stadt, Richard wegen eines Gesprächs mit seinen Banken, und Vera, um das Problem mit ihren Airbnb-Gästen zu lösen, bevor ihr selber gekündigt wurde. Es war auch nicht der Mercedes, den hatte Richard dagelassen, mitsamt der Parkgenehmigung, damit die Zurückbleibenden an den Strand fahren konnten. Vera und er saßen im Dodge. Es war Vera peinlich gewesen, in dem wirklich sehr roten, sehr breitmäuligen Muscle Car Platz nehmen zu sollen: Die beiden Lufthutzen auf der Motorhaube kamen ihr vor wie die Nüstern eines Gorillas, die Scheinwerfer, die bei anderen Autos an Kulleraugen erinnern konnten, saßen hier wie tropfende Fangzähne am Rande des Rachens ... Entschuldigend hatte sie aus dem Beifahrerfenster geschaut, als Richard den Motor im Leerlauf schon mal aufheulen lassen und den winkenden Rest der Truppe schließlich in einer Wolke aus Rauch und Staub versenkt hatte. Aber schon wenige Kurven später begann sie allmählich die Hand vom Nothaltegriff über ihrer Tür wieder zu lösen. Sie wurde von diesem Monstrum weder zur Seite geblinkt noch überfahren, stattdessen saß sie drin wie aufgefressen und wurde allmählich, Meile für Meile, von dem Wagen verdaut: Gemessen an dem Gebrüll vorne unter der Motorhaube, ließ es sich ganz gemütlich sitzen hier drin, das musste sie zugeben, und Richard fuhr gerne, also fuhr er auch sicher. Sie fragte sich nur, was Stefanie dazu sagte, sie konnte sich nicht vorstellen, wie es Stefanie ging, wenn sie an ihrer Stelle in diesem Sitz saß. Aber Richard tat so, als verstünde er die Frage gar nicht, als frage er sich, was es da zu fragen gebe. Stefanie habe gewissermaßen von ihm *verlangt*, den Wagen zu kaufen. »Stefanie wollte, dass du in so einer Angeberkarre zum Bioladen fährst?« Vera musste lachen. Die Einkaufsliste, die Richard überreicht bekommen hatte, war ähnlich lang wie die Liste an Vorwürfen über die Untermieter, die Vera von ihrer Landlady Giovanna übermittelt worden war.

Richard fand das eher konsequent: beides hochpreisig, beides elitär. Er selbst weigere sich nur, in die, wie er sie nannte, »sektiererischen Rumpelbuden« zu gehen, die auf dem Ostzipfel von Long Island jene Dinge anboten, die Stefanies Ansprüchen genügten und alle entweder etwas mit »Green« oder »Earth« oder »Nature« im Namen hatten. Richard sagte, er ertrage den »rechthaberischen Geruch« solcher Läden nicht, die »aggressive Sanftmütigkeit« des Personals schlage ihm auf das Gemüt. Lieber fuhr er *all the way back into the city* und kaufte in einem der großen Bio-Supermärkte ein, »sogar bei Whole Foods«, obwohl für sein Dafürhalten die Sachen bei Trader Joe's genauso gut seien. Im wirklichen Leben fand er Trader Joe's sogar besser, auf jeden Fall günstiger.

Vera fand Trader Joe's »okay«, mochte aber noch lieber Fairway, vor allem den großen Fairway unten in Red Hook am alten Hafen von New York, wo ihr die Augen so übergegangen waren wie zuletzt nach dem Mauerfall in ihrem ersten Westberliner Edeka: »Zwei, drei, vier Regalmeter Brokkoli, die so drapiert sind, dass man meint, man fliegt über den Regenwald.«

Draußen flog währenddessen trockener Mischwald am Fenster vorbei, und Vera musste kurz daran denken, dass die transportablen Klimaanlagen, wenn sie nicht korrekt eingesetzt waren, durch ihr Getropfe das Holz ihrer Fenster aufquellen ließen, und ihre Fenster waren immer noch Giovannas Fenster, und aufgequollene Fenster gehörten noch nicht einmal zu den vielen Dingen, die Giovanna in ihren Beschwerden bemängelt hatte. Richard war währenddessen immer noch mit seiner Einkaufsliste beschäftigt. Nicht, dass er geizig wäre, hörte sie ihn sagen, das wisse ja hoffentlich jeder, nur ein bisschen wirtschaftlich müsse man ja auch mal denken.

Vera bestätigte ihm, dass er nicht geizig war. Sie gab ihm ebenfalls recht darin, dass man ein bisschen wirtschaftlich denken müsse.

Er zahle, erklärte Richard, manchmal sogar gerne auch Apothekenpreise für seine Äpfel, wenn die sanft mit Wasserdampf beregnet werden und zusätzlich noch mit Violinkonzerten von Vivaldi wie bei Dean & DeLuca auf dem Broadway.

Vera sah bei diesen Worten die transportablen Klimaanlagen, die bei längerem Betrieb durch das Geruckel in ihrem Inneren durchaus auch von allein verrutschen konnten, sehr deutlich die Fensterbretter ihrer Brooklyner Wohnung beregnen.

In dem Union Market bei ihr in Park Slope würden die Äpfel zusätzlich zum Wasserdampf mit Jazz beregnet, sagte sie, Jazz von der Sorte, wie Richard sie möge.

Die Kette der Union Markets kannte Richard gar nicht, die würde er sich merken, rief er, zumal Dean & DeLuca, wie er höre, wohl ein bisschen aus dem Tritt gekommen sei zuletzt: Die mit Vivaldi beregneten Äpfel schienen sich nicht mehr zu rechnen; die offensichtlich mit Diplomen in Olivenöl-Studien, Schinkenkunde und Brotkonsistenz ausgestatteten Fachberater waren vermutlich zu kostspielig geworden.

Vera rief: »Brot-Konsistenz?« Und: »*Are you kidding me?*« Brot sei wirklich das Einzige, was bei ihr Heimweh nach Deutschland auslöse. Brote in Amerika seien von ihrer Konsistenz allesamt wie Gummi, erklärte sie, egal, wie teuer, und egal, wie vielversprechend von außen. »Die springen wieder hoch, wenn du die fallen lässt.«

Sie lachten, während sie in den Montauk Highway einbogen, woraufhin Richard, nur um es mal vorzuführen, kurz dermaßen beschleunigte, dass Veras Kopf gegen die Nackenstütze gepresst wurde. Anschließend berichtete Richard von einer Portion Sushi, die Stefanie einmal in einem Bio-Supermarkt in

Venice, Kalifornien, erstanden habe: »Aus *braunem* Reis. Und der Lachs obendrauf sah aus, als wäre er aus Mohrrüben.«

Er sprach von dem beseelten Lächeln, mit dem die Leute dort, erleuchteten Jüngern gleich, durch die Regalreihen nicht gelaufen, sondern geschwebt seien, und zwar auf die strengen Engel an der Kasse zu, wo sie mit wütender Freude Summen bezahlt hätten, mit denen ein Ablasshändler täglich einen neuen Petersdom finanzieren könne. »Verrückt«, schloss Richard.

Gut und schön, befand Vera, nachdem sie sich ihre zerdrückte Frisur wieder einigermaßen gerichtet hatte. Gut und schön sei das, sagte sie, entschlossen, sich auf jedes Thema der Welt einzulassen, solange es sie einen Moment ablenkte von ihrer Vermieterin und ihrer Wohnung. Es sei aber nichts gegen das messianische Bewusstsein der Leute in der Park Slope Food Coop. Kannte Richard die berühmte *Park Slope Food Coop*?

»So eine Art DDR-Konsum?«, johlte der. »Nur in Brooklyn?«

POOL

Währenddessen trieb Stefanie auf der Luftmatratze im Pool, spielte Charlotte abseits mit den Kindern, die Lautsprecher blieben stumm ausnahmsweise, so dass lange nur das Zirpen einiger Zikaden zu hören war, und Alec saß in seiner Hütte und »arbeitete«.

Nachdem er für seine »zwei Schreibstunden mindestens« in den letzten Tagen immer öfter in das Städtchen gefahren war, versuchte er es nun wieder daheim. Dabei war ihm »Pete's Parlor« auf der Main Street als ein eigentlich ganz gut geeigneter Ort dafür erschienen, zumal der Laden seine eigenen Probleme der Themenfindung zu haben schien: Er bot Eiscreme und Pizza, aber während vor den Läden, die auf der Main Street nur Eiscreme *oder* Pizza verkauften, oft lange Schlangen standen, war Pete's Parlor immer absolut leer, und daran hatte sich auch nichts geändert, seit sie es dort zusätzlich mit dem Angebot von ayurvedischem Bubble Tea versuchten. An so einem Getränk hatte sich Alec dort dann jedes Mal mit winzigen Schlucken festgehalten und versucht, in der heruntergekühlten Ruhe des leeren Caféraums Ordnung in seine Notate zu bringen, rote Linien zu ziehen, bündige Thesen zu fassen. Dabei hatte er allerdings nur das Gefühl bekommen, immer mehr den Überblick zu verlieren. Er müsste das alles mal nebeneinander sehen, in der Draufsicht, aber dafür gab sein Tischchen in Pete's Parlor den Platz nicht her.

Deswegen stand Alec also jetzt wieder schwitzend in der Hitze seiner Hütte. Fast nackt saß er auf seinem Bett und starrte an die Wand, wo er auf einem großen Bogen Papier eine Art Skizze der Dinge angefertigt hatte, die unbedingt behandelt werden mussten in seinem Buch. Aber je länger er darauf schaute, desto unklarer wurde ihm, wie die Sache jemals ein Ende finden sollte, wenn er sich schon mit einem gescheiten Anfang so schwertat: Die Geschichte der Zivilisationsmüden schien ihm mittlerweile älter als die Zivilisationen selbst, eine der Linien auf seiner Skizze reichte schon bis runter zu Apollonios, Jesus, Diogenes in seiner Tonne und von dort – leider war das Papier dann zu Ende – natürlich noch viel weiter. Alec spürte den strudelnden Sog in die Tiefe der Zeiten. Seine Badeshorts kamen ihm vor wie ein Ledenschurz und er sich selbst wie ein Urmensch in der Urhütte. Er fühlte sich den einsiedlerischen Propheten-Typen aus seinen Büchern auf einmal bedenklich nahe. Gleichzeitig machte er sich Gedanken über den Kaunsler und fragte sich, was Leute wie Stefanie so anziehend an dessen Performance fanden. Er setzte in kleiner, zierlicher Schrift die Worte Charisma, Aura, Radio und Goebbels auf das Papier und ging dann, als wäre bereits irgendetwas erreicht, nach draußen.

Stefanie trieb da nur ein paar Meter von ihm entfernt auf ihrer Luftmatratze im Pool und rieb scheinbar völlig selbstvergessen mit den Händen ihren Schoß.

Alec versuchte, so leise wie möglich wieder hinter seiner Tür zu verschwinden, aber Stefanie war offenbar gar nicht so selbstvergessen, wie es schien. »*No worries*«, sagte sie. »Ich gebe mir nur rasch ein *Healing*.«

»Oh«, sagte Alec und räusperte sich. »Ein …?«

»Ja, gegen Blasenentzündung.«

»Du hast eine …?«

»Hab ich immer mal wieder.«

»Oh«, sagte Alec wieder. Und nach einer Weile: »Bist du sicher, dass ausgerechnet ein Pool dann der richtige Ort …«

»Ein Pool ist immer der richtige Ort«, beschied sie.

Und wie zum Beweis, dass ihr Healing bereits angeschlagen hatte, ließ sie sich ins Wasser gleiten und schwamm in zwei Zügen zum Rand. Sie gehe nun Brennnesseln sammeln in den Gebüschen am Gartenrand. Ob er ihr helfen könne. Brennnesseln seien gut gegen die Entzündung. Brennnesseln seien auch gut gegen Haarausfall, fügte sie hinzu und lachte ihn an. Hatte Vera nicht neulich erst Lichtungen in seinen Locken diagnostiziert?

AUTO

Die Park Slope Food Coop war die älteste Kooperative im Land, erklärte Vera, während sie, ohne Richard extra zu fragen, im Handschuhfach nach Zigaretten suchte und dort eine fast schon leere Schachtel fand.

»Kein Wort zu Alec und Sarah«, sagte sie.

»Aber Fenster auf«, knurrte Richard und nahm sich auch eine.

Mit einem Lebensmittelladen der Konsum-Genossenschaft aus der DDR, fuhr Vera nach dem Fensteraufmachen und Zigarettenanzünden fort, sei diese Kooperative aber schon deswegen nicht vergleichbar, weil es hier im Prinzip jederzeit alles gebe. Nur: Wer hier einkaufen wolle, müsse einmal im Monat auch hier arbeiten. Deshalb sei alles vergleichsweise günstig; es fielen faktisch keine Personalkosten an, allerdings seien aber auch die Schlangen an den Kassen entsprechend lang. Genau genommen, sagte Vera, wanden sich die Schlangen vor den Kassen immer einmal genau durch sämtliche Regalreihen bis zum Ausgang, Einkaufen und Anstehen falle praktisch in eins, auch weil keiner professionell dort arbeite, sondern nur Laien, weil an den Kassen Englischlehrer oder Kinderbuchautorinnen saßen, die nicht nur von Natur aus langsamer waren als professionelle Kassierer, sondern weil diese Laien während ihrer Schicht mit den Kunden, ihren Genossenschaftsgenossen, auch immer noch ein paar Worte *reden* wollten: »Das sind aber viele Grünkohlchips, *my friend*!« Oder: »Schöne Pastinaken! Was gibt's heute zum Dinner?«

»Klingt nicht besonders effizient«, sagte Richard, woraufhin er einen arg geruhsam auf der Mittelspur dahinschwimmenden Toyota kurz entschlossen rechts überholte und die erschrocken herüberschauende Vera daran erinnerte, dass man immerhin das in Amerika tatsächlich dürfe.

»Es ist das Gegenteil von effizient«, griff Vera den Faden wieder auf. »Du musst drei Stunden arbeiten, um dort einkaufen zu können. Du musst einsortieren oder Kartons zerkleinern, und dann musst du noch mal ungefähr eine Stunde anstehen. Absurd.« Alle hatten ihr die Mitgliedschaft ans Herz gelegt, als sie in die Gegend gezogen waren. Es war schwirig genug gewesen, aufgenommen zu werden. Aber dann hatte es für Vera regelmäßig damit geendet, dass sie nach ihrer Schicht keine Zeit mehr hatte und ihre eigenen Einkäufe in einem konventionellen Supermarkt erledigen ging. Sie musste lachen, wenn sie daran dachte. Irgendwann hatten sich dann die verpassten und doppelt nachzuarbeitenden Schichten dermaßen angehäuft, dass sie die Coop, in der sie ohnehin ja nur arbeitete, ohne etwas selbst davon zu haben, wieder verlassen wollte, dies aber nicht durfte.

»Warum das denn nicht?«, wollte Richard wissen.

»Wegen Alec«, sagte Vera.

»Hä?«

»Alec mochte das da. Alec mag das bis heute. Der mag allein schon die Idee. Ist ja fast eine Landkommune. Aber bei Paaren, die im selben Haushalt leben, müssen beide Mitglied sein.«

»Und?«

»Wir haben behauptet, wir hätten uns getrennt.«

»Ah«, machte Richard.

»Die haben uns für eine Weile sogar Spione auf den Hals geschickt, die unser Haus observiert und die Nachbarn befragt haben.«

»Siehste«, sagte Richard, und obwohl er »doch wie DDR« hinzufügte, hatte Vera den Eindruck, dass damit vielmehr etwas über sie und Alec ausgesagt war.

BUNGALOW

Alec stand inzwischen im Inneren des Bungalows und schaute zu, wie Stefanie die Blätter und Blüten der Brennnesseln und der Engelstrompeten und all der anderen Pflanzen vom Gartenrand auf der Arbeitsplatte der Küche sortierte. Aus dem Fenster fiel der Blick über die Wiese bis hinunter zum Pool, wo etwas abseits das Trampolin aufgebaut war, auf dem Charlotte mit Sarah tobte, während Scott verträumt daneben saß. Stefanie sprach von den mystischen Eigenschaften der Pflanzen in ihrem Garten. Die Engelstrompeten habe man in Mexiko früher zur Erziehung von Kindern eingesetzt, erklärte sie, sozusagen als pflanzliche Charlotte.

Alec war erstaunt, wie sehr Sarah mit ihrer Nanny jetzt schon ein Herz und eine Seele war, obwohl sie Zigarettengeruch eigentlich nicht mochte und immer wieder befand, dass Charlotte »süchtig« sei. Er sagte, alles, was er wisse, sei, dass Engelstrompeten früher dort benutzt wurden, um die Witwen gefallener Krieger *high* zu machen, bevor sie lebendig mit ins Grab mussten. Stefanie erwiderte, da wisse er immerhin schon mal mehr als andere. Die Geheimnisse von Kräuterdrogen, auch die von Träumen und Beschwörungen seien im Westen leider weitgehend verloren gegangen. »So schade, oder?«, sagte Stefanie. Halbe Drehung des Kopfes zu Alec hin. Und

Alec, der etwa anderthalb Meter schräg hinter ihr stand und über ihren Kopf hinweg aus dem Fenster sah, konnte ihr zumindest bestätigen, dass sie mit dieser Ansicht nicht allein war. Auch eine gewisse Frau Blavatsky habe dies fast exakt genauso formuliert. »Ach?«, sagte Stefanie erfreut. Ob man mit der mal in Kontakt treten könne, wollte sie wissen. Alec musste lächeln und sagte, dass er sich da beinahe sicher sei. Die sei lange in New York auf der 8. Avenue Ecke 47. Straße bei Séancen mit allen Möglichen in Kontakt getreten.

»Die Ecke kenn ich«, rief Stefanie. Da gebe es aber nur einen Drogeriemarkt »von der übelsten Sorte«, wo sie einmal Windeln für Scott kaufen musste. Es habe gerochen wie in einer Chemiefabrik, und das Personal sei bis oben hin voll mit Negativität. »Wenn du zwölf Stunden in so einer Neonlichthölle arbeiten müsstest und dann noch zwei Stunden nach New Jersey pendeln, weil du von dem Gehalt dort in New York nicht leben kannst, wärst du womöglich auch ein bisschen maulig«, gab Alec zu bedenken. Aber Stefanie sagte entschieden: »Nein«, Positivität sei auch eine Einstellungsfrage.

Alec fragte sich, was zur Hölle er hier tat und wohin das führen sollte. Stefanie war zweifellos eine attraktive Erscheinung, wenn auch neuerdings mit starkem Akzent auf dem Aspekt der Erscheinung. Gleichzeitig war sie die Frau eines sehr alten Freundes. Dass der sich gern als väterlicher Gönner gab, war nicht unbedingt eine Rechtfertigung, aber in Alecs Augen immerhin eine Art Erklärung für sein gelegentliches Bedürfnis nach Vergeltung. Und das offenkundig sehr physische Interesse, das Stefanie ihm neben all ihren eher metaphysischen Interessen entgegenbrachte, schmeichelte ihm zum einen Teil, zum anderen war es ihm ein wenig unheimlich.

Aber da das alles hier nun einmal auch Dinge berührte, mit denen er schreibend nicht weiterkam, fragte er im Anschluss Stefanie, ob sie etwa ebenfalls das Gefühl habe, ein zweites, viel umfassenderes Ich zu beherbergen, eines, das unendlich viel mehr wisse und Erfahrungen durch Zeiten und Räume gesammelt habe, die sie persönlich nie betreten hat.

Da sah ihn Stefanie ernst an und bekannte, dass sie diese Zeiten und Räume sogar sehr wohl betreten habe. Sie war in Rom gewesen als Sklavin eines Konsuls, der wie Richard aussah, und sie war die mexikanische Prinzessin, die irgendwann am Ende des 15. Jahrhunderts hingerichtet wurde, weil sie einem Konquistadoren, der sie schänden wollte, die Halsschlagader durchgebissen hat.

Alec konnte nicht an sich halten, und so entfuhr ihm, dass die Spanier erst im 16. Jahrhundert nach Mexiko gekommen seien, aber Stefanie bemerkte milde: »Ich weiß, was ich weiß.«

Alec räumte ein, dass alle Dinge, die jemals waren oder sein werden, im Astrallicht, der Schreibtafel des unsichtbaren Universums, aufgezeichnet seien, da komme es auf die genauen Daten sicher nicht an. Stefanie nickte dankbar. Und Alec erzählte von einem Mann, Schuler mit Namen, der ebenfalls ein Römer der Kaiserzeit war, vielleicht hatte Stefanie ihn ja gekannt? Dieser Herr Schuler war zu seinem Verdruss aber ausgerechnet im München der Jahrhundertwende wiedergeboren worden, mitten zwischen Oktoberfest, Schweinsbraten, Tabakspfeifen, mitten im pausbackig vor sich hin prosperierenden Deutschen Kaiserreich. »Er hat es *gehasst*. Er hat einen bösen Dämon dafür verantwortlich gemacht, und er fand, dass die Toten die eigentlich Sehenden seien und wir nur die Ausnahme.«

Stefanie fand das schön gesagt. Wirklich treffend gesagt, fand sie das. Und Alec fragte sich, ob das die richtige Situation war, auch von dem bizarren Blutkult und Hakenkreuzfimmel dieses Mannes zu erzählen, der ihm bei seinen Studien zur Zivilisationsmüdigkeit in Deutschland untergekommen war. Er fand dann: vielleicht lieber nicht. Außerdem gestand ihm Stefanie nun, dass sie ebenfalls lange das Gefühl gehabt habe, nicht auf diese Welt zu gehören, jedenfalls nicht in diese Inkarnation, dass sie lange nicht wahrgenommen worden sei, soviel sie sich einst auch ins Rampenlicht gestellt habe. Aber das war ja nicht sie gewesen, nicht ihr wahres Ich. Erst jetzt, durch die Ratschläge des Kaunslers, habe sie zum ersten Mal wirklich Boden unter die Füße bekommen. Sie wollte dessen Lehren gern weitergeben.

Alec sagte: »Mach doch.« Frau Blavatsky habe auch voluminöse Bücher veröffentlicht, die ihr von Ratgebern diktiert worden waren, von mysteriösen Meistern, die nie jemand gesehen habe, und zwar lange, bevor es Apps gab, rein durch Telepathie.

Stefanie schaute ihn eine Weile forschend an, und dann drehte sie sich vor ihm um.

AUTO

Vera hatte das Gefühl, dass es an der Zeit wäre, die Dinge offener zu benennen. Nach einer Tankpause fragte sie Richard, wie es *ihm* eigentlich gehe.

Richard schaute sie verwundert an und fragte, wie sie das meine.

»Mit Stefanie«, sagte Vera.

»Bestens natürlich.«

»Hör mal auf, den Pressesprecher deiner eigenen Existenz zu geben. Wir sind unter uns.«

Richard lachte breit, aber Vera spürte die Verunsicherung.

»Ernsthaft«, sagte sie.

Draußen wiesen Schilder darauf hin, dass die Straße nun Sunrise Highway hieß, so als wollte sie grundsätzlich nur ostwärts befahren werden, während der rote Dodge Hellcat röhrend in der entgegengesetzten Richtung unterwegs war, dem Abend entgegen. Richard klappte die Sonnenblende herunter.

Dann seufzte er und sagte ebenfalls: »Ernsthaft.« Er wisse nicht, was Vera meine.

»Du weißt genau, was ich meine.«

»Was meinst du denn?«

»Ich meine, dass du die ganze Zeit so tust, als wärst du Mr. Moneybags mit Uhrenkette und Zylinder, und Stefanie hat jetzt einen Rasputin und spielt im Team Hokuspokus ... Ist das nicht ein bisschen ...«

Vera konnte den Satz nicht beenden, weil Richard mitten auf dem Highway in die Bremse getreten war und sich mit grundsätzlicher Miene zu ihr umwandte, so wie manche Leute beim Gehen nicht antworten können, ohne stehen zu bleiben.

»Ein bisschen?«, rief er, während hinter ihm erschrocken gehupt wurde. »Wir sind im Team Hokuspokus mindestens der Kapitän.« Er schüttelte beim Weiterfahren den Kopf. »Ein bisschen ...« Er konnte es nicht fassen. »Wir sind im Augenblick absolut alles, was es in dieser Hinsicht gibt«, rief er.

»Wir glauben nicht nur an die Kraft der Zuckerkugeln und der Sterne, wir glauben auch an heilende Steine, Pendel, Tarotkarten und daran, dass Impfen Autismus macht. Wir glauben generell an nichts, wofür die Krankenkasse zahlt, dafür schwören wir auf das Gift von gekreuzigten Fröschen.«

»Wieso denn: ›wir‹?«

Richard zuckte mit den Schultern.

Er bat Vera, auf der Landkarten-App ihres Telefons die Stausituation im weiteren Verlauf des Highways zu checken, denn davon hing ab, welchen Übergang zum Long Island Expressway sie nehmen würden. Den richtigen Übergang zum Long Island Expressway durften sie nicht verpassen, sagte Richard und dann: »So was nimmt ja immer eine ganze Familie in Geiselhaft. Dann liegst du nächtelang da und googelst dich bis zu den Seiten von Beratungsstellen für Angehörige von Leuten, die in Sekten geraten sind, und weißt du, was du da lernst? Wenn du denen sagst, wie krank du das findest, machen die endgültig dicht. Das lernst du da. Also sind wir jetzt eben alle auf allerbestem Fuß mit Engeln und Elfen. Wir reden mit Toten. Wir können in die Zukunft sehen. Wir schwingen uns in kosmische Achsen ein, wenn uns danach ist, und danach ist uns ziemlich häufig. Ob wir inzwischen auch an Außerirdische glauben, weiß ich gar nicht. Wundern würde es mich nicht. Aber das liegt an Amerika, sag ich dir. Aliens gibt es nur hier.«

Auf einem Schild, das draußen vorbeiflog, stand »Speonk«. Es war wohl ein Ort gemeint, kam Vera aber vor wie eine Sprechblase im Comic.

»Wieso nur hier?«, fragte sie.

Aliens gebe es nun einmal am häufigsten da, wo am meisten Leute dran glauben, erklärte Richard. Am meisten gebe es daher in Arizona. »Warst du mal in Sedona?«, fragte er. »Wir waren da mal. Das ist das Lourdes für alle, denen der Katholizismus zu naturwissenschaftlich ist. Da kriegst du eine Geld-zurück-Garantie, wenn du es schaffst, nachts keine Ufos zu sehen.«

»Ufos?«, sagte Vera.

»Ufos«, sagte Richard.

Man müsse in Sedona, Arizona, lediglich ins sogenannte Center for the New Age gehen, da fände man die Prospekte sämtlicher Anbieter. Die meisten böten natürlich auch den üblichen Rest an, Engel-Sichtungen, Besuche in früheren Leben.

»Center *for what*?«, fragte Vera.

»Center for the New Age«, sagte Richard. Dort sei Stefanie auch das Buch von dem Kaunsler in die Hände gefallen. »Eigentlich müsste es Center for the Middle Aged heißen.« Er nannte es einen Tempel für Frauen mit Midlifecrisis, so wie der Harley-Davidson-Händler ein Tempel für Männer mit Midlifecrisis sei.

»Oder der, der rote Sportwagen verkauft.«

Richard gab zu: »Oder der.« Er persönlich finde einen Dodge Hellcat und selbst eine Harley-Davidson allerdings schöner als die Art von Leuten, die Fotos von ihrer Aura machen ließen, für seinen Geschmack klänge eine Harley auch angenehmer als die CD mit Om-Gesängen von Chören aus aller Welt, die er, »und das ist kein Witz«, dort wirklich in den Händen gehalten habe.

Sie habe in ihrem Leben Partner gehabt, sagte Vera nach einer Pause, die hätten sich gegen Ende hin so aufgeführt, dass sie gar nicht anders gekonnt hatte, als Schluss zu machen.

»Ja«, sagte Richard. »Und?«

»Es nimmt einem die Schuld. Man ist nicht der Arsch.«

»Ja«, sagte Richard wieder. »Aber worauf willst du hinaus?«

»Bei euch hat man den Eindruck, ihr benehmt euch beide so, um den jeweils anderen zu zwingen, sich zu trennen. Stefanie erzählt, dass ...«

»Das ginge gar nicht«, sagte Richard bestimmt.

Er schüttelte den Kopf. »Das könnte ich ihr nicht antun. Stefanie ist jetzt 42. Der nächste Mann für sie wäre, ganz realistisch, noch mal zehn Jahre älter als ich.« Da sei der Partnerwechsel nicht mehr automatisch ein *Upgrade*.

Vera bat, Richard solle aufhören, so daherzureden. Es klinge manchmal fast so, als meine er es ernst.

Er meine es ernst, sagte Richard.

»Und wer sagt bitte, dass eine Frau unbedingt einen Mann braucht?«

»Nicht alle Frauen, aber Stefanie. Stefanie braucht zwingend ein männliches Wirtstier.«

Jetzt sei es aber mal gut, sagte Vera.

Richard zuckte mit den Schultern.

»*Face it*«, sagte er. »Alec zum Beispiel braucht ein weibliches Wirtstier. Das bist nun du.«

Vera schwieg.

»Siehste«, sagte Richard. Er habe sich diese Fünfzigerjahre-Konstruktion auch mal nicht träumen lassen. »Aber manchmal landest du in einer Rolle, für die du nie vorgesprochen hast. Und dann kommt es drauf an, daraus das Beste zu machen.«

Wenn man eine Entscheidung getroffen habe, sagte Richard, sei es im Zweifel an einem selbst, diese Entscheidung zur richtigen zu machen.

Sie kamen jetzt zu der wichtigen Querung zwischen dem Sunrise Highway und dem Long Island Expressway, dem »LIE«, wie er auf den entsprechenden Schildern abgekürzt wurde. Und nie hatten Vera Straßenschilder so zu denken gegeben.

BUNGALOW

Stefanie sagte, der Kaunsler habe energetische Turbulenzen an ihrem Wurzelchakra lokalisiert, und sie fragte, ob Alec wisse, wovon die Rede sei. Sie stellte sich vor ihn hin, wie damals am Strand, als sie eingecremt werden wollte, nahm seine rechte Hand und legte sie auf ihren Unterbauch. Alec wusste, wovon die Rede war. Alec sagte: *Kundalini*, die weibliche Energie, sie schlafe zusammengerollt am unteren Ende der Wirbelsäule im Wurzelchakra, das *Muladhara* heiße und beherrscht werde vom dickwanstigen Schöpfergott der groben, materiellen Welt, oder etwa nicht?

Mit Wärme und Dankbarkeit sah Stefanie zu ihm hoch. Er hätte sie jetzt küssen können. Aber er sprach weiter, den Blick an ihr vorbei nach draußen gerichtet, wo hinter dem Gitternetz des Trampolins Charlotte in ihrem honiggelben Bikini auf und nieder flog, mit erhobenen Armen, auf und nieder und wieder auf. Alec sprach von der dreieinhalb Mal um das *Linga* gewickelten Kundalini und davon, wie man, rohrpost-style, genug Willenskraft über die *Nadis* durch seinen feinstofflichen Leib hinunterschickt, um Kundalini zu wecken und zum Aufstieg durch die anderen Chakren zu motivieren. Er nannte sie, eins nach dem anderen, sprach unterwegs von Elefanten mit sechs Rüsseln und Flötenmusik auf Höhe des Herzens. Dabei löste er seine Hand von Stefanies Unterbauch und ließ auch sie

Stück für Stück nach oben wandern, immer mit ungefähr fünf Zentimeter Abstand zu ihrem T-Shirt, so als wolle er lieber ihre ätherische Hülle berühren als ihren eigentlichen Körper in seiner irdenen Grobstofflichkeit. Dagegen konnte Stefanie im Prinzip nichts einzuwenden haben. Aber als er seine Hand vier Finger breit über ihrer Schädeldecke zu den Worten »Nun bewohnt sie *Mahabindu*, die metakosmische Leere« vage in der Luft flattern ließ und dann wieder zu sich herunternahm: Da musste Stefanie sich schon ein bisschen mehr als sonst zwingen, ihre Gefühle nicht zu bewerten, namentlich das Gefühl der Enttäuschung.

Sie drehte sich zu ihm herum, nahm sein Gesicht in die Hände, und sagte ohne irgendein Hauchen in der Stimme, sie wisse im Übrigen, dass er ihr nichts als oberflächlich angelesenen Kram runterleiere. Dass er sich lustig macht über ihren … Glauben. »Nur: warum?«

Alec murmelte, dass es ihm leidtue.

Er murmelte: »Sorry.«

»Komm mal raus aus deinem Kopf und *get in contact with your feelings*«, sagte Stefanie, sonderbarerweise zur Hälfte auf Englisch, nun aber in einer Stimme, die Alec ein wenig erschreckte, weil alle Sonne und alles Lächeln aus ihr entwichen war. »Falls du überhaupt welche hast«, fügte Stefanie in diesem kühlen Ton noch hinzu.

»Es tut mir leid«, sagte Alec noch einmal.

Dann haute sie ihm eine runter.

AUTO

Im Rückblick, da waren sich beide schon nach ein paar Meilen auf dem Long Island Expressway einig, im Rückblick waren die Krater natürlich immer schon klar zu erkennen. Nur damals sahen die höchstens aus wie feine Haarrisse, über die man im Rausch des Anfangs noch ganz gut hinwegsehen konnte.

Aber wenn Vera ihn so direkt frage, wo genau er den Beginn der Probleme lokalisieren würde, dann tatsächlich bei den Bioläden. Nicht dass er *grundsätzlich* was dagegen habe. Er sei da »unideologisch«, sagte er: »Bei manchen Sachen macht es Sinn, bei anderen weniger.« Aber Stefanies geradezu religiöse Wut in der Sache hätte ihm vielleicht früher schon zu denken geben müssen: die Spitzfingrigkeit, mit der sie seinen Kühlschrank ausgemistet hatte, das Triumphgefühl, das sie offensichtlich daraus bezog, seine Sachen aus dem Discounter in den Mülleimer zu schmeißen, als sie bei ihm eingezogen war …

Vielleicht zur Kompensation, gab Vera zu bedenken, weil es bei ihm gut lief, während Stefanies Karriere stagnierte.

»Keine Ahnung, kann sein«, gab Richard zu.

»Dass Alec keine Waschmaschine anschließen kann, ohne mich um Rat zu fragen, welcher Schlauch wohin muss«, sagte Vera, das hätte wiederum ihr von Anfang an zu denken geben müssen. »Woher soll ich denn das wissen?«

»Vielleicht wollte er einbindend sein«, schlug Richard vor. »Und modern.«

Vera sagte, sie sei immerhin der Alleinernährer der Familie. Dafür hätte sie im Ausgleich gern einen Mann, der ohne ihre Hilfe die Waschmaschine anschließen kann. Sie hätte generell gern einen Mann, der Dinge erledigen kann. »Wieso muss eigentlich ich jetzt in die Stadt fahren und mich mit der Vermieterin auseinandersetzen? Wieso macht das nicht der Mann?«

»Weil du die Rolle angenommen hast und weil sie dir im Grunde auch gefällt.«

»Tut sie nicht.«

»Doch, Märtyrer ist man, weil man das will.«

»Aha«, sagte Vera beleidigt. »Und was ist deine Rolle?«

»Heizer«, sagte Richard so umgehend, als hätte er über die Antwort auf diese Frage schon seit Jahren nachgedacht. »Ich bin der Heizer, der auf einer Lokomotive steht und immer schneller immer mehr Kohle ins Feuer schaufeln muss.«

»Warum?«

»Weil sich die Lokführerin dauernd über den Ruß beschwert.«

»Es geht darum, dem eigenen Rauch zu entkommen?«

»Yes«, nickte Richard.

Und je mehr er schaufle, desto muskulöser werde er – und desto größer werde Stefanies rauschhafte Begeisterung an der eigenen Fragilität, analysierte Vera. »Und am Ende zieht sie ihr Selbstwertgefühl aus dem Stolz auf ihre Unzulänglichkeiten.«

»Stefanies feinstoffliches Dasein ist natürlich höherwertiger als mein derbes«, nickte Richard.

Auch Vera nickte, sie erkannte das Muster. »Das Schlimmste an Leuten, die ihren Scheiß nicht auf die Reihe kriegen«, erklärte sie, sei »die Herablassung denen gegenüber, die das nötige Geld heimbringen, um ihre zögerliche Genialität zu finanzieren«.

Richard nickte nun noch heftiger.

»Trägheit ist das eine«, rief Vera, »aber wenn dann noch Arroganz dazukommt ...«

Angestachelt von Richards Bekenntnisfuror, ließ sich Vera hinreißen, ihren Mann als »Mr. Softee« zu bezeichnen. Das tat ihr sofort leid, und sie nahm es sofort wieder zurück, aber Richard verwehrte ihr diese Möglichkeit lachend und mit wackelndem Zeigefinger: Gesagt sei gesagt.

Außerdem hatten sie sich so buchstäblich in Rage geredet, dass sich die Raserei im Inneren des Wagens offenbar auf den Wagen selbst übertragen hatte: Auf einmal war der Ford Crown Victoria des Sheriffs von Suffolk County hinter ihnen und schaltete seine rülpsende Sirene an.

Der Mann, der schließlich an Richards Fenster trat, sah ein wenig aus wie ein in Ehren gealterter Schauspieler, der noch einmal einen Polizisten gibt, grauer Schnauzer, gegerbtes Gesicht, den Finger zum Gruß lässig an der Mütze: »Good morning, Sir.«

Richard sagte: »Guten Morgen.«

»*What was that?*«

»*Zat was German.*«

Es funktionierte, so wie es immer funktionierte. Richard gab nicht seine New Yorker Driver's License heraus, sondern seinen Berliner Führerschein, der Polizist drehte und wendete ihn in den Händen und sagte schließlich wie so viele Polizisten vor ihm, dies hier sei nicht »*the German Autobahn*«.

Richard sagte, das sei ihm bewusst. Deswegen sei er auch stur und langweilig mit nur achtzig *miles per hour* hier entlanggekrochen.

»55 sind erlaubt«, sagte der Sheriff. »Hier ist Baustelle. *Fines are doubled.*«

Er schrieb ihnen ein Ticket, und als er es durch das Autofenster hineinreichte, sah er Vera länger in die Augen.

»Sie sollten nicht rauchen, *Madam*.«

»*Really*?«, echauffierte sich Richard, während Vera ihre Zigarette ausdrückte. »Ist das jetzt auch verboten?«

»Schon«, sagte der Sheriff, »wenn Kinder und Jugendliche mitfahren.«

Er deutete auf den Kindersitz im Fond.

»Außerdem lebt man einfach länger.«

Man hätte meinen können, dass er Vera zuzwinkerte, aber nur ein bisschen, als er ihnen eine angenehme Weiterfahrt wünschte.

Richard schimpfte über Willkür und Nazimethoden, während er das Fenster wieder hochfahren ließ. Vera fand das übertrieben, sie hatte der grau melierte Mann mit seiner bestimmten Art beeindruckt, und das machte ihr gleichzeitig gute Laune und auch schlechte.

SEITENWEGE

Vielleicht, schrieb er ihr später, hätten sie doch noch ein bisschen länger auf den Uber-Fahrer warten sollen, dessen Auto-Symbol so zum Verrücktwerden stockend über den Bildschirm des Telefons gekrochen war, stehen blieb, es sich anders zu überlegen schien, zwischenzeitlich ganz verschwand, so dass sie die Bestellung schließlich storniert hatten. Vielleicht hätten sie ihr einfach ein ganz normales Taxi aus dem Ort rufen sollen. Und vielleicht hätte er nicht den Abstecher zum Reservat der

Shinnecock Nation vorschlagen sollen, als Alec sie schließlich in Richards Mercedes nach Hause fuhr. Aber immerhin war Charlotte es gewesen, die ihre Füße auf das Armaturenbrett gelegt und, den Arm aus dem Fenster, nach Zigaretten verlangt hatte. Der Abdruck ihrer Zehen an der Windschutzscheibe war noch zu sehen, als sie ausgestiegen waren und zu den Hütten rüberliefen, die über und über mit bunter Tabakreklame bepflastert waren: ein Zeichenwald, wie es ihn in Amerika kaum noch irgendwo zu sehen gab, seit er weitgehend weggerodet worden war von Gesundheitspolitikern und Nichtraucherkampagnen. Charlotte bezeichnete den Ort begeistert als ein »Heterotop«, und Alec tat ihr den Gefallen, den französischen Denker zu kennen, von dem dieser Begriff stammte. Vielleicht hätte er ihr nicht anschließend auf den Kopf zusagen sollen, dass sie ganz einfach eine Schweizerin war, die lieber eine Pariserin sein wollte. Denn das schien sie zu provozieren, vermutlich weil etwas daran nicht ganz falsch war. Und vielleicht hätte er auch nicht vorschlagen sollen, in der sonderbaren Sports Bar, die dem Reservat gegenüberlag, einen Kaffee zu trinken zu den Zigaretten. Aber er hatte nun einmal das Gefühl, dafür verantwortlich zu sein, dass weder Sarah noch Scott, noch vor allem Stefanie Rauch in Richards Auto riechen musste, wenn sie morgen wieder alle zum Strand damit fahren würden. Und er hatte tatsächlich Lust auf einen Kaffee, denn unter Stefanies Regime bekam man ja keinen im Bungalow. Lust auf einen klassischen Filterkaffee hatte Alec auf einmal: amerikanisch dünn, aber in der Glaskanne auf der Kaffeemaschine über Stunden zu einer Art Motoröl eingekocht, das er in kleinen Schlucken aus einem dickwandigen Pott schlürfen würde, nachdem er sich draußen vor der Tür der Bar eine Zigarette angesteckt hatte.

Charlotte orderte aber ein Bier, denn um die Uhrzeit trinke sie doch keinen Kaffee mehr, sie hatte Feierabend, und es war Zeit für ein *after work beer*.

Er erinnerte sie daran, dass sie mit einem Bier in der Hand nicht rausgehen konnte zum Rauchen, und sie sagte, dass er sich da mal auf was gefasst machen könne. Denn es stimmte zwar, dass man drinnen nicht rauchen durfte und draußen kein Bier trinken, aber sie versuchte dieses rigide Entweder-oder dadurch in ein Sowohl-als-auch zu verwandeln, dass sie sich genau auf die Türschwelle stellte, das Bier in der rechten Hand befand sich drin, die Zigarette in der linken draußen, und ihr Kopf mit den zur Hälfte hochgesteckten, zur Hälfte in dicken Spiralen herunterhängenden Haaren wanderte auf ihrem gestreckten Hals mal zur einen und mal zur anderen Seite, während sie erzählte, dass sie sich mit ihren Euro-Freundinnen hier in Amerika manchmal auf die Eröffnungspartys im Museum of Modern Art schlich und sie dann im Museumsgarten kleine Wetten abschlossen, wie viele Züge sie schafften, bevor einer der Ordner sie aufforderte, die Zigaretten auszumachen.

Im Türrahmen der Sports Bar gegenüber vom Reservat dauerte es exakt zwei Züge, bis der Wirt angeschossen kam und – gar nicht unfreundlich, aber doch sehr bestimmt – klarmachte, dass das so nicht ginge, denn der Rauch zog rein in den Raum und störte. Dann musste sie das Bier eben, ohne zu rauchen, am Tresen austrinken, während sie vom Fernseher über der Bar mit den grellen Farben von Fox News angebrüllt wurden und von Ansagerinnen, die wie kandierte Äpfel aus dem Bild leuchteten, woraufhin Charlotte »Yes« rief, in ihrem französisch gefärbten Englisch: »*Give me my news with a pair of tits and ass, please!*«

Der Wirt schaltete um, kurz waren die vergleichsweise fahlen Farben des öffentlichen Fernsehens zu sehen, und eine Stimme sagte »Bikram has healed and helped tens of thousands of people at minimum – and it has also hurt and destroyed thousands of lives«, bevor der Wirt mit seiner Fernbedienung wieder umschaltete und dabei einen Wirtschaftskanal streifte (» ... and other things that might have an impact on your portfolio ... «), bevor er endlich fand, was er suchte, nämlich Baseball, einen Sport, dessen Regeln und Reiz Charlotte nie verstanden hatte und den sie sich jetzt ein für alle Mal von einem Amerikaner erklären lassen wollte.

Vielleicht hätte Alec daraufhin etwas anderes sagen sollen, als dass es beim Baseball wesentlich darum gehe, irgendwann nach Hause zu kommen, vorher allerdings einen großen Bogen durch die Welt zu machen. Aber dann wiederum waren ihm die kleinen Gesten nicht entgangen, die um den Finger gewickelten Locken, die plötzlich über den Kopf erhobenen Arme, um an der Frisur etwas festzustecken, solche Dinge. Vielleicht hätte er trotzdem nicht den Vorschlag machen müssen, den Bogen ihres Nachhausewegs noch bis zu dem Liquor Store in Hampton Bays hin auszudehnen, wo es, wie er zufällig wusste, tatsächlich Champagner (Frankreich!) dauerhaft im Sonderangebot gab. Allerdings fanden sie beide, dass es in jeder Hinsicht unangemessen war, wenn sich ein *middle aged* Familienvater mit einer sehr viel jüngeren Studentin, noch dazu der Sitterin seines Kindes, mit einer Flasche Champagner zum Rauchen ans Meer setzte. Und nachdem das voreinander geklärt war, taten sie genau das und redeten dort über Balzac. Denn Charlotte kannte natürlich die wesentlichen Romane, aber Alec erzählte ihr von einem Essay, in dem Balzac offensichtlich den Alkohol und die Zigaretten und auch den Kaffee, kurz alles, was Stefanie neuerdings ablehnte, zum Treibstoff der Modernität erklärt habe. Charlotte fand das »spannend« und pustete ihren Rauch ins Alecs Gesicht, worauf der keine Reaktion zeigte, außer umgehend zurückzupusten, und dann zitierte er einen bekannten deutschen Filmkritiker mit der Aussage, dass Zigarettenrauch im Kino einst auch dazu da gewesen sei, die Lücke zwischen zwei Menschen zu füllen. Sie kamen überein, dass sie mit ihren Rauchwolken immerhin dem nahe kommen müssten, was in der Welt von Stefanie und ihrem Ratgeber als Aura bezeichnet wurde. Sie lächelten ein wenig über diese Welt, aber wirklich nur ein wenig, denn irgendwann bemerkte Charlotte, ganz beiläufig, dass der Kaunsler tatsächlich ein *creep* sei. Er habe sich an ihr einmal zu schaffen gemacht, an ihrem Wurzelchakra, um genau zu sein, ganz zu Anfang des Sommers, bei einem Yoga-Retreat in Montauk, und das habe er »nicht so richtig hingekriegt«, erklärte Charlotte. Manche dort hätten ihn danach fertigmachen wollen, weil er nicht nur ein alter Sack sei, der sich an jungen Frauen vergriff, sondern auch weil er ein weißer alter Sack sei, der sich an indischer Spiritualität vergriff. »*Cultural appropriation*«, nickte Alec, denn irgendwie musste er sich zu dieser Offenbarung ja verhalten, und in seiner Verblüffung entschied er sich dafür, nicht über den Kaunsler überrascht zu sein, sondern vielmehr darüber, dass Studentinnen vom Schlage Charlottes überhaupt angezogen wurden von solchen Veranstaltungen zwischen all den WASPs hier draußen. Alec sprach mit der Herablassung des älteren Marxisten von den Kämpfen junger, sprachsensibler »*social justice warriors*«.

Gerade in deren Kreisen stünden »nichtwestliche Wissensweisen« allerdings besonders hoch im Kurs, erklärte ihm Charlotte. Sie schien stolz, ihm nun unter die Nase reiben zu können, was er offenbar alles nicht mehr mitbekam: Selbst die neuheidnischen »Wicca«-Kulte seien wieder en vogue unter den jungen Verächtern der alten, weißen Männer und ihrer Welt- und Wirtschaftsordnung. An der wissenschaftlichen Rehabilitation von Helena Blavatsky werde längst gearbeitet. Auch die abstrakte Malerei sei neuen Forschungen zufolge gar nicht von Kandinsky erfunden worden, sondern von einer Spiritistin aus Schweden.

»Und dabei ist Kandinsky schon Horror«, sagte Alec.

Er nahm ihr die Flasche aus der Hand.

»Hat mich ein bisschen gewundert, dass das jetzt so lange gedauert hat«, erklärte sie amüsiert, als sich dabei leicht ihre Finger berührten, worauf Alec sofort die Flasche wieder losließ: »Jetzt fühl *ich* mich gleich wie ein *creep*.« Sie konnten das nicht weiter diskutieren, weil die Flasche dabei umgefallen war, der schöne Champagner schäumend in den Sand lief und nicht mehr zu retten war.

Nachher, als sie wieder im Auto saßen, ließ Charlotte deshalb auch den Korken der zweiten Flasche, die Alec gekauft hatte (»zwei zum Preis von einer« hatte das Sonderangebot gelautet ...), zum Fenster hinaus knallen. Sie erklärte, dass sie die moralischen Empfindlichkeiten ihrer Kommilitonen inhaltlich nachvollziehen konnte, nur nicht immer die Form, das schrille Pathos der Aufschreie und *shitstorms*.

Sie war also keine Parteigängerin des Ancien Régime, fasste Alec, die Rechte am Steuer, die Linke aus dem Wagenfenster hängend, die Sache so französisch wie möglich zusammen, aber der klassizistische Ernst der Empörung war demnach auch nicht ihres. Sie schaue eher ironisch drauf, bestätigte Charlotte und nahm einen Schluck aus der Flasche. Alec sagte, dann sei sie nach Lage der Dinge der klare Fall einer Romantikerin. »Oh«, sagte Charlotte und zündete sich eine Zigarette an. Denn das war inzwischen auch egal, befand Alec.

Vielleicht hätten sie es dabei belassen sollen. Vielleicht hätte er sie in Sag Harbor einfach absetzen sollen und sich verabschieden bis morgen. Denn es war schnell Nacht geworden, und die schiere Dauer dieses Nachhausebringens musste in sich schon Fragen aufwerfen inzwischen. Aber dann kamen sie an dem Haus von John Steinbeck vorbei, und Charlotte wollte endlich wissen, warum Alec behauptet hatte, dass der Mann Horror sei. Und Alec hatte gar keine Antwort darauf. Die Wahrheit war: Gegen Steinbeck, den wackeren Sozialisten, war im Grunde wenig zu sagen, am allerwenigsten von ihm. Er las ihn nur nicht besonders gern. Und so zuckte er nur mit den Schultern, was immerhin auch als eine Geste durchgehen konnte, mit der die Sache als etwas Selbsterklärendes dastand, etwas, was bei genauerem Nachdenken außer Frage stand. Und Charlotte hatte tatsächlich ihre eigene Theorie: »Der hat in seiner Hochzeitsnacht hier eine komplette Stunde lang telefoniert«, sagte sie. »Und zwar mit seiner Geliebten.« So viel zum Thema Romantik. Ihr musste niemand was vormachen. Und Alec zuckte wieder mit den Schultern.

Er zuckte sogar noch mit den Schultern, als sie vor ihrer Tür angekommen waren und er ihr erklärt hatte, dass sie die letzten Meter nun allein zurücklegen müsse, dass er sie schlecht noch bis an die Wohnungstür bringen könne, wie das am Ende aussehe, wie bei Steinbeck womöglich.

Aber Charlotte erklärte, ganz *matter-of-factly* und so als sprächen sie über ihre Hobbys, dass sie in dem Fall lieber die andere Frau gewesen wäre und gebundene Männer gelegentlich ganz praktisch fände, weil: keine Illusionen, der Sex sei entfesselter als in Beziehungen, und für die Beziehungen wiederum sei es am Ende eher stabilisierend, wenn ein bisschen Reue herrscht.

Das wäre so ein entsetzliches Klischee, befand er. Und da lachte sie, als hätte er etwas außergewöhnlich Dummes gesagt. Der Kapitalismus reproduziere nun einmal laufend alte Rollenbilder, dann bohrte sie ihm den Zeigefinger in die Brust und sagte, das sei ein Zitat von ihm.

Vielleicht hätte Alec darauf irgendetwas Gescheites antworten und dann wieder ins Auto steigen sollen. Aber ihm fiel wirklich nichts Gescheites mehr ein. Also zuckte er stumm mit den Schultern und blieb einfach nur stehen: Musste sie jetzt entscheiden.

Sie könnten ja so tun, als wäre es ihr letztes Mal, erklärte schließlich Charlotte, und dann zog sie ihn einfach hinter sich ins Haus.

GÄSTEHÜTTE

Als er heimkam, war Sarah weg. Sie lag einfach nicht mehr in ihrem Bett. Alec wurde schlagartig nüchtern und hellwach, und alles, was an diesem Abend vorgefallen sein mochte, war weit weg, als er mit pochenden Schläfen über die Wiese rannte, hoch zum Bungalow. Die Glasschiebetür zur Terrasse war nicht ganz geschlossen, das Fliegennetz, das sie zur Abwehr der Bienen hinter die Tür gehängt hatten, bewegte sich sacht im Wind. Der Anblick der beiden links und rechts an Stefanie geschmiegten Kinder riss ihm dann beinahe die Beine weg vor Erleichterung. Wenn er darüber nachdachte, war nichts anderes zu erwarten gewesen, Stefanie konnte schließlich schlecht zwei Kinder an zwei verschiedenen Orten in den Schlaf singen. Aber mit dem Nachdenken war das so eine Sache in dieser Nacht.

Zurück in der Gästehütte, sah er, dass Charlotte noch eine Nachricht auf WhatsApp geschickt hatte.

»So good«, hatte sie geschrieben.

»So true«, schrieb er zurück. Er sah ein graues Häkchen, das anzeigte, dass die Nachricht rausgegangen war, er sah ein zweites graues Häkchen aufblinken, das anzeigte, dass sie zugestellt worden war, und er sah beide Häkchen mit einem Mal blau werden, was bedeutete, dass sie jetzt auch von der Empfängerin gelesen worden waren.

Charlotte schreibt, teilte die App in kursiver Schrift mit.

Eine Nachricht kam: »Geh das jetzt alles noch einmal in Gedanken durch.«

Er schrieb: »Ab wo. Treppe?«

Charlotte schreibt.

»Fußboden«.

Er schrieb: »Was war das eigentlich für ein Buch, das mir auf den Kopf gefallen ist?«

Charlotte schreibt.

»Why love hurts«.

»Seriously?«

Charlotte schreibt.

»A sociological explanation«.

Charlotte schreibt.

»Yes, Sir«.
Er schrieb: »LOL«. Er überlegte, ob das seinem Alter angemessen war. Er kam zu dem Schluss, dass es ihrem Alter angemessen sein musste. Er schickte es ab.
Charlotte schreibt.
Smiley, dem vor Lachen das Wasser in Sturzbächen aus den Augen läuft.
Charlotte schreibt.
»Good night«.
Charlotte schreibt.
Küsschensmiley.
Er schrieb: »Good night«, überlegte eine Weile und setzte nach einem Komma noch ein »darling« dazu. Keine blauen Häkchen. Charlotte schrieb nicht mehr. Charlotte hatte ihr Telefon ausgeschaltet.

POOL

Am nächsten Morgen schlief Alec länger als gewöhnlich, weil niemand da war, der ihn geweckt hätte. Als er schließlich wach wurde und nach dem Telefon griff, war es halb elf. Hinter seiner letzten Nachricht an Charlotte waren die Häkchen jetzt blau, aber sie hatte nichts zurückgeschrieben. Dafür konnte er sie in demselben Moment draußen nach Sarah rufen hören. Der Einzige, der ihm eine Nachricht geschickt hatte, war Richard.

Er solle ihn und Vera vom Bahnhof abholen. Eine Uhrzeit stand dabei. Aber keine Begründung, warum sie nicht mit dem Auto zurückfuhren.

Die einzige Begründung, die Richard auch später von sich geben sollte, bestand darin, dass der Wagen eher eine Belastung gewesen sei: zu rot, zu laut, zu sehr von gestern, zu sehr alternder Mann. »*Midlife crisis car*« nannte er das Auto jetzt, unökologisch, am Ende auch geschäftsschädigend. Es habe Spaß gemacht, »*for a while*«, aber heute gehe so etwas nicht mehr. Er habe ihn daher verkauft.

Nachdem dies gesagt war, nachdem dies mehr oder weniger wasserfallartig einmal vorgetragen war, sollte nie wieder von der Hellcat die Rede sein. Auch Vera zuckte nur mit den Schultern. Mit dem Zug sei die Fahrt letztlich entspannter gewesen.

Alec hörte lediglich mit halbem Ohr hin. Zu sehr war er damit beschäftigt, zu staunen, wie nonchalant alle wieder zum Status quo ante zurückfanden, wie alle so taten, als hätte der gestrige Tag nie stattgefunden, nicht zuletzt Stefanie und Charlotte. Vor allem Charlotte.

Die folgenden Tage wurden zwar kürzer, zogen sich aber in die Länge. Die Formen zerflossen in der Hitze, in den Büschen am Gartenrand krakeelten ein paar Zikaden, die Lautsprecher blieben nun meistens still, Richard schien das Interesse an musikalischer Beschallung verloren zu haben. Ansonsten war nur das Plätschern des Wassers an den Überlaufrändern zu hören, und wenn alle um den Pool herumlagen, kam es Alec manchmal vor wie das, was man im Westernfilm einen *Mexican Standoff* nannte, nur mit Telefonen statt Pistolen. Jeder hielt sein Gerät in der Hand, und jeder hielt sich mit seinem Gerät die anderen vom Leib. Kommunizierte auch jeder mit jedem? Manchmal hatte es den Anschein.

Stefanie, auf der Luftmatratze im Pool treibend, schrieb an Alec: »So gar keine Nachrichten mehr auf einmal? Schade«. Dazu ein Gesicht mit Träne.

Alec übernahm die Nachricht, so wie sie war, und schickte sie an Charlotte, löschte allerdings vorher das Tränen-Emoji.

Richard hackte mit dickem Finger auf sein Telefon ein und war offensichtlich ganz woanders.

Vera las, dass ihre Eltern sich Sorgen um sie machten. Man höre gar nichts mehr von ihr. Die Fotos vom Leben am Swimmingpool, die sie ihnen gelegentlich geschickt hatte, fanden sie hübsch, aber in der Masse dann auch etwas »überkandidelt«. Sie las Vorwürfe seitens ihrer Mutter, zu hoch hinaus gewollt zu haben. Unbedingt hätte es ein Amerikaner sein müssen, einer von daheim habe ihr offensichtlich »nicht angestanden«. Vera hatte diese Formulierung seit Karl-Marx-Städter Zeiten nicht mehr gehört. Sie schmeckte aus diesen kurzen Nachrichten, die immer mit Grüßen von Nachbarn und alten Lehrern garniert waren, die Kümmernis von Eltern, deren Kinder sich das Leben unnötig schwer machten ihrer Meinung nach, die Kümmernis von Eltern, die ahnen, dass die Ehen ihrer Kinder nicht glücklich sind – und die ihnen das zum Vorwurf machten. So fühlte sie sich doppelt unter Druck und doppelt elend: Der Erwartungshaltung ihrer Eltern hätte sie im Grunde nur dadurch begegnen können, dass sie mit Alec glücklicher gewesen wäre, als sie es in Wirklichkeit war. Wie würde das mit ihrer eigenen Tochter werden?

Ihre eigene Tochter lag auf dem Bauch ihres Kindermädchens, die Arme um deren Hals geschlungen, und schlief.

Das Kindermädchen wiederum schrieb an Alec: »Zu traurig, dass Schluss ist.«

Er schrieb, sie hätten ihre Affäre vielleicht etwas überstürzt beendet.

Sie schrieb: »Es war grausam.«

Er fand, sie hätten ihrer Liebe vielleicht doch noch eine Chance geben sollen.

Sie schrieb: »Du bleibst in meinem Herzen.«

Er schrieb, dass er noch einmal nachgedacht habe: Sie könnten durchbrennen, sofort, wohin auch immer sie wolle.

Sie gab zu bedenken, dass er zwanzig Jahre älter war als sie.

Er schrieb, dass das nur Zahlen seien, die nichts bedeuten wollten. Er fühle sich aktuell wie sechzehn, benehme sich hier immerhin auch so.

Sie schrieb: »Haha«.

Er schickte ihr die Zeile »Sixteen, clumsy, and shy«.

Sie antwortete mit einem Fragezeichen.

Er schrieb, das sei aus einem Lied von The Smiths.

Sie schrieb: »20 Jahre älter«, und sie schrieb: »Voilà«.

Er schrieb: »Mais, vous me manques.«

Er bekam keine Antwort.

Er korrigierte in: »Vous me manqueZ.«

Er sah, dass sie etwas schrieb. *Charlotte schreibt.* Aber offensichtlich nicht an ihn.

Er wartete.

Er litt.

Er schrieb an Stefanie: »Die Ära des Synkretismus ist vorbei, haben wir heute gelernt.«

Er fand das selber nicht gut.

Stefanie litt.

Dann warf auf einmal Richard aus seinem Liegestuhl heraus, und ohne vorher irgendeinen Laut zu tun, sein Telefon in hohem Bogen in den Pool.

Es machte kurz *plitsch*, und dann ging es unter. Einfach so.

Die anderen waren aufgefahren. Aber Richard hatte die Arme hinter dem Kopf verschränkt und die Augen geschlossen. Er machte nicht den Eindruck, als ob er jetzt darauf angesprochen werden wollte.

Nur der Kaunsler, der in diesem Moment die Wiese herunterkam, sagte: »Wow!«

Und dann: »Telefone sind die *black boxes of our crashing lives*, hmm?«

Damit setzte er sich auf die Kante von Richards Liege und schaute sinnend dem Telefon nach, dessen Display tatsächlich noch vom Grund des Pools her nach oben leuchtete. Es war nicht weit von der Stelle gelandet, an der nach wie vor Veras Buch »The Errors« wie ein Korallenriff im Wasser wogte.

»Einige Philosophen stellen die Frage, ob unsere biologische Anatomie wirklich in Gänze umfasst, wer wir sind«, sagte der Kaunsler nachdenklich. »Und einige Juristen argumentieren, dass unsere Telefone denselben Schutz genießen müssten wie andere Körperteile. Wenn ich dein Telefon da reingeschmissen hätte«, sagte er zu Richard gewandt, »dann könntest du mich jetzt wegen Körperverletzung belangen.«

Richard sagte nichts, und so nutzte der Kaunsler das Thema, wo er schon einmal Anlauf genommen hatte, um von externalisierten Hirnen zu sprechen, von erweitertem Bewusstsein und von einem Bewusstsein, das außerhalb unserer Köpfe existiert, an das wir uns aber jederzeit andocken könnten wie unsere Telefone an eine Cloud. Er sprach von Kommunikation, die außerhalb ihrer Teilnehmer stattfinde, Gesprächen, die schon da waren, bevor wir dazukamen, und dableiben würden, wenn wir uns wieder ausklinken. Am Ende seines Vortrags kam er wieder auf Richards Telefon zurück, zeigte auf das schwarze kleine Ding da unten im Wasser.

»*Bad news?*«

Richard antwortete nicht, er lag nur da.

Der Kaunsler seufzte und stand auf, sah auf Richard nieder und sagte: »Hat vielleicht nichts damit zu tun, vielleicht aber doch: Du müsstest mal bitte deine Kreditkartendaten überprüfen, bei den letzten Terminen gab es Probleme mit der Abbuchung.«

»Ich habe jetzt auch schon zweimal Probleme gehabt, die Schecks einzulösen«, erinnerte sich Charlotte. »Kannst du mir nicht einfach Cash geben?«

Die alte Dame von nebenan habe neulich ebenfalls etwas von Zahlungsproblemen erwähnt, fiel Vera ein.

»Die Tessen?«, fragte Stefanie von ihrer Luftmatratze aus.

»Herr*gott*«, stöhnte Richard und sagte, ohne die Augen zu öffnen, er habe gerade einen kleinen Engpass, weil ein Investment in Queens gescheitert war, Blei im Boden, und ein paar überforderte Idioten in seiner Bank Schwierigkeiten machten, die nicht sein müssten und auch bald ausgeräumt sein würden. »That's *it*«, sagte er. Er sei es nur so müde. Wenn Charlotte die paar Tage nicht abwarten könne, solle sie seinetwegen ein Kleid von Stefanie nehmen. »Als Pfand oder so. Das war alles irre teuer, das ist alles von Lui Vui und Mau Mau und so, und die zieht es eh nicht mehr an.«

Stefanie schreckte zunächst hoch, als auf einmal von den Sachen die Rede war, die aus einer Zeit stammten, als sie ihre Freundinnen am liebsten bei Barneys und Bergdorf Goodman zum Lunch getroffen hatte. Aber diese Person, das hatte sie sich verordnet, war sie jetzt nicht mehr, und deshalb zwang sie sich, Charlotte ebenfalls zu ermuntern, sich etwas auszusuchen.

Als Charlotte wenig später in einem Kleid einer italienischen Luxusmarke wieder an den Pool trat und sogar nach Stefanies eigener Meinung viel selbstverständlicher darin aussah, als sie es je getan hatte, da empfand sie sich selber als tapfer in ihrem munter klingenden Lob für die jüngere Frau und in ihrem Erdulden von Richards Großzügigkeiten auf ihre Kosten. Gleichzeitig bemerkte sie, wie waidwund Alec von seiner Liege auf die Szene blickte. Beide wiederum verfolgten dadurch die Tirade nur mit halbem Ohr, mit welcher Richard währenddessen Frau Tessen bedachte. Denn es stellte sich heraus, dass diese mitnichten nur die Nachbarin in einem von Deutschen durchsetzten Teil der nördlichen Hamptons war. Sie war vielmehr die eigentliche Eigentümerin dieses Grundstücks, bis Richard es im Zuge eines komplexen Mietkauf-Deals, den er mit der alten Dame vereinbart hatte, abbezahlt haben würde. Den Kredit, den er bei den Banken nicht bekommen konnte, so viel verstand Alec, hatte er sich bei der Tessen geholt – erschmeichelt mit Appellen an die landsmannschaftliche Solidarität und mit dem Import von Schwarzbroten, die nicht wieder hochsprangen, wenn man sie auf den Boden fallen ließ, mit dem Schmuggel von Beelitzer Spargel, der auf den Röntgenbildern am Flughafen ausgesehen hatte wie ein Koffer voll Dynamitstangen, einmal sogar mit einem ganzen Blech Bienenstich. Im Lichte dieser Bemühungen fand Richard es undankbar und kleinherzig von der Alten, ihm jetzt mit einem »Eviction Lawyer« zu drohen, bloß weil er ein paarmal auf fehlende Zahlungseingänge nicht unmittelbar ansprechbar gewesen sein mochte.

Er beteuerte, dass keiner sich über irgendetwas Sorgen machen müsse, er alles im Griff habe oder wieder in den Griff bekommen werde, alles gut sei, sich niemand »ins Höschen machen« müsse. Aber die Wahrheit war, dass niemand von ihnen Richard Mauler jemals so angezählt, so taumelnd, so *deflated* erlebt hatte. Nicht einmal er selbst.

Selbst Vera und Alec fanden es schwer, in diesem Moment kein Mitleid zu haben mit dem Mann, der ihnen – und sich selbst – immerhin ein paar Wochen lang die Illusion eines Sommers in den Hamptons inszeniert hatte, koste es, was es wolle. Und offenbar kostete es zu viel. Selbst Charlotte schaute so bekümmert aus ihrem neuen Kleid, dass sie auf Stefanie wirklich wirkte wie eine dieser verstört in der Welt herumstehenden Minderjährigen auf den Seiten von Modemagazinen. Selbst Stefanie tat es leid, ihren Mann auf einmal so zu erleben, obwohl sie es kommen sehen und entsprechende Schritte eingeleitet hatte. Stefanie sprach für alle überraschend nüchtern – nämlich wie Vera fand, geradezu im Tonfall einer Finanzanalystin auf Bloomberg TV – davon, dass die Probleme wohl leider tiefer gingen und schon länger bestünden, wie das Fernbleiben ihres Gärtners Ramón unter anderem zeige …

Der Einzige, der keinerlei Mitleid zu haben schien, war der Kaunsler. Erfrischt und froh strahlte er Richard an, mit weit geöffneten Armen, so als wolle er ihn zu einem gewonnenen Wettkampf beglückwünschen. Er forderte ihn auf, seine Lage nicht zu beklagen, sondern zu umarmen, sich zu freuen, zu jauchzen und zu frohlocken, den Schmerzkörper, den berühmten, zügig hinter sich zu lassen und den Reichtum seiner neuen Situation zu begreifen.

»Erzähl das einem honduranischen Waisenkind, dessen Eltern auf der Flucht in die Staaten massakriert worden sind«, brummte Alec: »Denk positiv, honey, *there will be so much love and wealth coming your way* in den Sweatshops und Puffs von Tijuana.«

Alle Augen wanderten nun zu ihm. Dermaßen bitter hatte ihn noch keiner erlebt. Aber auch dafür zeigte der Kaunsler jubelndes Verständnis.

Er sei auch einmal so gewesen, erklärte er, er kenne das gut. »Immer ganz in meinem Kopf, immer im Kampf mit der Welt ...« Er musste lächeln, wenn er daran dachte. »*We come from very similar places*«, sagte er auf Englisch, und dann war es Alec nicht mehr ganz klar, ob noch er angesprochen war oder schon wieder Richard, denn der Kaunsler sagte: »Ich war auch mal so ein *business guy*, damals, lange her, *back in the day*, Marketing, immer im Hamsterrad, Erfolg, Drinks, Bars, Girls ... *back in the day*.« Er winkte ab. Er lächelte. Wie weit das alles hinter ihm lag. Es blieb unausgesprochen und für seine Zuhörer zum Selberausmalen, wie er danach, wohl mit Mitte vierzig, auf den Weg zu Erleuchtung und Biegsamkeit gefunden hatte. In der Tat hatten sie ihn mehrmals sämtliche Gliedmaßen so hinter den Kopf verräumen sehen, als wolle er sich selbst in einem Postpaket verschicken. Er strahlte Richard an. Fast schien er neidisch auf dessen Lage.

»*There is so much* growth«, rief er ihm ins Gesicht, so viel Potential für Wachstum stecke in alldem, und zwar nicht nur persönlich, nicht nur spirituell. »Nein«, sagte er und machte eine bedeutsame Pause. »Auch wirtschaftlich.«

Er setzte sich hin, holte ein Notizbuch und einen Stift aus den Weiten seiner Beinkleider und wurde ganz sachlich: »Was will der Markt? Und was hätten wir zu bieten?«

In den folgenden Minuten staunte nicht nur Richard über Stefanie, die auf einmal dastand wie bei einer PowerPoint-Präsentation im Businesskostüm: Der östliche Zipfel von Long Island war voll von wirtschaftlich erfolgreichen oder von Haus aus wohlhabenden, kulturell aufgeschlossenen Großstadtmenschen, die hier draußen durchaus auf der Suche waren. Nach was? Nach etwas, was sie von der Natur, vom Natürlichen erwarteten. Allerdings durfte man diesen Begriff nicht auf das Meer und das Dünengras beschränken, man musste ihn weiter fassen, elementarer: In einer Welt, in der für die physischen Bedürfnisse mehr als gut genug gesorgt war, spielten die metaphysischen eine umso größere Rolle. Alec hatte den Eindruck, den Kaunsler aus ihr sprechen zu hören, und der Kaunsler nickte auch wie ein zufriedener Schulmeister. »Amerika ist ein tiefreligiöses Land. *Mind that!*«, sagte er. Im Landesinneren rannten sie sonntags zum Teil mit ihren Gewehren in die Kirchen, an den liberalen Wohlstandsküsten waren die mystischen Bedürfnisse weltoffener, experimentierfreudiger, aber auch anspruchsvoller. »So viel Leid sucht nach Heilung!«, rief er. »Und wo wird besonders viel gelitten?«

Vera schlug die Sozialwohnungssiedlungen der Bronx vor, wo oft Armut, Übergewicht und die Schießereien von Gangs …

»Nein, nein!«, sagte der Kaunsler mit einer wegwischenden Handbewegung. »Die sind glücklich dort. Jedenfalls wollen die nicht geheilt werden. Die Leiden, die wir heilen, muss man sich erst einmal leisten können.« Und am meisten werde tatsächlich da gelitten, wo man es sich auch am meisten leisten konnte: immer in den größten Häusern, *south of highway, beachfront*.

Der Kaunsler hatte lange Jahre lang recht einträgliche Zeremonien in Yoga-Studios veranstaltet, die er für die Nächte anmietete, wenn die Preise günstig waren. Aber wenn die halluzinogenen Meditationshilfen der Indianer aus Hochland wie Regenwald, wenn all die berauschenden Lianen und Kakteen aus kulturellen Rücksichtnahmen für die Weißen, die *Caucasians*, die *Europeans*, nun zum Tabu geworden seien, wenn nun inzwischen selbst das Yoga-Studio an sich zum umstrittenen Ort geworden sei: was dann?

»Was dann?«, fragte der Kaunsler noch einmal.

Aber niemand wusste es.

Da gab er nach einer Weile eine kleine Hilfestellung.

»Wie hat die deutsche Nachbarin die Gegend hier genannt?«

»Kraut-Hamptons?«, sagte Vera.

»Kraut-Hamptons«, nickte der Kaunsler.

»Was ist das für ein Begriff? Wie nennt man so was? Alec?«

Alec mochte es eigentlich nicht, in dieser Art »drangenommen« zu werden, er wollte sich von diesem Mann eigentlich nicht als Schuljunge behandeln lassen. Eigentlich. Aber dann war da die Eitelkeit desjenigen, der nun einmal Dinge weiß.

»Ethnophaulismus«, sagte er. Er registrierte dankbar die erhobenen Augenbrauen von Charlotte. »Ein amerikanischer Ethnophaulismus für Deutsche.«

»Ein amerikanischer Ethnophaulismus für Deutsche«, freute sich der Kaunsler. Er schmeckte dem schwierig auszusprechenden Wort genießerisch nach. Der österreichische Ethnophaulismus für Deutsche war Piefke. Der schweizerische Ethnophaulismus für Deutsche war Gummihals. Charlotte zuckte mit den Schultern. Sei halt so. Einen österreichischen Ethnophaulismus für Schweizer gab es offenbar nicht. Der schweizerische für Österreicher lautete, Charlotte zufolge: Creep.

Der Kaunsler lächelte, wie immer, schief, wenn er so angesprochen wurde. Er fragte: »Was ist ein *Kraut*?«

Einer, der Sauerkraut aß, das wussten alle, obwohl keiner von sich behauptet hätte, das besonders häufig und besonders gerne zu tun. Nur Stefanie schätzte Sauerkraut, allerdings als Saft aus dem Bioladen, als natürliches Abführmittel, wenn Scott Verstopfungen hatte. Dass es mit der Schifffahrt zu tun hatte, wusste nur Alec, mit der Bekämpfung von Skorbut, ähnlich wie der Zitronensaft der Engländer, fügte er an, die deswegen bis heute auch … Aber der Kaunsler schnitt ihm mit einer Handbewegung das Wort ab.

»Was ist ein *Kraut*?«, fragte er abermals und richtete dabei einen dringlichen Blick, als ob er einem Kind das Versteck eines Ostereis verraten wollte, auf den Rand des Rasens.

»Was wird *noch* als Kraut bezeichnet?«

Und da, endlich, fiel der Groschen bei Richard.

»Dit Jestrüpp?« Er berlinerte jetzt vor Erschöpfung.

»Das ›Gestrüpp‹, lieber Richard, sind magische Wesen.«

Der Kaunsler nickte feierlich. Doch, wirklich: Wesen. Das gute alte Bilsenkraut und der Taumel-Lolch, der schließlich nicht ohne Grund so hieß, und die Alraunen natürlich, die bekanntlich dort vor allem wuchsen, wo einst Gehenkte ihren letzten Samen hatten fallen lassen. Das war nicht nur Natur, das waren selbst kraftvolle Naturen. Die Pflanzen schrien, und zwar nicht nur die Alraunen mit ihren Wurzeln in Menschengestalt. Wenn man genau hinhörte, sehr genau, mit feinsten Mikrofonen, dann konnte man die Pflanzen leise gurgeln hören beim Trinken. Und vor allem: Die waren von hier. *Homegrown. Local.* Und garantiert *organic.* »Knallen ganz gut, die Hortensien, oder? So rein optisch, nicht wahr?« Der Kaunsler streichelte über eine der üppigen blassvioletten Blüten beim Pool. Dann riss er sie zu Stefanies Erschrecken jäh ab und hielt sie Richard unter die Nase: »Aber weißt du, wie die erst mal knallen, wenn du die rauchst?«

Richard schüttelte fassungslos den Kopf, während der Kaunsler ihm erklärte, dass er Stefanie diese Pflanzen hier hatte großziehen lassen, weil sie magische, bewusstseinserweiternde Kräfte hatten. Man musste den Ureinwohnern Amerikas nicht ihre Rauschmittel entreißen. »Wir haben eigene.«

Alec erinnerte daran, dass »Kraut« nicht unbedingt ein Begriff sei, der besonders *einladend* wirken würde, nur mal so als Kommentar aus amerikanischer Sicht. Aber den Kaunsler focht das nicht an. Begriffe! Worte! Worte konnten die Polung wechseln. »Made in Germany« sei auch mal als Abschreckung gemeint gewesen, und das sage er als Österreicher.

Richard ging, immer noch kopfschüttelnd, zum Beckenrand und fragte, was sich der Kaunsler eigentlich vorstelle. Er streckte, wie immer, wenn er zu einem Kopfsprung ansetzte, die Hände weit von sich und reckte sich.

Er wartete die Antwort des Kaunslers nicht ab. Richard nahm Schwung – und in diesem Moment, in dem Moment, in dem Richard Mauler vor ihm mit erhobenen Armen zum Sprung ins Wasser ansetzte, hatte Alec Kline eine Erkenntnis, die ihm vorkam wie eine Epiphanie. Er hatte in diesem Moment auf einmal das Bild eines Knaben vor Augen, der sich in der gleichen Pose, von hinten gesehen, der Sonne entgegenreckt. Das Bild hatte der Jahrhundertwende-Hippie gemalt, dessen Atelier-Haus er mit seinen Kommunarden damals am Rand von Berlin nicht hatte erwerben können, weil die Gemeinde, wie es hieß, das Entstehen einer Pilgerstätte befürchtete. Von diesem Motiv, dem Knaben, der sich der Sonne entgegenreckt, hatte er wesentlich gelebt, der Jahrhundertwende-Hippie. Es war das verbreitetste Postkartenmotiv gewesen im Deutschen Kaiserreich. Nun glich Richard Mauler weder von vorne noch von hinten einem zarten Knaben, deshalb war er all die Male, die er ihn so abspringen gesehen hatte, vielleicht auch nicht darauf gekommen. Aber die Pose war die gleiche. Und diese Pose wiederum, das war die eigentliche Erkenntnisbombe, die in diesem Moment vor Alecs Augen platzte, diese Pose, gestreckter Leib, links und rechts des Kopfes ausgestreckte Arme: Das war …

Er saß vor Aufregung auf einmal aufrecht auf seiner Liege.

Pa-latsch.

Richard tauchte ein ins Wasser, und die Spritzer bekamen so gut wie alle ab. Er tauchte nach seinem Telefon, holte es hoch, warf es auf den Rasen. Tot. Egal.

Dann lehnte er sich mit dem Rücken an den Beckenrand, die jetzt noch muskulöser wirkenden Arme hinter sich abgestützt, und schaute dem Auftrieb seiner Zehen im Wasser zu.

Wenn er hier als Ratgeber gefragt wäre, dann würde er Richard einen Vorschlag machen, den dieser in seiner misslichen Lage schlecht ablehnen könne, bemerkte nun der Kaunsler. Dann stellte er fest, dass er tatsächlich um seinen Rat gefragt worden war, von seiner Klientin Stefanie, der er trotz offener Rechnungen gern zu Diensten sei, und dann machte er seinen Vorschlag.

Er bestand darin, Richards Bungalow für ein *Retreat* zu nutzen.

Richard fuhr kurz auf, schaute den Kaunsler an, als wolle er ihn töten, und sackte dann ins Wasser zurück.

»Richard«, sagte Stefanie, und in der Art, wie sie das sagte, war für alle zu erkennen, dass sie in dieses Vorhaben eingeweiht war.

In der Pause, die nun eintrat, räusperte sich Alec und sagte: »Runen.«

Ob sie womöglich vorhätten, zu den *homegrown* Kräutern, die sie verabreichen würden, auch Runen nachzutanzen, fragte Alec.

Der Kaunsler starrte ihn scharf an.

»So als ... Yoga des Nordens?«

Der Kaunsler starrte weiter.

»Wie dieser andere Österreicher, wie hieß er denn?«

»List«, sagte der Kaunsler. Dann zeichnete sich ein dünnes Lächeln ab um seinen Mund und anerkennend ließ er den Zeigefinger in Alecs Richtung wackeln.

»Richtig: List.«

Alec war irgendwann auf diesen Mann gestoßen, als er sich in das Thema der Zirbeldrüsen eingelesen hatte, und eine besondere Rolle hatten die Zirbeldrüsen bei einem gewissen Lanz gespielt, bei dem sie elektrische Sinnesorgane waren und prinzipiell zu Telepathie und Allwissenheit befähigen würden, wenn die Menschen sie nicht hätten degenerieren lassen. Dieser in sich schon bemerkenswerte Mann hatte einen Lehrer gehabt, der sich Guido von List nennen ließ und das körperliche Nachtanzen von germanischen Runen empfahl, um an deren mystische Kraft anzudocken. Alec war ein paar Nächte lang sehr gefesselt gewesen von alldem, allerdings eher in der Art, in der die Leute die Augen auch von Verkehrsunfällen nicht lösen können.

»Das waren am Ende auch die Gurus von Hitl...«

»Babababa«, machte der Kaunsler.

»... und von Himml...«

»Nicht immer alles mit der Nazikeule kaputt hauen«, mahnte er.

Das müsse man alles auch mal »im Kontext der Zeit« sehen, beschied der Kaunsler, und Alec lachte bitter. Er wünsche »Good luck!«.

Der Kaunsler winkte ab und wollte sich wieder Stefanie zuwenden. Aber Alec ließ das Thema noch keine Ruhe.

»Rreinigung!«, bellte er und »Säuberrung des Orrganissmuss von Gifftstofffen!«. Sie könnten das zu gründende Unternehmen »List & Lust« nennen, höhnte Alec. Denn es habe einen Mann gegeben, der hieß Lust, kein Witz, kam aus Deutschland und wollte, etwa zu der Zeit, in der List in Wien das Tanzen germanischer Runen predigte, in New York Blutwäschen und Jungbrunnen einführen. »Das könnte für die Klientel hier draußen eigentlich super funktionieren«, fuhr Alec fort: »Jung bleiben durch Sitzbäder – exakt so wie Richard hier. Ihr könnt den Pool benutzen. Nach der Lehre dieses Herrn Lust muss man einfach sieben Stunden durchgängig im Wasser sitzen bleiben, dann wird aller Dreck von allein aus dem Körper gewaschen, durch Osmose. Stinkt dann natürlich ganz schön. Aber hier im Freien ...«

Vera stand auf und sagte, sie könne sich den Unsinn nicht länger anhören, und ging mit tadelndem Blick auf Charlotte nach ihrer Tochter sehen.

Charlotte schien das aber nicht zu bemerken. Charlotte schien auch Alecs Tirade kaum zugehört zu haben. Charlotte tippte und wischte auf ihrem Handy herum. Wischte und tippte.

Stefanie sagte, dass sie enttäuscht sei von Alec. Er benehme sich schlecht. Beleidige sie und ihren Gast und trample auf den Überzeugungen anderer herum.

Richard hatte den Mund zu einem Strich gepresst, aus dem auch durch Osmose nichts mehr herauszukriegen war.

Vera sagte, so als sei Alec schon gar nicht mehr anwesend: »Der ist halt viel zu sehr in seinem Kopf.«

Stefanie und der Kaunsler nickten traurig.

»Gut, Freunde«, erklärte Alec und stand abrupt auf, »ich bin dann mal lieber bei Pete's Parlor und schreibe.«

Schon auf dem Weg dahin verlor er allerdings die Lust und kehrte wieder um. So kam es, dass er beim Zurückkommen mit ansehen musste, wie Charlotte, das Kleid von Stefanie am Leib, ihre Jeans und ihr T-Shirt in einer Plastiktüte, von einem Motorradfahrer abgeholt wurde.

Als der Motorradfahrer kurz den Helm abnahm, um Charlotte einen Begrüßungskuss nebens Ohr zu pusten, sah Alec, dass es der Rettungsschwimmer von ihrem Strand war. Seine Pickel hatte er offensichtlich mit einem Puder überdeckt.

PARTY, DRAUSSEN

Hinter dem Schloss, einem modernen Bau im Renaissancestil, dehnte sich eine Rasenfläche mit vereinzelten Gruppen von Gästen, die beim Plaudern gelegentlich auflachend die Schultern zurückwarfen. Ein Kiesweg lief in Windungen über die Wiese und mündete in die kalksteinerne Umfassung eines Swimmingpools. Dorthin schritt Vera, und indem sie das tat, wurde ihr bewusst, dass sie einen Fehler begangen hatte.

Dabei hatte sie sich schon den ganzen Tag über in einem Maße gefreut, wie sie sich zuletzt als Kind auf Weihnachten gefreut hatte, und auch der Gedanke daran, dass Weihnachten zu diesem Zeitpunkt nur noch vier Monate entfernt war, hatte ihre Laune nicht eintrüben können, jedenfalls nicht über die Maßen.

Nur jetzt, als es sozusagen Zeit für die Bescherung war, musste Vera feststellen, dass sie bei all ihrer Vorfreude, möglicherweise sogar *wegen* dieser Vorfreude einen wirklich fatalen Fehler gemacht hatte. Im Rückblick war sie nur mit sich selbst uneinig, wann genau er ihr unterlaufen war: in dem Augenblick, als sie feierlich die Pumps mit der roten Sohle aus dem Koffer gehoben hatte – oder bereits in dem Moment, in dem sie diese zum Totlachen hohen und zum Heulen teuren Schuhe erstanden hatte. Jetzt kam dazu noch die Scham, dass sie sich unter dem Eindruck einer *Fernsehserie* dazu hatte hinreißen lassen, die im Wesentlichen eine Satire auf die Behauptung gewesen war, dass Frauen ihres Alters das Lebensglück, zumal in New York, nicht anders als auf sehr hohen *heels* mit sehr roten Sohlen finden könnten. Selbstverständlich hatte Vera auch damals gewusst, was sie von so etwas zu halten hatte und was

Alec von so etwas halten würde, das wusste sie erst recht. Aber dann hatte sie sich eines Tages, eines besonders frustrierenden Kliniktages, kurzerhand selbst damit beschenkt: Sie hatte sich die roten Sohlen zur Versöhnung mit dem Dasein *gegönnt*, so wie an anderen Tagen einen roten Wein, nur ohne das gleiche Maß an Gratifikation. Denn seitdem hatten diese Schuhe die meiste Zeit in jeweils einem hübschen kleinen Säckchen auf den angemessenen Anlass warten müssen. Viel zu selten hatte es mal einen gegeben, und jetzt, wo der Tag da war, der Vera am Morgen noch wie gemacht für diese Schuhe erschienen war, da wurde ihr am Nachmittag drastisch vor Augen geführt, dass nicht nur die Fernsehserie inzwischen sehr aus der Mode gekommen schien, sondern offensichtlich auch die darin propagierten Rezepte für das Leben. Denn Vera hatte einerseits zwar gewusst, andererseits aber trotzdem nicht in letzter Konsequenz bedacht, dass die Party, für die sie sich zurechtmachte, wesentlich eine *Garten*party sein würde.

Tafeln waren hier und da auf dem Rasen aufgebaut und mit weißen Tischdecken überworfen worden. Flaschen standen darauf, Eiskühler, Gläser. Junge Männer trugen gestärkte weiße Hemden, junge Frauen weiße Bluse. Krawatten verschwanden kurz unterhalb des Knotens mit einer bauchigen Windung in der Knopfleiste, um nicht in die Getränke zu hängen. Haare waren streng zurückgenommen und saßen als Dutt oder Pferdeschwanz auf den Hinterköpfen. Getränke wurden an den Tischen ausgegeben und auf Tabletts gereicht. Gäste in hellen Sommerkleidern, hellen Sommerhosen, hellen Sommersakkos nahmen aber fast ausschließlich das Wasser, mild sprudelndes Mineralwasser mit Gurkenschnitzen, Wassermelone oder geschälten Scheiben von der Blutorange in den Tiefen der bauchigen Gläser. Ihre sommerliche, allenfalls dezent feierliche Garderobe ließ Vera hoffnungslos *overdressed* aussehen.

Vera trug das dunkle Kleid, das sie bis zu diesem Nachmittag als ihr festlichstes, daher auch schönstes betrachtet hatte, hier nun aber am liebsten sofort ausgezogen und einem der Kellner auf das Tablett geknüllt hätte – wenn denn mal einer auch bei ihr vorbeigekommen wäre. Sie hatte ein leeres Champagnerglas in der Hand und wollte ein volles. Aber die Mädchen mit den Pferdeschwänzen und die Knaben mit den Knoten auf den Hinterköpfen bewegten sich wie auf Schienen in der Ferne an ihr vorbei. Sie hätte Alec bitten können, ihr ein Glas zu holen, aber sie biss sich lieber auf die Lippen, denn eigentlich, fand sie, hätte er das auch von allein bemerken können.

Selbst hingehen? Ging eben auch nicht. Weil Vera bei der Auswahl der Schuhe diesen einen Fehler gemacht hatte, der ihren Fehler bei der Auswahl des Kleides an Katastrophalität noch übertraf. Dass Stefanie im Gegensatz zu ihr Sandalen mit wuchtigen Keilabsätzen aus – was war das eigentlich: geflochtenes Stroh? – angezogen hatte: Das hätte ihr daheim schon zu denken geben sollen. »Hier sind *wedges* praktisch«, hatte Stefanie mit Anteilnahme in der Stimme gesagt, als sie angekommen waren, aber da nützte Vera das auch nichts mehr. Mit ihren Pfennigabsätzen kam sie auf dem Kies nicht voran, und auf dem weichen Rasen des Gartens sank sie ein. Wenn sie nicht, gestützt auf Alecs Arm, ganz auf den Ballen lief, drohte sie hintüberzukippen. Daher kam sie sich jetzt am steinernen Rand des Pools vor wie jemand, der auf einer Tretmine steht, stand mit zusammengebissenen Zähnen da und verabreichte sich innerlich Ohrfeigen dafür, für einen Opernball angezogen zu sein, während es in Wirklichkeit zu einem Charity-Empfang bei einem Unternehmer oder *hedgy* oder Kaufhauserben *south of highway* gegangen war, sie wusste nicht einmal, wer der Gastgeber war, am helllichten Nachmittag jedenfalls, so dass also leichte Sommersachen angemessen waren, die üblichen Etuikleider, luftige Röcke, weißes Leinen, hier und da üppig bepflanzte Hüte gegen die Sonne, aber ganz sicher kein Abendkleid und keine zwölf Zentimeter hohen Absätze, auf denen ihr das Laufen schon schwerfiel, wenn es auf solidem Parkett stattfinden sollte.

Ein Fotograf kam auf die Gruppe zugesteuert, die zusammengedrängt stehen geblieben war wie eine verängstigte Herde in fremder Umgebung, zwei Frauen, zwei Männer. »Was glaubt der, wer wir sind – ABBA?«, rief Vera, während der Fotograf bereits sein Bild machte und Stefanie sofort in die leicht zur Seite gedrehte Pose von Leuten geglitten war, die es gewohnt sind, auf roten Teppichen fotografiert zu werden. Richard hatte den Bauch eingezogen und ein ausdrücklich übertriebenes Haifischlächeln aufgesetzt. Alec schaute genauso ausdrücklich desinteressiert woandershin, dass er auf dem Bild am Ende vermutlich wieder am besten wegkommen würde. Und Vera wusste auch schon, für wen von ihnen das Gegenteil gelten würde. »Noch mal bitte«, rief sie und: »Ich hatte den Mund offen, das war leider nix.« Aber indem sie das rief, schien der Fotograf zu bemerken, dass sie tatsächlich nicht die war, für die er sie gehalten hatte. Er bellte: »Who are you?« Es klang wie ein Vorwurf. Er ließ sich die Namen in ein kleines Mikrofon an seiner Kamera sagen. Nachdem Richard seinen Namen vorsichtshalber buchstabiert hatte, mitsamt »V.« in der Mitte, buchstabierte auch Alec »S-C-R-O-O-G-E ... Mc-D-U-C-K« in das Gerät, den amerikanischen Namen für Dagobert Duck.

Vera verdrehte die Augen. Der Fotograf nahm es teilnahmslos hin, dann ging er weiter.

Was hatte sie sich denn vorgestellt, fragte sich Vera und wusste selbstverständlich auch die Antwort: eine Party wie in Romanen und Filmen. Ein Anwesen hatte sie erwartet, das geschmückt war wie ein Weihnachtsbaum, Kleider wie Lametta, cremefarbene Anzüge, Männer unter duftig in die Stirn fallendem Haar, aus breiten Kinnladen Bonmots an Frauen in Paillettenkleidern richtend, Gelächter, verschütteten Champagner, fliegende Gläser, Streit, Tränen, Küsse, Rausch und Beschleunigung des Daseins. Sie wäre bereit gewesen, mit spitzen Schreien des Wiedersehens Frauen um den Hals zu fallen, deren Namen sie gar nicht kannte, solange die dabei Cocktailgläser in der Hand hielten. Stattdessen aber sah sie hier nun vor allem ältere Damen mit Wassergläsern, die groß genug waren, um nachts die dritten Zähne darin zu lagern. Sie sah Umarmungen, die jede Berührung vermieden. Sie sah sogar einen Mann, der sie an ihren mürrischen Schichtleiter aus der Park Slope Food Coop erinnerte, mit seinen Beuteljeans und Gesundheitsschuhen. Aber auch dass sie selbst hier jetzt, haha: stehen konnte, unterlief ihre eigenen Ansprüche an die Exklusivität der Veranstaltung. Dass die anderen drei sie nicht allein herumstehen ließen, war so gesehen eine Hilfe, aber ein Trost war es nicht.

Richard ging leicht in die Hocke, richtete sich wieder auf, ging wieder in die Hocke.

»Kniebeuge?«, fragte Vera.

»Bitte nicht reinspringen«, sagte Stefanie.

»Infinity Pool«, antwortete Richard mit zusammengekniffenen Augen. »Wenn du aus dieser Höhe schaust, geht das

Blau vom Pool mit dem Blau vom Meer zusammen«, sagte er. »Wenn du dagegen von hier aus guckst«, und damit richtete er sich wieder auf, »hast du das Weißgelb der Düne dazwischen. Auch schön«, meinte er. »Aber das Blau vom Meer ist an der Brandung heller als das Blau vom Pool und hinten wiederum dunkler. Das Blau vom Himmel ist wiederum heller als das Blau von Meer und Pool zusammen – und gleichzeitig tiefer.«

Die anderen schauten ihn an. Was wollte Richard Mauler ihnen sagen?

»Drei Farben Blau. Drei Ebenen der Ferne«, erklärte er. »Drei Mal Unendlichkeit.« Richard Mauler wollte auch einmal zeigen, dass ihm romantisches Empfinden nicht fremd war.

»Pools sind nicht unendlich«, sagte Stefanie kühl. Und dann: »Richard, wir müssen.«

Vera bemerkte, dass Frau Tessen über die Wiese gewackelt kam, die alte Dame winkte, wollte mit Richard und Stefanie sprechen, wurde aber von Bekannten aufgehalten, mit denen sie Höflichkeiten austauschen musste. In diesem Moment hatte Stefanie Richard schon beim Arm genommen und führte ihn mit sanftem Druck in die entgegengesetzte Ecke des Gartens. Es sollte aussehen wie ein Paar, das flaniert. Tatsächlich sah es aus wie eine Verhaftung, befand Alec. Vera sah keinen Grund, ihm da zu widersprechen.

Ihr fiel nur auf, dass sie Lust hatte, Alec zu widersprechen, ganz einfach aus Prinzip: seinem Ton, der ganzen Haltung. Es ging ihr auf die Nerven, wie er neben ihr stand und in feindseliger Begeisterung die Leute musterte, statt ihr ein neues Glas Champagner zu holen. Es ging ihr allerdings auch auf die Nerven, dass sie ihn damit zwar beauftragen könnte und dann sicher auch beliefert werden würde. Aber das war nicht das, was sie unter Aufmerksamkeit verstand und brauchte. So köchelte Vera auf den heißen Steinen am Pool in ihrer eigenen Wahrnehmung vorerst weiter vor sich hin, während Alec an den Fronten seines inneren Erlebens in ganz eigene Kämpfe verwickelt, konkret nämlich mit der Frage beschäftigt war, wie das eigentlich wäre, wenn er stattdessen jetzt mit Charlotte hier stünde.

Er konnte sich Charlotte in diesem Ambiente gar nicht vorstellen, es sei denn als eine von den Angestellten. In seinem Tagtraum würde Charlotte eine Flasche und zwei Gläser von der Bar nehmen und ihn in der gleichen Weise die Düne hochziehen wie damals ihre Treppe. Als er sich zwang, denselben Gedankengang vorsichtig wieder zurückzuwandern bis zu der Frau, mit der er in Wirklichkeit hier war, und dabei wieder an den Tischen mit den Flaschen und den Gläsern vorbeikam, fragte er sich, ob er noch einen Drink organisieren sollte. Aber dann wiederum schien ihm Vera im Moment gar keinen zu wollen. In der Art und Weise, wie sie ihr leeres Glas hielt, nämlich mit der Öffnung nach unten, schien ihm ein Statement zu liegen. Außerdem fand er das auf einmal auch würdelos, sich in der Hitze des Nachmittags volllaufen zu lassen, bloß weil es ging, bloß weil sich die Tische unter den Flaschen ganz buchstäblich bogen, bloß weil ein Überangebot herrschte, das johlend nach Nachfragern schrie. So blieb auch Alec einfach noch eine Weile so stehen: Wenn Vera hier jetzt stehen wollte, dann bitte schön. Seine Gedanken kreisten um den Begriff »jemandem beistehen«.

Immer mal wieder ergab es sich, dass andere Paare vorbeikamen, »Hi« riefen und manchmal sogar »How do you like the party?«, bevor sie winkend weiterschlenderten, ohne so zu tun, als ob sie Wert auf eine Beantwortung dieser Frage legten. Vera lächelte sich dann durch das Wort »amazing«, weil das zu gehobenen Mundwinkeln zwang, und Alec sagte jedes Mal »awesome«, weil sich das auch mit fast geschlossenem Mund sagen ließ.

Schließlich reichte es Vera. Mit einem Mal bückte sie sich, riss ihre Schuhe von den Füßen und hängte sie dem überraschten Alec in die Hände. Dann marschierte sie barfuß auf den nächsten Kellner zu und nahm sich zwei Gläser, die sie beide selber hinunterstürzte. Schließlich fingerte sie ihre Zigaretten aus der Handtasche. Es war das erste Mal, dass sie wieder offen vor Alec rauchte.

Der seufzte und nahm sich ebenfalls eine.

»*That's* the spirit!«, rief ihnen ein Mann aus einem Rollstuhl zu. Der Mann hatte ein Bärtchen, das Vera an das von Charlie Chaplin erinnerte, nur saß es bei ihm unter dem Mund statt darüber und war genauso weiß wie der Anzug und die Caesarenfrisur, die dem Mann auf dem Kopf saß. »Grün gestrichener Beton wäre für uns beide besser, was?« Der Alte deutete auf den Rasen und lachte.

»Ich bin Angus«, sagte der Mann. »Und das ist Ray.« Dabei zeigte er auf einen jungen Mann hinter seinen Rollstuhl, groß, muskulös und in engen roten Turnhosen.

»Hi«, sagte Ray mit einem Blick, der in weite Fernen gerichtet schien.

»Couldn't we be friends … *please*?«, fragte der alte Mann und hielt seine rechte Hand nach oben. Als Vera gerührt Angus' Hand ergriff, hatte sie das Gefühl, in ein Stück Weißbrot zu greifen. Alec befand hinterher: reine Machtgeste. Lasches, druckloses Handgeben sei immer eine Machtgeste. Aber auch er sagte »What's up?« und bemühte sich um einen freundlichen Ton.

»Wo kommen Sie her, schönes Paar«, wollte der Alte wissen, als er Veras Akzent bemerkte.

»Ber...«, setzte Alec an.

»–rroooklyn«, übertönte ihn Vera.

»Ah«, sagte Angus und schaute amüsiert. »Und was machen Sie in Be-rooklyn?«

Vera zögerte. Sie war sich nicht sicher, ob »Ärztin« in dieser Welt hier eine satisfaktionsfähige Antwort war. In diesem Moment kam ihr allerdings schon Alec zuvor und behauptete, er sei Berater. Zuvor habe er in Berlin Philosophie studiert, jetzt arbeite er in New York als Berater. »Business consultant«, sagte er ernst. »Verstehe«, lachte Angus. »Sie erzählen mächtigen Männern gegen Geld, was für Idioten sie sind.«

Alec wollte etwas erwidern, aber Vera legte ihm die Hand auf den Arm. Sie fand sein Benehmen albern. »Und Sie?«, fragte sie Angus. »Hier aus der Nachbarschaft?« Dabei winkte sie unbestimmt mit der Hand in die Umgebung.

»Hier aus der Nachbarschaft«, bestätigte Angus und wedelte ebenso unbestimmt mit der Hand. »Wie wundervoll. Dann kennen Sie alle hier«, rief Vera. »Sind viele *hedgies* da?«

Angus kannte den Begriff nicht. Vera musste ihn erklären, es war ihr unangenehm. Aber Angus lachte herzlich. »Wir sagen eigentlich eher *hedgefund manager* oder *hedgefund guy*, aber *hedgy* ist wirklich viel treffender«, lobte er Vera. Er sah bei einem raschen Blick durch den Garten vielleicht zwei oder drei. »Dort hinten stehen aber die Rechtsanwälte der *hedgies*«, sagte er: »Die sind ja eigentlich noch mächtiger, nicht? Und dort deren Ärzte. Immer alle unter sich, ulkig, oder?«

»Ja«, sagte Vera. Jetzt hätte sie sich gern selbst als Ärztin zu erkennen gegeben, tat es dann aber doch nicht. Sie fragte stattdessen, ob Angus den Gastgeber kenne, sie seien nur mitgenommen worden, wüssten im Grunde gar nicht, bei wem sie hier seien, was gefeiert werde, Charity habe sie gehört, jedoch: wofür? Angus amüsierte sich anscheinend grenzenlos. Dann bemerkte er, dass der Hausherr zur Kaste der Anwälte gehöre und mit solchen Veranstaltungen zugunsten der Krebsforschung Ablass zahle für die Sünden seiner Profession. Auch erzähle man, die Frau sei ihm davongelaufen. »Manche macht ihr Business einsam. Vielleicht will er das Haus gelegentlich ein bisschen füllen.«

Angus zeigte auf der anderen Seite des Pools auf einen Strohhut: »Den da müssten Sie eigentlich fragen. Dort steht der Mann, der mit Büchern darüber reich geworden ist, wer die Leute sind, die in den Hamptons wohnen, und seit wann und warum und mit welchem Geld.«

»Wie der Gotha«, bemerkte Alec.

»Pardon?«, sagte Angus und legte die Hand hinters Ohr.

»So heißt in Europa das Adelsverzeichnis.«

Angus lachte, als hätte er seit Jahrzehnten keinen köstlicheren Kommentar mehr gehört. Vera war auch das unangenehm. Sie sprach daher nun schnell einen Satz, den sie in solchen Situationen oft gehört hatte. Sie fragte: »So, how do *you* guys know each other?« Sie erschrak selbst ein wenig vor der Indiskretion dieser Frage. Aber da kicherte Angus schon wieder. »Wir? Aus der Rehab.«

»Entziehungskur?« Alec hob die Augenbrauen.

»Oh yes!«, lachte Angus, Er wandte sich um und sagte: »Jetzt sei so gut, Ray, und hol unseren Freunden und mir mal einen Drink. *Gin and Tonic* am besten. Gin and Tonic ist doch recht?« Und als Ray, ohne ein Wort zu erwidern, davongegangen war: »Keine Sorge, bei Raymond sind Drinks in sicheren Händen.«

Vera wollte wissen, wie er das meine. Und Angus rasselte ihr schulterzuckend ein paar Stichworte herunter: Computerspiele, Hacken, Programmieren, von einem Start-up zum nächsten, LSD für die Kreativität, eine Überdosis Magic Mushrooms beim Burning Man Festival, Sucht-Therapien, Therapie-Sucht, Therapie von der Therapie-Sucht. Inzwischen sei Ray allenfalls noch süchtig nach Kraftsport, und Angus beschäftigte sich als Risikokapitalgeber – schon weil das Warten auf die Profite in diesem Bereich einem Geduldsspiel gleichkam im Vergleich zu den schnellen Kicks des Daytrading, denen er früher ein wenig, nun ja, verfallen gewesen sei. »Oft kommt bei meinen Investments inzwischen auch gar nichts zurück«, sagte er. »Offen gesagt sogar in neun von zehn Fällen: die reine Stille, das Nichts, Nirwana. Auch sehr schön, sehr heilsam«, lachte Angus.

»Was war denn zuletzt der zehnte Fall«, wollt Vera wissen.

»Cannabis«, antwortete Angus unverblümt.

Etliche Bundesstaaten hatten Cannabis für den medizinischen Gebrauch legalisiert, und Angus ging davon aus, dass es am Ende kommen werde wie in Colorado, wo das Gras auch als Genussmittel frei erhältlich war, so wie Alkohol und Zigaretten, gesellschaftlich inzwischen vielleicht sogar akzeptierter als Zigaretten.

Alec erklärte, er würde seinen Kunden eher Investments in die Gefängnisse von benachbarten Staaten wie Utah empfehlen, wo schwarze Kids für ein paar Gramm Cannabis noch heute bis an ihr Lebensende weggesperrt würden.

Angus schaute ihn einen Moment lang von unten her aufmerksam an, dann schüttelte er den Kopf, kicherte wieder und sagte: »Wie dumm, nicht wahr? Der Bedarf nach Transzendenz schafft sich am Ende überall seinen Markt.«

Ray kam mit den Getränken wieder.

»Die Transzendenz?«, lachte Alec.

»Oder wie würden Sie das nennen? Hatten Sie nicht Philosophie studiert? Transzendenz, Überwindung dieser Welt, darin liegt doch das Geschäft. Sehen Sie, das Cannabis-Öl, das wir herstellen, ist mehr oder weniger das gleiche Zeug, aus dem das Christentum entstanden ist. Was heißt der Name Christus noch mal übersetzt, *professore*?«

»Der Gesalbte«, antwortete Alec.

»Und womit wurde der Gesalbte gesalbt? Mit einer strammen Dosis Cannabis in Olivenöl! Das haben Biochemiker herausgefunden.« Er ließ die Worte ein wenig wirken. »Kein Wunder, dass man dann übers Wasser laufen kann«, sagte Vera. »Kein Wunder, dass es zu Wundern kam«, bestätigte Angus. »All die Geschichten mit den Lahmen und Kranken und den praktisch schon Toten, die der wieder auf Trab gebracht hat: Das können wir mit Cannabis auch.«

»Zwischen Dealer und Healer ist ja auch nur ein Buchstabe Unterschied«, bemerkte Alec.

»Mein Mann arbeitet an einem Buch darüber, warum Jesus aussah wie ein Hippie«, sagte Vera. »Sofern ihm seine Beratertätigkeit die Zeit dafür lässt.«

Angus nippte an seinem Glas. »Sie klingen ein wenig skeptisch, mein Freund«, wandte er sich dann an Alec. »Aber schauen Sie mal, was für eine weltumspannende Macht daraus geworden ist. Die Hälfte der Amerikaner glaubt an Dämonen. Die katholische Kirche kommt mit den Exorzismen kaum hinterher.«

Alec sagte etwas von »Mittelalter«. Angus tat, als habe er nicht recht gehört. »Das ist vielmehr die Zukunft, junger Mann!« Sie stritten ein wenig. Alec kam nicht umhin, eine Lanze für die Rationalität zu brechen, für die Werte der Aufklärung und der Säkularisierung. Er hatte kurz Sorge, er könnte dabei aus der Rolle fallen. Aber dann wiederum hangelte er sich einigermaßen an Locke, Smith und Mill entlang, an der ganzen einsilbigen Riege von Namen, die ihm immer vorgekommen waren wie das Türschild einer Anwaltskanzlei, seit sie ihm in der Highschool als die grundlegenden Theoretiker der angelsächsischen Wirtschafts- und Lebensweise nahegelegt worden waren. Angus wischte das alles mit einer Handbewegung aus der Luft. »These, Antithese, Synthese«, rief er lachend und hackte bei jedem Wort ein Stück höher mit der Hand in die Luft, wie um Alec zu verdeutlichen, dass er ebenfalls einmal auf einer höheren Schule gewesen war. »Sie müssen die Dinge nur zusammenbringen«, sagte er. »Diese Welt ist abgegrast, jetzt müssen Sie in die Welten dahinter schauen! Dort liegen Ihre Märkte. Was glauben Sie, wie viele der Leute hier vor Geschäftsabschlüssen ein *Medium* befragen. Selbst *hedgies*. Wissen Sie, was Sie Ihren Kunden empfehlen sollten: Glaskugeln!«

Alec schaute gequält.

»Von mir aus können Sie auch bei dem bleiben, was mit den Augen zu sehen und mit den Händen zu greifen ist. Nehmen Sie den Rasen hier, der Ihrer Frau und mir so ein Ärgernis ist.

Wissen Sie, wie viel in Amerika jedes Jahr für die Rasenpflege ausgegeben wird? 25 Milliarden Dollar. Nur weil wir diese Obsession mit makellos grünen Vorgärten haben. Ist das logisch? Ist das rational? Logisch und rational wäre es, Dünger und Rasenmäher zu verkaufen.«

Vera fiel ein, dass Stefanie eine Yoga-Matte von einem Designer besaß, die 400 Dollar gekostet hatte.

»Yoga-Matten!«, rief Angus begeistert. »Und Räucherkerzen!«

Er schwärmte von einer berühmten Schauspielerin, die einen Onlinehandel mit Produkten aufgebaut habe, die ihr andere in den sogenannten mittleren Jahren weltweit aus den Händen rissen: Duftwasser mit magischen Kristallen, vaginal einzuführende Wundereier, solche Sachen. Er selbst erwäge, massiv in Firmen zu investieren, deren Geschäftsfeld die Vergänglichkeit des Körpers, das Versprechen von Unsterblichkeit sei. Er erzählte von Ernährungsberatern, die DNA-Analysen mit Sternendeutung kreuzten, und von dem schönen, übrigens auch sehr lukrativen Trend, den Darm als alternatives Gehirn zu betrachten. »Das ist dann wie mit Tätowierten, die nach dem ersten Tattoo auch immer weitermachen müssen«, wandte er sich wieder an Alec. »Dann hört das erst auf, wenn alles voll ist. Und von innen ist so ein Körper ja noch einmal deutlich ergiebiger.« Er erzählte von einer Verhütungs-App, die Ray entwickelt habe und die nach dem Mondkalender funktionieren sollte. »Mit deren Hilfe sind allerdings in Schweden gleich 37 Frauen in einem Monat schwanger geworden.« Vera und Alec sahen Ray zum ersten Mal lächeln. »Irgendwie muss in Schweden der Mond anders gehen«, murmelte er.

»Die Algorithmen sind jetzt unser Kosmos«, bemerkte Alec.

Aber hier schüttelte Angus entschieden den Kopf. »Nicht mehr«, sagte er. »Unsere Einsen und Nullen gehören längst den Chinesen.« Er kicherte wieder. »Uns bleibt im Gegenzug aber deren Qi und Gong. Meditationen werden uns helfen, mit dem Verlust besser klarzukommen. Man muss loslassen können, nicht wahr?«

»Uns?«, fragte Alec.

»Dem Westen.«

»Wir gehen jetzt sozusagen in den Vorruhestand?«

»Wir haben jetzt mehr Zeit für unsere künstlerischen Interessen«, sagte Angus, »für Empathie, unsere Aura, letzte Dinge und so weiter. Alles andere können wir uns nebenbei bemerkt auch gar nicht mehr leisten.«

Dann bat er darum, ins Haus gerollt zu werden. Er musste ein Badezimmer aufsuchen nach all den Späßen. »Kommen Sie ruhig mit rein«, sagte er, »ich will Sie verschiedenen Leuten vorstellen.«

Vera sah, dass Frau Tessen sich aus ihren Gesprächen gelöst hatte. Sie winkte Vera zu. Vera winkte zurück. Und als sie sah, dass sich die alte Dame anschickte, zu ihr herüberzukommen, machte sie ihr Zeichen des Bedauerns, hängte sich bei Alec ein und ging dem Rollstuhl hinterher.

Was eigentlich mit seinen Beinen passiert sei, wollte Vera auf dem Weg nach drinnen wissen. Alec warf ihr einen Blick zu, dem sie einen Tadel an ihrer Direktheit, letztlich ihrem Trinkverhalten entnahm. Sie zuckte mit den Schultern. Währenddessen rief Angus, ohne sich umzudrehen, erst das Wort »Speed« und dann »Speed Bump«.

Dann verschwand sein Kichern im Inneren des Hauses.

PARTY, DRINNEN

Im Inneren des Schlosses sah es aus wie auf den Bildern in den Katalogen der Immobilienfirmen, die bei Richard herumlagen. Und die Wohnräume auf den Bildern dieser Immobilienfirmen sahen im Prinzip fast alle aus wie die Suiten luxuriöser Hotels. Viel Weiß, viel Goldgelb. Vera ließ den Finger über den Bezug eines Sofas fahren: Rohseide. Inzwischen war sie bis ins Obergeschoss vorgedrungen auf der Suche nach einem freien Badezimmer, denn der Champagner und die Gin Tonics drückten inzwischen auch ihr auf die Blase. Sie fand auch, sie müsse mal für einen Moment allein sein, sie hatte lange genug zwischen redenden Männern gestanden. Das Wort »Master Bedroom« fuhr durch ihren Kopf, als sie auf einmal in einem großen Saal stand, der auf die Dünen hinausging und von einem King-Size-Bett beherrscht wurde. »En-Suite-Bad«, dachte sie, als sie das anschließende Badezimmer betrat. Die Terminologie hatte inzwischen auch sie drauf.

Was ihr in dem Badezimmer auffiel, war die fast völlige Absenz von persönlichen Dingen der Besitzer. (Ja: Vera schaute in die Spiegelschränke.) Sie war sich immer noch nicht im Klaren, bei wem sie hier eigentlich waren. Nur die kleinen verschnörkelten Bilderrahmen, die sich auf den Kommoden und Bücherregalen drängten, ließen darauf schließen, dass hier tatsächlich jemand wohnte. Meistens waren Zähne darauf zu sehen. Die Zähne gehörten zu einer Frau, der Vera hier über die Jahre beim Nichtälterwerden zuschauen konnte. Ein paarmal war auch ein Mann zu sehen, dem sie über die Jahre beim Schwinden der Frisur zusehen konnte. Bis sie auf einmal erkannte, dass es sich um den Mann handelte, den sie zu Beginn dieses Monats hatte aus dem Meer retten wollen – und dem sie dabei eine runtergehauen hatte.

Sie zuckte zusammen. Hinter ihr war jemand ins Zimmer getreten.

Als sie herumfuhr, sah sie Alec in der Tür stehen und war gleichzeitig erleichtert und sauer.

»Du hast mich erschreckt.«

»Ich habe dich gesucht.«

»Ich bin doch da.«

Er kam näher und wollte ihr einen Kuss auf die Schulter geben.

»Du bringst mir das Kleid durcheinander.« Und, etwas versöhnlicher: »Lass uns wieder runtergehen.«

Schon von der Treppe her sahen sie, dass sich die Halle im Erdgeschoss gefüllt hatte. Angus winkte ihnen zu. Es gab frische Getränke. Richard pflügte durch die Menge, zeigte mit der Zeigefingerpistole auf Leute, gab Küsschen, machte Scherze: *I am working the room, baby!* Vera und Alec sahen feinen Schweiß auf seiner Stirn.

»Wir haben hier jemanden, der Stefanie gefallen könnte«, sagte Alec auf Deutsch zu ihm.

Vera hingegen sagte auf Englisch: »Richard, this is Ang…«

Sie kam gar nicht dazu, zu Ende zu sprechen, da war Richards Hand schon vorgeschnellt, und er rief: »Angus, of course! How are you *doing*?«

Vera sagte: »Und das ist Ra…« Und wieder schaffte Richard es, sie noch auf den letzten Millisekunden zu überholen: »Dann müssen Sie Ray sein«, rief er und schüttelte auch Ray enthusiastisch die Hand, bevor er sich mit den beiden in einem Smalltalk verlor.

Das Personal balancierte jetzt Platten mit Hors d'œuvres durch die Halle. Vera stopfte sich Dinge in den Mund, von denen sie nicht hätte sagen können, was es war, nur dass es herrlich schmeckte. Es war sicher ungehörig, zweimal zuzugreifen, oder? Der Junge, der das Tablett hielt, lächelte: »Pleasure!« Dann ließ sie ihn weiterziehen. Die Leute waren entweder lockerer geworden jetzt, oder Vera sah sie in milderem Licht. Leichte Musik wehte nun auch durch den Raum. Draußen auf der Terrasse hatte eine kleine Jazzband angefangen zu spielen.

Vera erklärte Alec, dass sie tanzen wolle.

Die Band spielte Popsongs nach. Der Pianist sang mit Kopfstimme: »We've come too far to give up who we are«, und Vera zog an Alec, er solle mitkommen, mittanzen, aber Alec sagte, er wolle nicht tanzen. »Nicht meine Musik.«

So drehte sich Vera allein im Kreis, während der Mann am Klavier immerzu »She's up all night to get lucky« in den Himmel rief, und der Mann am Standbass sein Kinn in seinem Kragen vergrub und Alec sich ein bisschen dafür schämte, wie Vera nun den Saum ihres Kleides raffte, um mehr Bewegungsfreiheit für ihre barfüßigen Beine zu haben, denn ihre Schuhe baumelten immer noch an Zeige- und Mittelfinger seiner rechten Hand. Vera wiederum sah bei jeder ihrer Drehungen ihren Mann dort am Rand der Tanzfläche stehen wie einen Karussellwärter, der traurig den Gondeln nachschaut. Selbst im Tanzen störte sie auf einmal, wie er das Hemd aus der Hose hängen ließ, nicht weil er einen Bauch zu kaschieren gehabt hätte, sondern weil er annahm, dass dieser luschige Habitus den Intellektuellen in ihm unterstrich, den freien Geist und Kopfarbeiter. Sie hatte auf einmal Lust, hinzugehen und ihm das Hemd in die Hose zu stopfen. Aber dann wurde sie auf einmal hart bei der

Hüfte gepackt, jemand riss an ihrem linken Arm und wirbelte sie herum, dass ihr schwindelig wurde. Der Mann tanzte irgendeinen Tanzschultanz mit ihr, vielleicht war Tango gemeint, vielleicht Walzer, der Mann führte nach seinem ganz eigenen Rhythmusgefühl. Es war der Mann von den kleinen gerahmten Fotos. Der Mann mit der Glatze. Sie tanzte mit dem Herrn des Hauses.

Alec stand an der Seite und schaute, mit der Hand in der Hosentasche, zu. Vera bemerkte bei ihm keinerlei Anstalten, einzugreifen, dazwischenzugehen, dem wüsten Mann hier klarzumachen, wessen Frau das war, die er da an sich gerissen hatte und herumschleuderte. Sie hatte fast den Eindruck, dass Alec gefiel, was er sah. Sie meinte sogar so etwas wie leisen Stolz von seinem Gesicht zu lesen, und das empörte sie dermaßen, dass sie den Mann schließlich selber zum Stoppen brachte und von sich wegstieß.

»Sie haben mich doch schon mal zusammengeschlagen«, sagte der Mann und lachte sie breit und offen an. »Damals, im Wasser, das waren doch Sie? Sie sind, glaube ich, die aggressivste Frau, die ich jemals kennengelernt habe. Ich bin sehr beeindruckt.«

Er hieß Corey Flannagan und bestand darauf, dass Vera ein Glas mit ihm trinke. An einer seiner Bars ließ er sich eine Flasche Bourbon geben. »Eis?«, fragte der Barmann. Flannagan gab ein knurrendes Geräusch von sich und dann den sonderbaren Satz »I'd like to think of myself as a *neat* kind of guy«. Vera übersetzte sich das so, dass Flannagan sich als unverdünnten Typen sah, und schüttelte mutig ebenfalls den Kopf.

Flannagan sagte »Cheers«, nahm einen Schluck und kaute dann eine Weile förmlich auf ihm herum. Er schien seinen

Whiskey nicht zu trinken, sondern zu essen. Vera hatte kurz den Eindruck, einen Ball aus Feuer im Mund zu haben, eine kleine, rotbraun sengende Abendsonne, und genoss den Brand im Rachen.

Sie winkte Alec heran. Der schien zu zögern. Sie winkte wieder. »Wer ist das denn?«, fragte Flannagan.

»Das, *well*, mein Mann.«

»Ach was«, sagte Flannagan.

»Hello«, murmelte Alec.

»Sie habe ich doch auch schon mal gesehen.« Flannagan sah ihn mit zusammengekniffenen Augen über sein Glas hinweg an.

»Unwahrscheinlich«, sagte Alec.

»Doch, doch«, beharrte Flannagan. Er nahm noch einen Schluck, er überlegte, die kahle Stirn in Falten.

»Jetzt hab ich es«, rief er triumphierend: »Die Atelierwohnung im West Village, richtig?«

Alec schaute verwirrt. Aber Flannagan war sich jetzt vollkommen sicher. »Sie waren ein harter Knochen, das muss man sagen. Aber nichts für ungut. Willkommen auf meiner kleinen Party. Ich hoffe, Sie haben jetzt was anderes gefunden?«

Vera merkte, dass hier etwas nicht stimmte. »Du hast mir nie von Corey erzählt«, sagte sie. »Er erzählt mir praktisch nie etwas. Erzählen Sie mir deshalb mal was. Also, was genau machen Sie denn da im West Village – Corey?«

»Ich bin Eviction Lawyer«, sagte Flannagan.

»Sie schmeißen Leute aus Wohnungen?«

Irgendjemand müsse es schließlich tun, erklärte Flannagan. Die Leute zahlten einfach die Miete nicht oder betrieben einen Drogenhandel in der Wohnung oder störten andere Leute im

Haus, der Vermieter wolle sie raushaben, sie aber gingen nicht, so etwas passiere immer wieder. Dann, so erklärte Flannagan, komme er ins Spiel.

Vera nickt mit offenem Mund.

Alec sagte »awesome«.

Angus kam angerollt und freute sich, dass Vera und Alec sich schon von allein mit Flannagan bekannt gemacht hatten.

»Dann kann ich ja aufbrechen. Thank you so much, Corey, *very* nice party, aber für uns wird es Zeit, you know.«

An Vera und Alec gewandt, fügte er hinzu: »Sie beide kennengelernt zu haben war mir eine ganz besondere Freude. Und Ihre Freunde erst, den lustigen Richard und die heilige Stefanie. Sie müssen unbedingt mal zum Dinner kommen.«

Ein letztes Kichern, und er machte auf quietschenden Reifen kehrt.

»Sehr gerne!«, rief Vera ihm nach: »Wann denn?« Man habe gar keine Nummern getauscht. Aber Alec zog sie sachte weg und erklärte ihr, »You must come for dinner« heiße mitnichten »Ihr müsst zum Essen kommen«, sondern das Gegenteil: Nett, geplaudert zu haben, aber bitte nie wieder. Nur höflicher.

Vera sah ihn an. Sie wusste, dass er recht hatte. Aber da lag gar nicht das Problem. »Du schämst dich für mich«, stellte sie fest. Dann drehte sie sich um und ging von ihm weg.

»Natürlich nicht«, rief Alec und: »Jetzt warte doch mal …«

Aber Vera lief schneller. Sie steuerte auf Corey Flannagan zu, den der einsetzende Reigen der Verabschiedungen in der Zwischenzeit weit auf die Wiese hinausgezogen hatte. Vera stampfte mit ihren bloßen Füßen über den Rasen, wischte sich die Augen und sagte zu Flannagan, er müsse zum Dinner kommen. Sie meine das wörtlich. Dann ging sie in die Richtung der nächsten Bar. Alec trottete unglücklich hinterher. Er wusste nicht, was er sagen sollte. Da sagte er, er liebe sie doch.

Vera, ein Glas Wasser in der Hand, sagte gefasst: »Ja. Vielleicht.«

Und dann, ein bisschen leiser: »Aber vielleicht nicht genug.«

BUNGALOW

Es war das vorletzte Wochenende vor dem Labour Day, am Ende des Sommers. Schon eine Woche später würden alle wieder zurückmüssen in die City, in ihre Berufe, in ihren Alltag, die Kinder würden in neue Schulklassen kommen, die Eltern neue WhatsApp-Gruppen mit neuen anderen Eltern aufmachen und nach Taxis winken und auf U-Bahnen warten und abends wieder viel zu spät erst aus den Büros kommen, *before long* würden sie Kürbisse kaufen und Gesichter reinschnitzen und dann Truthähne zersägen und sich *Happy Hanukkah* wünschen oder *Merry Christmas*, und dann wäre es das gewesen. Aber noch war Sommer. Noch war August. Und gerade weil alle Partys so weit abgefeiert waren für die Saison, hatten Stefanie und Richard es tatsächlich hinbekommen, noch eine ganze Reihe von Leuten zu interessieren für eine letzte *Erfahrung* am Ende des Sommers, eine *»experience«*. Das Wording, das der Kaunsler ihnen nahegelegt hatte, war: ein *thing*.

Das klang auf Englisch angemessen jugendlich, und auf Deutsch klang es angemessen alt und mystisch. Er hatte da einen der Kommentare von Alec einfach aufgegriffen und den Sarkasmus weggelassen. Alec hatte etwas von dem Philosophen Martin Heidegger erzählt, das keiner verstand, irgendetwas von germanischen Versammlungsrunden und dem Sein der Dinge, und der Kaunsler hatte froh in die Hände geklatscht und »Danke« gerufen, und deshalb war das jetzt so.

Dafür, dass er die ganze Veranstaltung nur als einen Witz begreifen konnte, musste Alec feststellen, dass dieser Witz erstaunlich ernst genommen wurde in den Hamptons. Er musste mit ansehen, wie an jenem Freitagabend zum Teil sogar Leute auf das Grundstück kamen, von denen Richard behauptete, dass die zum Teil noch nie weiter als hundert Fuß *north of highway* gewesen seien in ihrem Leben. Sogar Corey Flannagan war gekommen, der Eviction Lawyer, und diesmal hatte er nicht einmal einen Auftrag von Mrs. Tessen dafür, wie er bekannt gab, als er Richard jovial auf die Schulter schlug und dann Vera ein Paar hohe Schuhe überreichte, die bei seiner Party liegen geblieben waren.

Alec registrierte, dass auch Ray gekommen war, der Adlatus von Angus, und er erfuhr, dass Angus finanziell an diesem Abend beteiligt sei, aus Sympathie und Neugier, selbst jedoch aus der Ferne grüßen lasse. Er nahm etliche Frauen und Männer wahr, die dem Habitus nach häufiger zu Veranstaltungen dieser Art gingen, freundlich sich begrüßende Retreat-Profis in bequemen, weiten Trainingsanzügen und Kaftanen, und er sah auch ein paar von den sogenannten *Trustafarians*, denen Charlotte in den Discos von Montauk Bescheid gesagt haben musste, bedürfnislos aussehende junge Männer, die sich in ihrer heiligen Suche nach dem Richtigen und Wahren im Leben auch von ihrer Herkunft aus News Yorks Geldadel nicht beirren ließen. Nicht einmal die zeigten jene Art von höflicher Herablassung, die Alec von solchen Leuten erwartet hätte. Stattdessen herrschte im Geschnatter des Ankommens offenbar genuine Neugier und Vorfreude auf das ... *thing*.

Charlotte hatte Mühe, die wegen so viel Besuchs aufgekratzten Kinder in die Gästehütte zu verfrachten, wo sie die Nacht über auf sie aufpassen sollte. Stefanie erlaubte ihr, als pädagogische Notmaßnahme ausnahmsweise auf dem Telefon Slapstick-Videos aus dem Internet vorzuführen. Auch sonst waren bisher eherne Prinzipien mit Entschiedenheit zur Seite geräumt worden für dieses Ereignis. Nicht nur war der von allerlei Kraut dekorativ zugewachsene alte Bretterzaun zur Straße hin weggerissen worden, um Parkplätze zu gewinnen. Auch das Bienenhotel hatte, leider, doch wieder verschwinden müssen, weil Ray eine Bienenallergie hatte, die ihm im Zweifel das Leben kosten konnte, wie es hieß, aber dass Ray kommen konnte, war wichtig, wegen Angus, also wegen Geld. Stefanie hatte das verstanden. Sie hatte jedenfalls tapfer erklärt, dass sie es, natürlich, verstehe. Aber in Wahrheit war etwas sehr Elementares zerbrochen in ihr, als sie Richard und den Kaunsler mit chemischem Insektenspray in ihren geliebten Gebüschen am Gartenrand hantieren sehen musste.

Wann immer Alec mit der Frage konfrontiert war, was genau dann passiert sei, und mit dieser Frage sollte er häufig konfrontiert werden, am allerhäufigsten von sich selbst: Dann lautete die Antwort, die er guten Gewissens geben konnte, dass ihm alle schon sonderbar geläutert vorkamen, bevor sie von dem Kräutersud, den der Kaunsler angesetzt hatte, überhaupt genippt hatten.

Richard erschien ihm wie frisch verliebt in seine Stefanie,

die tatsächlich mit einem Selbstbewusstsein die Veranstaltung dirigierte, das sie alle an ihr lange so nicht mehr gesehen hatten. Nicht, dass die hauchende Achtsamkeits-Stefanie wieder verschwunden wäre, sie schien nur jetzt gleichsam erst ein Skelett erhalten zu haben. »Die klackert mit einer Zielstrebigkeit durch den Raum, als wäre sie der CEO von einem Stahlkonzern auf dem Weg zur Vorstandssitzung«, hörte er Richard zu ihm sagen. »Diese Härte!«, hörte er Richard schwärmen. »Die sagenhafte, kompromisslose Härte auf einmal.« Der Kaunsler sei ganz offensichtlich jeden der vielen, vielen Dollars wert gewesen. Am Anfang hatte Richard das für groben Unfug gehalten, dieses Gerede von Auflösung, von Überwindung des Egos und so weiter. Jetzt durfte er sehen: Ihr Ego war vielmehr eindrucksvoll gestählt aus der ganzen Sache hervorgegangen. In dem Maße, wie sich Richard für die neue Härte und Zielstrebigkeit seiner Frau begeisterte, schien er selber von Minute zu Minute weicher zu werden. Nicht, dass der majestätische Hohlkreuz-Richard mit den Krummsäbelbeinen in den Bootsschuhen sich vor Alecs Augen plötzlich aufgelöst hätte, er schien nur etwas Luft aus sich herausgelassen zu haben. Er erkundigte sich bei Alec nach dem Tagesablauf eines *stay-at-home dads*. »Wenn meins nicht funktioniert hat, vielleicht funktioniert im wirklichen Leben ja ihres«, hörte er ihn sagen. Er habe überhaupt kein Problem damit, daheimzubleiben und Scott Football beizubringen.

Alec hörte, wie der Kaunsler um *etwas* mehr Ruhe bat, er rede doch gerade. Und er fragte sich, wann er jemals jemanden dermaßen laaaaaaaaaaaaaaaaaaaaaaaaaaaaaaaaaaaa aaaaaaaaaaaaaaaaaangatmig reden gehört haahaha... Er musste niesen. War er allergisch?

»Pssst!«, machte es ärgerlich aus der Runde.

Und er fragte sich, wann er eigentlich endlich *the thing* wirklich bekommen würde, bisher war ja nur Thing im Sinne von Redekreis. Wenn sie damals in Berlin, was gelegentlich vorgekommen war, Drogen bestellt hatten, hatten sie auch manchmal mit Dealern zu tun bekommen, die ein Redebedürfnis hatten, vielleicht weil sie einsam waren, vielleicht auch weil sie selbst von ihrer Ware naschten. Aber keiner, nicht mal der redseligste hatte de e e r m a a a a a a a ß e n ...

Dann jedoch, mit einem Mal, begriff er, dass das in säuselndem Tonfall vorgetragene Gerede für alle anderen tatsächlich die Hauptsache zu sein schien. Sie saßen im Schneider- oder im sogenannten Lotussitz aufmerksam um den Kaunsler herum und lauschten ergeben einer langen Predigt über Sonne, Mond und Sterne, kosmische Strahlen, jahrtausendealte Moleküle und Baumstämme. »Die Pflanzen sind in uns, und wir sind in den Pflanzen. Wir sind der Tropfen, und wir sind gleichzeitig der Ozean.« Vieles kannte Alec inzwischen. Er fragte sich, ob der Kaunsler sich nicht manchmal langweilte mit sich selbst und seinen Lehren. Aber das schien nicht der Fall zu sein: Man musste dem Mann lassen, dass er den Dingen auch bei der hundertsten Wiederholung immer wieder eine Note von Dringlichkeit und Offenbarung zu verleihen verstand. Andererseits lasen die Menschen die Bibel auch immer wieder aufs Neue und langweilten sich dabei offensichtlich nicht.

»Also, wenn es wirklich etwas bringen soll, solltet ihr das komplette Paket machen«, hörte er den Kaunsler jetzt sagen, während Stefanie um die Leute herumtanzte und in kleinen Näpfchen Tee servierte. Für Alec sah es aus, als tanzte sie hier schon die Runen, die als therapeutische Überraschung eigentlich erst für den nächsten Mittag auf dem Programm standen. Andererseits war es recht eng mit all den Menschen in ihrem Bungalow, da ergaben sich solche Choreografien vielleicht auch ganz banal aus Platznot.

Der Kaunsler hatte angefangen, eine Art Speisekarte zu verlesen. Es klang für Alec wie in einem dieser teuren, eckigen Restaurants mit Regionalküche, die kurz vor seinem Weggang in Berlin beliebt geworden waren, Restaurants, in denen zum Beispiel lediglich »Hase« auf der Karte stand oder »Rübe« und sonst nichts, manchmal noch nicht mal ein Preis. Er hörte ihn von Alraune, Engelstrompete, Beifuß, Tollkirsche und Stechapfel »in einer bisher ungekannten Kombination« raunen. »Ihr werdet weitgehend frei von den meisten eurer Ängste und Neurosen sein«, versprach der Kaunsler, »an einem Ort der Klarheit, der sehr ungewöhnlich ist in unserer Welt, in unserem Alltagsleben. Diese Art von Klarheit ist nur nicht so einfach zu erlangen – und *das* « – hier machte er eine Pause, in der er allen reihum auf die Stirnen schaute: »Und *das* wird der Moment sein, in dem wir einen Schritt zurückgehen und an unseren neuronalen Netzwerken arbeiten.«

Erwartungsfrohes Gemurmel war aus der Runde zu hören.

»Wir werden sehr nah an unsere Gefühlszentren rankommen«, versprach der Kaunsler.

Das Gemurmel wurde stärker.

»Wir werden so tief reingehen, wie wir können, und wir werden alles rausfinden, was wir wissen müssen.«

Einige applaudierten.

»Wir werden tun, was immer wir müssen«, rief der Kaunsler über das Anschwellen der Lautstärke im Raum hinweg. »Aber am Anfang werden wir erst einmal alle Schichten und

Hüllen und Panzer abwerfen. Lasst uns direkt damit anfangen. Lasst uns stark sein. Lasst uns mutig sein.«

Damit sprang er auf und schaute energisch im Raum umher.

Das Nächste, woran Alec sich erinnern konnte, waren die Worte »oder hier: Vera aus East Germany, die sich tief drinnen nach Romantik verzehrt, danach, *einmal* im Leben für jemanden die größte Liebe überhaupt zu sein ...«

Er sah, wie unangenehm Vera das war. Er wusste auch, dass das etwas mit ihm zu tun hatte, aber er fühlte sich nicht in der Lage, darauf zu reagieren. Konnte es sein, dass er *the thing* bereits zu sich genommen hatte? Der Tee, der gereicht worden war, womöglich? Alec hatte dem feierlichen Gebaren, mit der das geschehen war, keine große Beachtung mehr geschenkt, weil die ganze Zeit schon so feierlich getan wurde von diesen Leuten: jede Begrüßung eine endlose Umarmung mit Schluchzen, Festhalten, Pressen, Streicheln, als gelte es für immer Abschied zu nehmen. Nun beschäftigte ihn mit einem Mal heftig die Mystik transgressiver Trinkrituale, von Dionysos angefangen bis hoch zu diesen Sekten, die selig Suizid begingen. Den Kindern, erinnerte er sich an entsprechende Zeitungsberichte, mischen sie das Gift halt in die Cola, den Babys spritzen sie es in die Gaumen.

»Oder Alec hier«, hörte er den Kaunsler sagen, »in dem es tief drinnen ganz heftig rumort. Der das aber niemals an seine verpanzerte Oberfläche lassen würde. Ganz süß. Wie so ein Jugendlicher. Verschossen und verschlossen.«

Alec schloss die Augen vor Pein. Von ferne hörte er, wie es jetzt um »den Corey« ging ... Eviction Lawyer, Frau weg, Scham, Leben falsch? Der Kaunsler schien den harten Mann, den Alec auf der Party erlebt hatte, mit tröstenden Worten klein und weich machen zu wollen: Leute kommen, Leute müssten auch gehen, *evictions* seien auch nur eine Art von Reinigung, *cleansing*: »What goes around, comes around ... «

Alec wurde ein wenig schlecht, aber nach einer Weile stellte sich eine sonderbare Euphorie ein. All das machte auf einmal in hellen Fanfaren Sinn. Der Schmerzkörper, die Krebskranken, die angeblich unbewusst sterben *wollen*, das Gerede vom Karma, all diese elaborierten Formen, »selber schuld, wenn es dir schlecht geht« zu sagen: Sie kamen ihm auf einmal vor wie eine strahlende Apotheose des Zynismus dieser Gesellschaftsordnung.

Er sah jetzt ganz klar, dass die Aufforderung, »offen« zu sein, im Kern »kritiklos« meinte und »Unterwerfung«. Und dass die Doktrin des »Zulassens« jeder Art von Hemmungslosigkeit und Gier in einer Weise die Bahnen brach, als hätten in Wahrheit immer schon die Ideologen des amerikanischen Unternehmerverbandes all die Reden geschrieben, die in den Kommunen derer gehalten wurden, die dem bösen, kalten Kapitalismus ihrer Väter den Finger zeigen wollten – damals um 1900 in Deutschland und der Schweiz und dann sechzig Jahre später bei ihm in Kalifornien. Der Weg von den Hippiekommunen bei San Francisco in die Ferienhäuser der Hamptons war rückblickend betrachtet von bestürzender Vorhersehbarkeit. Er hatte bisher immer schon vermutet, dass diese Fluchten aus der materiellen Welt ins Mystische und Metaphysische nicht zuletzt ein Wohlstandsphänomen waren. Es war ja kein Wunder, dass es in Deutschland auftaucht, als das junge Reich vor Reichtum brummt, und dann in den USA, als die den Krieg gewonnen haben und auch vor Reichtum brummen. Jetzt hatte er den Eindruck, dass es auch eine Frage der Zeitlichkeit war, eine Frage der Endlichkeit, der guten alten Angst vor dem Tod: Vielleicht, wer weiß, konnten nicht nur Menschen in eine Midlifecrisis geraten, sondern ganze Industriegesellschaften ... Und das alles war zwar sicher noch nicht sehr konsistent, sondern Kraut und Rüben, wie man so sagt, das Ganze würde er noch einmal bei Tageslicht bedenken müssen. Aber irgendwo da, da war er sich sicher, war sein Thema. Und jetzt, in dieser Nacht, hatte er das Gefühl, dass er es einfach nur aufschreiben müsste, und dann hätte er das Buch, das er brauchte, um vielleicht doch noch was zu werden *in Academia*.

Das Gesicht von Angus unter seinem weißen Caesarenschopf tauchte vor seinen Augen auf, kicherte und verschwand wieder, und was er zurückließ, waren zwei Worte in Großbuchstaben, Serifenschrift, wie eingraviert auf ein Messingtürschild auf der Fifth Avenue. Alec las:

SPIRITUAL CAPITALISM

POOL

Alec hatte sein Buch, und Alec hatte seinen Titel.

Er war ganz aufgeregt deswegen. In Sorge, er könnte ihn vergessen. Auch in Sorge, jemand anderes könnte ihn bereits verwenden. Oder könnte ebenfalls darauf kommen. Er hatte Lust, ihn umgehend schützen zu lassen. Aber als Alec nach seinem Telefon greifen wollte, merkte er erst, dass er die Augen geschlossen hatte. Und als er sie aufschlug, mussten bereits etliche Stunden vergangen sein.

Die meisten um ihn herum dösten auf ihren Matten. Einige schwatzten euphorisch, aber leise. Dazu lief leise vom Band eine Musik, die Alec aus dem Morgenprogramm des öffentlich-rechtlichen Fernsehens in Österreich kannte, wenn dort gezeigt wurde, was die Webcams der verschiedenen Skigebiete über die Schneeverhältnisse zu verkünden hatten: eine langsamere, zurückgenommene Form alpenländischer Blasmusik, die in diesem Setting tatsächlich meditative Qualitäten hatte.

Er staunte eine Weile darüber, fand dann aber, dass von einem, der seine Behandlungsmethode Totalistic Touch nannte, vielleicht auch nichts anders zu erwarten gewesen war. Dabei fiel ihm auf: Der Kaunsler war gar nicht mehr im Raum.

Alec stand mit unsicheren Beinen auf und stieg vorsichtig über die anderen hinweg zum Fenster hin. Da sah er ihn. Er stand unten am Pool. Vor Charlotte.

Charlotte lag auf einer der Liegen und hatte dicke weiße Kopfhörer auf. Vermutlich schliefen die Kinder fest, und sie war noch einmal rausgegangen und dort beim Musikhören selbst eingenickt.

Er betrachtete, wie der Kaunsler die liegende, vielleicht schlafende, vielleicht auch nur zu ihrer Musik mit geschlossenen Augen dösende Charlotte betrachtete. Dann sah Alec, wie der Mann sich über das Mädchen beugte, und … was dann exakt geschah, sah er nicht, denn Alec tastete sich zur Tür, trat auf jemanden, entschuldigte sich, hatte erstaunliche Mühe, die Tür zur Terrasse aufzubekommen.

Als er auf wackeligen Beinen die Wiese hinunterlief, war Charlotte aufgesprungen. Er hörte ihn beruhigend säuseln und sie fauchen. Dann sah er, wie sie den Kaunsler von sich wegschob. Nicht schubste, sondern: schob. Und zwar mit einer

Hand, die sie ihm auf die Stirn gelegt hatte. Es sah für Alec ein wenig aus wie der Slapstick, den Charlotte früher am Abend auf ihrem Telefon den Kindern gezeigt hatte. Der Kaunsler verheddterte sich beim Rückwärtsgehen in seinen wallenden Beinkleidern, stolperte und fiel rücklings ins Wasser.

Alec hörte, wie Charlotte kurz und kehlig »Klar« sagte und dann wütend, immer noch Kopfhörer auf, zurück in die Gästehütte ging.

Alec erinnerte das Gewand des Kaunslers an eine Seerose. So wie es, aufgepumpt nach Art einer Qualle, seinen rudernden und strampelnden Körper umgab, hatte es zugleich eine Anmutung von großer Leichtigkeit. Der Kaunsler winkte ihm, und Alec winkte zurück. Der Kaunsler winkte wieder, er rief auch etwas, aber Alec verstand es nicht. Es hörte sich für ihn so an, wie Dinge aussehen, die man durch eine Milchglasscheibe sieht.

Das ozeanische Gefühl, fiel Alec ein. Kannte der Kaunsler den Brief von Romain Rolland an Sigmund Freud, der von dem ozeanischen Gefühl handelte? Der Kaunsler rief etwas, was Alec nicht deuten konnte. Sicher kannte der Kaunsler den Brief über das ozeanische Gefühl. Er selbst hatte vorhin ja von dem Tropfen gesprochen, der gleichzeitig der ganze Ozean sei. Alec setzte sich nah am Wasser auf den Rand einer der Liegen, damit der Kaunsler ihn besser hören konnte. Er sprach über die Wunderlichkeit der allerdings tatsächlich sehr alten Idee des Menschen, unbedingt eins sein zu wollen mit allem Möglichen, manche mit dem Kosmos, manche mit dem Meer. Warum? Er wollte das zum Beispiel nicht. Er empfand es bereits als Zumutung, mit sich selbst eins zu sollen, wenn der Kaunsler verstand, was er meinte. Aber es sei in der Tat schon eine sehr, sehr alte und sehr, sehr verbreitete Idee. Dann lehnte er sich zurück und blickte in den sternenreichen Kosmos, mit dem er wirklich nicht eins sein wollte. »Wollte Major Tom?« Er kicherte. Kannte der Kaunsler dieses Lied von David Bowie, »Space Oddity«? Seine Mutter war ein Fan von Bowie gewesen. Deshalb heiße er überhaupt Alec, eigentlich nämlich Aleister. Weil Bowie wiederum so ein Fan von Aleister Crowley gewesen war, dem »Großen Tier« und Popstar-Guru. Der Kaunsler wisse das sicherlich besser als irgendwer sonst. Gewiss hatte auch der Kaunsler irgendwann einmal die »Abtei« besucht, das verfallene Bauernhaus auf Sizilien, gleich unterhalb des Fußballplatzes, wo Crowleys kleine Sex-Sekte hausen musste, während der Meister tagelang zum Einkaufen in die Großstadt floh vor den untereinander *heillos* zerstrittenen Jüngerinnen …

Alec fand das alles über die Maßen erheiternd jetzt.

Aber der Kaunsler hatte nichts dazu zu sagen.

Das Detail, das bei allen den stärksten Eindruck hinterließ, war nicht der Körper des Kaunslers, der am nächsten Morgen rücklings auf dem Grund des Pools schwebte nicht weit von Veras Buch übrigens, »The Errors«, und mit geöffnetem Mund nach oben schaute, als predige er immer noch und in alle Ewigkeit. Das Detail, das bei allen am Ende den stärksten Eindruck hinterließ, war das graublonde Haarteil, das wie eine Meduse immer noch an der Oberfläche schwamm, daneben der Heiligenschein seines Stirnbandes.

Alle Teilnehmer hatten Verständnis, dass das Thing an dieser Stelle vorzeitig abgebrochen werden musste, ohne Runentanz und ohne die zweite Nacht, und keiner von denen, die im Voraus bezahlt hatten, verlangte sein Geld zurück. Es waren vielmehr alle froh, einigermaßen unbeschadet wieder nach Hause zu kommen.

Der Sheriff, der sich um den Fall kümmern musste, blickte lange vom Pool zum Bungalow und wieder zurück. Er hatte ein paar Fragen. Aber da keine Anzeichen für eine Gewalteinwirkung festgestellt werden konnten und bei niemandem Spuren irgendeiner Droge zu entdecken waren, die den Ermittlern geläufig gewesen wäre, war der Fall schon wieder bei den Akten, noch bevor der Sommer auch offiziell und meteorologisch zu Ende war.

NEW YORK CITY

Die Tulpen auf dem Mittelstreifen der Park Avenue in New York City waren inzwischen eine ferne, unwahrscheinliche Erinnerung. Das Gleiche galt für das Tropfen der Klimaanlagen. Mr. Softee's Ice Cream Truck hatte die Stadt verlassen und mit ihm seine kleine, klingelnde Melodie. Es war noch lange sehr warm gewesen, bis in die Tage hinein, in denen die Kürbisse anfingen, auf den Treppen vor den Häusern zu liegen, dann war es schlagartig kühl geworden. Jetzt ging es schon um die Truthähne für Thanksgiving. Zeit der hochgeschlagenen Mantelkragen. Alec hielt sich an der Hand von Sarah fest. Eine große Hand in einer kleinen. »Wir beide«, sagte er. Und dass nun bald auch mit den Schneeflocken zu rechnen sein würde, die sie sich im Sommer so gewünscht hatte. Da hielt ein paar Yards weiter ein roter Sportwagen. Vera schälte sich aus der Beifahrertür. Sie trug einen weißen Mantel, der Alec irritierte, denn Vera hatte nie weiße Mäntel getragen. Auf der anderen Seite stand auf einmal Corey Flannagan und winkte: »Hi!«

Die kleine Hand löste sich aus der großen. Sarah umarmte die Mama. Weich verschwanden die kleinen Arme in dem Mantel.

Vera richtete Grüße von Stefanie und Richard aus. »Die Bienenkönigin und ihre Drohne«, sagte sie. »Wenn das bei denen so weitergeht, residieren die nächsten Sommer auch schon *south of highway*.«

»Der Eviction Lawyer kann ja jemanden aus dem geeigneten Haus werfen«, sagte Alec. Er lächelte. Flannagan verzog keine Miene.

»Und du?«

»Schmerzkörper hinter mir gelassen. Jetzt wieder ganz in meinem Kopf.«

Dann war Sarah durch ihre Tür auf den Rücksitz gekrabbelt, und Vera lächelte auch und stieg wieder ein.

Flannagan winkte noch einmal: »Bye!«

Während sie sich schließlich stadtaufwärts im Verkehr verloren, hörte Alec unter sich das Dummdumm-dummdumm der Subway und schloss dabei die Augen.

Die hier geschilderten Personen und Ereignisse sind ausnahmslos fiktiv, die Orte sind es größtenteils auch – selbst das Steinbeck-Museum in Sag Harbor, leider. Nur Alec Klines Lektüren gibt es wirklich und haben hier und da, in homöopathischen Dosen unterschiedlicher Potenz, Spuren hinterlassen. Außerdem eingeflossen sind die unzählbaren Anregungen all derer, die die Entstehung dieses Buches mit ihrer Kritik und ihrem Zuspruch begleitet, vorangebracht und genau genommen erst ermöglicht haben. Dafür ein sehr, sehr großes Dankeschön!